国家文化产业资金支持媒体融合重大项目
文化和旅游部"万名旅游英才计划"项目
广东省高职教育重点专业教材建设项目
广东省高职教育教学改革项目

项目引领式

21世纪高职高专教学改革规划教材·旅游类

旅游市场营销

（第二版）

张　颖　伍新蕾　主　编

朱　智　胡晓晶　副主编

赵立民　主　审

东北财经大学出版社
Dongbei University of Finance & Economics Press
大连

图书在版编目（CIP）数据

旅游市场营销/张颖，伍新蕾主编. —2版. —大连：东北财经大学出版社，2018.12

（21世纪高职高专教学改革规划教材·旅游类）

ISBN 978-7-5654-3353-5

Ⅰ．旅⋯ Ⅱ．①张⋯②伍⋯ Ⅲ．旅游市场-市场营销学-高等职业教育-教材 Ⅳ．F590.8

中国版本图书馆CIP数据核字（2018）第254591号

东北财经大学出版社出版

（大连市黑石礁尖山街217号　邮政编码　116025）

网　　址：http：//www.dufep.cn

读者信箱：dufep@dufe.edu.cn

大连图腾彩色印刷有限公司印刷　　东北财经大学出版社发行

幅面尺寸：185mm×260mm　字数：346千字　印张：15.75　插页：1

2018年12月第2版　　　　　　　2018年12月第3次印刷

责任编辑：魏　巍　　　　　　　责任校对：张晓鹏　李　季

封面设计：张智波　　　　　　　版式设计：钟福建

定价：36.00元

富媒体智能型教材出版说明

"**财经高等职业教育富媒体智能型教材开发系统工程**"入选国家新闻出版广电总局新闻出版改革发展项目库，并获得文化产业专项资金支持，是"国家文化产业资金支持媒体融合重大项目"。项目以"融通""融合""共建""共享"为特色，是东北财经大学出版社积极落实国家推动传统媒体与新媒体融合发展的重要举措之一。

"**财道书院**"**智能教学互动平台**是该工程项目建设成果之一。该平台通过系统、合理的架构设计，将教学资源与教学应用集成于一体，具有教学内容多元呈现、课堂教学实时交互、测试考评个性设置、用户学情高效分析等核心功能，是高校开展信息化教学的有力支撑和应用保障。

富媒体智能型教材是该工程项目建设成果之二。该类教材是我社供给侧改革探索性策划的创新型产品，是一种新形态立体化教材。富媒体智能型教材秉持严谨的教学设计思想和先进的教材设计理念，为财经职业教育教与学、课程与教材的融通奠定了基础，较好地避免了传统教学模式和单一纸质教材容易出现的"两层皮"现象，有助于教学质量的提高和教学效果的提升。

从教材资源的呈现形式来说，富媒体智能型教材实现了传统纸质教材与数字技术的融合，通过二维码建立链接，将VR、微课、视频、动画、音频、图文和试题库等富媒体资源丰富呈现给用户；从教材内容的选取整合来说，其实现了职业教育与产业发展的融合，不仅注重专业教学内容与职业能力培养的有效对接，而且很好地解决了部分专业课程学与训、训与评的难题；从教材的教学使用过程来说，其实现了线下自主与线上互动的融合，学生可以在有网络支持的任何地方自主完成预习、巩固、复习等，教师可以在教学中灵活使用随堂点名、作业布置及批改、自测及组卷考试、成绩统计分析等平台辅助教学工具。

富媒体智能型教材设计新颖，一书一码，使用便捷。使用富媒体智能型教材的师生首先下载"财道书院"APP或者进入"财道书院"（www.idufep.com）平台完成注册，然后登录"财道书院"输入教材封四学习卡中的激活码建立或找到班级和课程对应教材，就可以开启个性化教与学之旅。

"**重塑教学空间，回归教学本源！**""财道书院"平台不仅仅是出版社提供教学资源和服务的平台，更是出版社为作者和广大院校创设的一个自主选择和自主探究的教与学的空间，作者和广大院校师生既是这个空间的使用者和消费者，也是这个空间的创造者和建设者，在这里，出版社、作者、院校共建资源，共享回报，共创未来。

最后，感谢各位作者为支持项目建设所付出的辛劳和智慧，也欢迎广大院校在教学中积极使用富媒体智能型教材和"财道书院"平台，东北财经大学出版社愿意也必将陪伴广大职业教育工作者走向更加光明而美好的职教发展新阶段。

东北财经大学出版社

第二版前言

中国旅游业在国家政策利好、人民收入提升、基础设施快速完善等因素的推动下，已经实现了跨越式发展，并且在综合效益、区域带动、产业结构等方面发生了深刻变革。旅游产业依托其综合带动作用，已成为引领消费产业发展、引导区域经济腾飞的引擎产业，80%以上的省、自治区、直辖市已将其作为战略性支柱产业。进入"十三五"以来，大众旅游时代全面来临，"互联网+"不断改变旅游业的营销格局，如何运用科学的市场营销理念、策略指导实践，无疑是旅游企业面临的重要任务。

"旅游市场营销"是旅游管理专业的一门核心课程，旅游市场营销相关知识是学生从事旅游工作必须掌握的内容。《旅游市场营销》教材内容的选取紧扣培养学生具备旅行社主要技术操作能力的目标，以旅游业销售核心能力模块为主线，以旅游产品销售认知、旅游营销环境分析、旅游市场调研、旅游者购买行为分析、旅游产品策略、旅游产品价格策略、旅游市场营销渠道策略、网络环境下的旅游营销等项目为编写载体，执行学生综合实践能力训练的内容体系。

本教材以培养学生的旅游营销技能为宗旨，充分体现了职业教育"教、学、做一体化"的原则，根据学生的认知规律，较好地处理了理论与实践、知识与能力之间的关系。教材的编写遵循由实际到理论、由个别到一般、由具体到抽象、由零碎到系统的原则，突出了理论与实践相结合的特点。编者在编写过程中大量吸收、借鉴了国内外专家学者的相关研究成果，并依据可读性与实用性原则对教材进行了体系改革，在每一个项目中都增加了"任务目标""任务导入""学一学""做一做""效果评价""挑战自我""拓展空间"，使纯理论化的教学内容演变成了结合旅游业鲜活的案例与操作项目、拓展任务、小组研讨等的项目式教学内容，进一步强化了以学生体验为主的实践教学内容的编写。

本教材是广东省高等职业教育重点专业（河源职业技术学院旅游管理专业）教材建设项目成果，也是文化和旅游部（原国家旅游局）2016年度"万名旅游英才计划"研究项目""校企生'三方互动的旅游专业实习效能提升探索与实践"（项目编号：WMYC20164-1144）、2015年广东省高等职业教育教学改革项目"基于行动导向与定制化理念的高职管理类课程教学创新研究"（项目编号：GDJG2015215）、2017年度广东省教育厅科研平台和项目——青年创新人才类（项目编号：2017GWQNCX061）的研究成果之一。

　　本教材在第一版的基础上对全书进行了修订，重点对书中过时的理论性知识、数据，以及"任务导入""案例窗""挑战自我""拓展空间"等内容进行了更新。

　　本教材由河源职业技术学院张颖副教授、伍新蕾副教授担任主编，湖州职业技术学院朱智副教授、广东科学技术职业学院胡晓晶副教授担任副主编，中山职业技术学院赵立民教授担任主审。具体编写分工如下：张颖（项目一、二、三、四、五），朱智（项目六），胡晓晶（项目七），伍新蕾（项目八、项目九），全书由张颖统撰定稿。本教材配有丰富的教学资源，含 VR、微课、动画、风光片、音频、互动小游戏、课程教案等，便于授课教师参考与学生自学。

　　在编写过程中，编者得到了合作旅游企业及行业相关人士的大力支持，他们提供了丰富的一线资料与前沿动态。河源市航拍协会、《河源晚报》航拍工作室提供"飞阅大美河源"旅游风光片；东莞市青年国际旅行社黄海霞、陈勇，蔡伟涛、林泓、周虹倩、江如萍等提供旅游目的地图片资料。同时，编者还参阅了大量的文献资料，吸收了不少国内外同行的相关研究成果，但由于篇幅有限，未能一一详列，在此谨表谢意！

　　因修订周期短，加之编者水平有限，书中难免存在疏漏之处，敬请各位专家、同行和读者批评指正。

编　者
2018 年 11 月

目　录

项目一

旅游市场营销导读

■ 项目概述

现代市场营销理论正在经历技术革命的洗礼，旅游企业正面临着全球化、知识化、网络化等理念的植入，旅游市场营销既是营销行为，也是管理行为。通过本项目的学习，理解及掌握市场、市场营销、旅游市场营销等核心概念，熟悉旅游市场的分类与特征，了解旅游市场营销观念的起源与发展历程，认识旅游市场营销的发展现状及未来发展趋势。通过以项目知识为基础，结合项目任务实训，学生能够有针对性地开展旅游市场营销策划活动。

■ **项目结构**

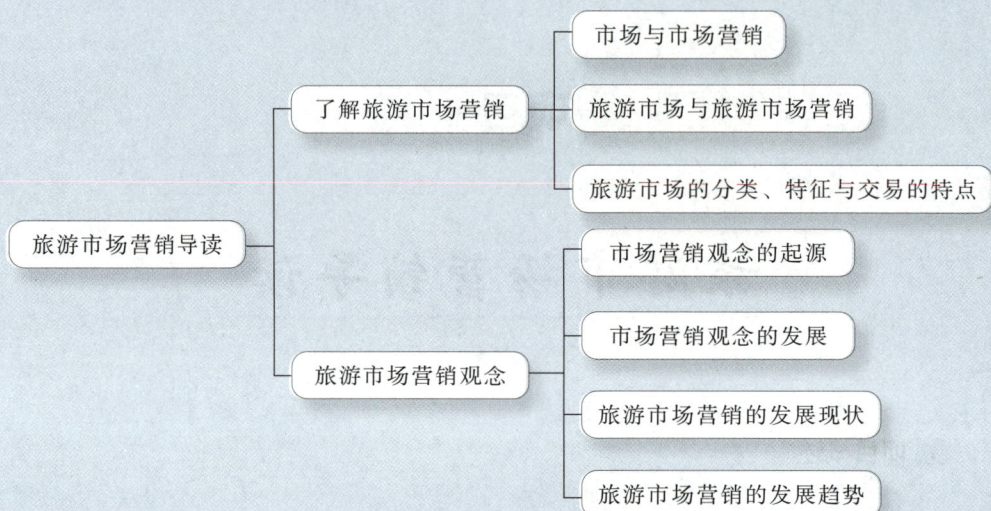

任务1　了解旅游市场营销

任务目标

知识目标：理解旅游市场营销的基本概念、特征；掌握旅游市场营销的研究内容、研究方法。

能力目标：能对旅游市场进行恰当的分类；能将旅游市场营销观念运用于营销策划活动中。

素养目标：培养以客户为中心的思考习惯；培养旅游市场营销的创新思维。

任务导入

大众旅游时代旅行社转型的新方向

大众旅游经历了从初级阶段向中高级阶段的演化，旅游正加速进入大众的日常生活。2018年以来，国民旅游消费需求旺盛，全域旅游聚焦美好生活，旅游与文化、创意、科技的融合创新备受关注，品质提升与绩效改善趋势愈发明显。以2018年上半年为例，国内旅游人数达28.26亿人次，比上年同期增长11.4%；入出境旅游总人数达1.41亿人次，同比增长6.9%。

中国互联网统计报告表明，截至2018年6月30日，我国网民规模达8.02亿，互联网普及率为57.7%。其中，手机网民规模达7.88亿，网民中使用手机上网人群的占比达98.3%。未来5~10年，基于移动互联网的旅游消费将成为主流，基于移动互联网的自媒体时代全面到来。事实上，大多数消费者的核心需求始终是所有企业的价值基础。携程网、同程旅游网、途牛网、去哪儿网等均以"多数旅行者的核心需求"为切入点，致力于满足游客出游对机票、酒店、门票、签证、租车等方面的需求，各大旅游电商抢滩移动互联网的消息不断见诸报端。

然而，传统旅行社一直在犯一种被称为"互联网焦虑"的病症。当同行都在喊着"触网"的时候，移动互联网又兴起了。那边网站还没架构好，又要忙着开发App。守着庞大的市场规模和产业基础，以及大多数消费者的核心需求，传统旅行社该如何去挖掘、去满足，尤其是在这个自媒体日益发达的时代？

资料来源　佚名. 旅游定制受热捧　或成旅行社转型新方向［EB/OL］.［2015-01-04］. http：//www.cntmu.com/5609.html；文化和旅游部数据中心. 2018年上半年旅游经济主要数据报告［EB/OL］.［2018-08-22］. http：//zwgk.mct.gov.cn/ceshi/lysj/201808/t20180822_834337.html? keywords=.

问题：

1. 旅游企业（如旅行社、景区等）赢得游客青睐的关键因素是什么？

2. 旅行社如何应对互联网时代的挑战？

学一学

一、市场与市场营销

"市场"起源于古时人类对在固定时段或地点进行交易的场所的称呼，是指买卖双方进行交易的场所。随着经济的发展和社会商品的丰富，市场上居主动地位的角色发生了变化，由最初的卖方市场发展为买方市场，市场导向也由生产导向转变为消费导向（或需求导向）。发展到现在，市场具备了两种意义：一种意义是交易场所，如传统市场、股票市场、期货市场等；另一种意义是交易行为的总称。也就是说，"市场"一词不仅仅是指交易场所，还包括所有交易行为。因此，当谈论市场大小时，并不仅仅是指交易场所大小，还包括消费行为是否活跃。从广义上讲，所有产权发生转移和交换的关系都可以称为市场。

市场营销的核心概念包括：需求、市场、产品、交换及交易、价值及需求满足等（见图1-1）。市场营销是指在创造、传播和交换产品时，为顾客、合作伙伴以及整个社会带来价值的一系列活动、过程和体系。营销人员必须针对市场开展经营、销售行为。美国著名市场营销大师菲利普·科特勒强调了市场营销的价值导向，认为"市场营销是个人或集体通过创造产品和价值，并同别人自由交换产品和价值，以获得所需、所欲之物的过程"。江亘松在《你的行销行不行》一书中解释了营销的变动性，并对营销进行了说明：什么是营销？就字面上来说，"营销"的英文单词是marketing，若把marketing拆成"market"（市场）与"ing"（英文中现在进行时的表示方法）两个部分，那么营销可以理解为"市场的现在进行时"。

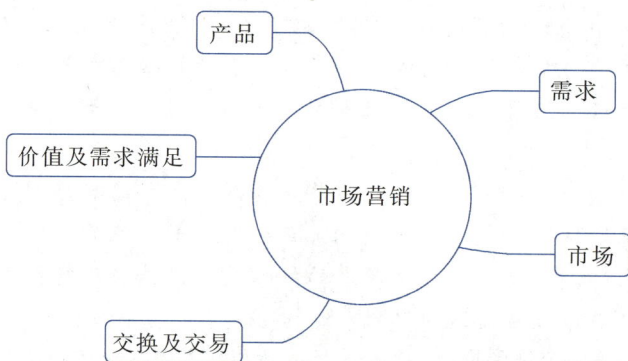

图1-1 市场营销核心概念的构成

二、旅游市场与旅游市场营销

（一）旅游市场的概念

旅游市场是社会经济发展到一定程度，旅游活动商品化和社会化的产物。目前，学者们对旅游市场还没有形成统一和固定的定义，旅游市场通常是指旅游需求市场或旅游客源市场，即某一特定旅游产品的经常购买者和潜在购买者所形成的市场。从经济学的角度讲，旅游市场是指旅游产品供求双方交换关系的总和；从地理学的角度讲，旅游市场是指旅游经济活动的中心，属于一般商品市场的范畴，具有商品市场的基本特征，包括旅游供给场所（即旅游目的地）和旅游消费者（即游客），以及旅游经营者与旅游消费者之间的经济关系。旅游市场与一般商品市场的区别在于，它所出售的不是具体的物质产品，而是以劳务为特征的包价路线；同时，旅游供给与消费过程同步进行，具有很强的季节性。

（二）旅游市场营销的概念

美国市场营销专家史丹顿（W.T.Stanton）曾说过："一个推销员或销售经理谈到市场营销，他真正讲的可能是销售；一个广告客户业务员所说的市场营销，可能就是广告活动；百货公司部门经理谈的市场营销，可能是零售商品计划。他们都谈到了市场营销，但是只谈到了整个市场营销活动的一部分。"市场营销是指一个企业为了适应和满足消费者的需求，从产品开发、定价、宣传推广到将产品从生产者送至消费者手中，再将消费者的意见反馈回企业的整个活动过程。企业的经营导向经历了生产观念导向、产品观念导向、推销观念导向、营销观念导向、社会营销观念导向五个阶段渐次递进的演变过程。

旅游市场营销可以界定为：在变化的市场环境中，旅游营销主体为满足旅游消费者的各种需要而开展一切旅游商务活动的过程。旅游企业以旅游消费需求为导向，通过分析、计划、执行、反馈和控制五个过程，协调各项旅游经济活动，从而实现提供有效产品和服务、使游客满意、使企业获利的经济和社会目标。旅游市场营销研究的出发点是旅游市场需要，研究的目的是获取效益。可见，旅游市场营销是获得效益的重要环节，对旅游事业的发展具有重要作用。

三、旅游市场的分类、特征与交易的特点

（一）旅游市场的分类

对任何一个国家、地区或旅游企业来说，旅游市场的占有率都直接关系到旅游经营的效益，因此在开发建设旅游区及旅游经营过程中，旅游市场的调查、划分、开拓、预测十分重要。旅游市场有多种分类方法：按地域范围可分为国际旅游市场和国内旅游市场；按旅游者的年龄和性别特征可分为老、中、青、儿童和女性旅游市场；按旅游活动类型可分为观光、度假、会议、购物、体育、探险和科学考察旅游市场；按旅游接待量和地区分布可分为一级市场、二级市场和机会市场；还可按旅游者的国别、社会地位、文化程度和经济支付能力进行划分。通过对旅游市场的研究，我们可以确定旅游需求的现状和变化趋势，包括估计国际和国内旅游市场发展的总趋势、供需状况和竞争形势，并据此确定该地区的目标市场，从而进行市场规划；研究影响市场的各种因素，使旅游经营适应不断变化的市场，达到吸引旅游者的目的。

（二）旅游市场的特征

结合《中华人民共和国旅游法》（以下简称《旅游法》）的有关规定，从促进旅游行业健康发展和保障消费者合法权益的角度来看，旅游市场即旅游产品交易与服务过程中反映的各种经济行为和经济关系的总和，通常包括"吃、住、行、游、购、娱"六大内容。其中，旅游产品泛指旅游经营者为满足旅游者的物质与精神需求而提供的各种产品与服务的总和。对旅游市场的监管涉及旅游、公安、工商、交通、卫生、质监、价格、安监等多个政府职能部门。

随着大众旅游时代的到来，旅游已经成为人们生活的必需品，旅游已经渗透到社会生

活的方方面面，这使得旅游市场的特征具有多样性，具体如下：

1.竞争性

由于旅游业在国民经济发展中的地位不断提高，各级政府给予的政策支持力度较大，且该行业门槛低，没有很高的技术含量要求，因此在丰厚利润的吸引下，各方面投资纷纷涉足旅游业，旅游市场竞争激烈。

2.综合性

旅游产品是由旅游资源、旅游设施、旅游服务等诸多要素组合而成的，旅游业的经营主体涉及国民经济的多个行业，因此旅游市场具有较强的综合性。

3.复杂性

随着消费理念的不断更新，旅游市场也发生了深刻的变革，旅游业态日趋复杂多样，如近年来兴起的全域旅游、体育旅游、文化旅游等。

4.波动性

旅游业是以游客需求为主导的产业，由于影响旅游需求的因素具有多样性，因此旅游市场随着旅游需求的不断变化而呈现出较大的波动性。

案例窗1-1　　　　　　　**海南打造"美食+旅游"新名片**

近年来，海南省不断创新旅游营销模式，精心策划不同的旅游主题，尤其以"美食+旅游"的方式，打造出了一张海南旅游的新名片。

在2018年8月16日开幕的第29届香港美食博览会上，由海南省旅游委设计搭建的"海南厨房"主题展馆开馆，陈记烧鹅、椰语堂、海之漫、龙泉人等一批最能代表海南美食特色和水平的优秀餐饮企业参展，把文昌鸡、盐焗鸡、海南鸡饭、和乐蟹粥、白切东山羊、卤温泉鹅、陵水酸粉、海南清补凉、老盐柠檬水、鸡屎藤糖水等各式琼味美食、海岛冰饮带到了香江。美食已成为海南省旅游营销的一大利器。

2016年以来，海南省旅游委两次携"海南厨房"参加香港美食博览会。为配合"海南厨房"IP营销主题，海南省旅游委还邀请了香港中国旅行社、康泰旅行社、美丽华旅游等合作旅行社，专门设计制作了"海南美食之旅"的旅游线路产品在现场宣传和特惠销售，为香港市民提供一站式服务，成功实现由口动、心动到行动的完美体验。

资料来源　符王润. 海南创新旅游营销模式　打造"美食+旅游"新名片［N］. 海南日报，2018-09-05（B05）.

案例分析：在新的营销模式下，海南旅游也将迎来新的机遇。业内专家同时指出：与传统的营销方式相比，"美食+旅游"具有诸多优势，更好地展示了海南的旅游资源优势及内涵。"美食+旅游""旅游+文化"等营销模式，可以加深游客对海南的印象及向往度。

（三）旅游市场交易的特点

旅游市场交易是一个动态的过程，由于旅游企业的内外部环境复杂多变，且旅游消费者的个性化特征越来越明显，因此旅游市场交易侧重于服务营销，具有行业特殊性，具体体现在如下几个方面：

1.异地性

旅游产品的购买者主要是异地消费者，产品交易必须通过旅游者从客源地向目的地转移才能实现。

2.唯一性

在旅游过程中，旅游经营者与旅游者之间的交易关系会随着旅游活动的结束而终止。

3.季节性

旅游市场的客源会因不同的季节表现出明显的差异性。

4.信息不对称性

由于旅游往往是跨地区、跨国界的活动，因此旅游市场信息的不对称性尤为突出，旅游者对目的地交通、住宿、旅游场所、餐饮、购物等信息的不了解，为旅游市场交易的诸多问题埋下了隐患。

5.产品的无形性

在旅游市场交易中，无形产品占据了很大比重，如导游服务等。无形产品是旅游产品的重要组成部分。

做一做

创新旅游营销：长隆大打亲子牌

背景资料：

广州长隆旅游度假区是长隆集团旗下首个综合性主题旅游度假区，拥有长隆欢乐世界、长隆国际大马戏、长隆水上乐园、长隆野生动物世界、长隆飞鸟乐园和长隆酒店等多家主题公园及酒店，被评为"国家文化产业示范基地"、广东省"科普教育基地"、国家首批AAAAA级旅游景区，年接待游客量连续多年超过千万人次，居世界主题景区前列。

VR全景：长隆欢乐世界

《爸爸去哪儿》是湖南卫视引进的一档亲子娱乐节目，里面星娃们喝的牛奶、星爸们使用的食用油和洗衣液也因为出镜率太高，给人们留下了深刻的印象。然而，这并不意味着那些拿不动、带不走的产品就不能借势营销，长隆集团给出了最好的案例。

在第一期《爸爸去哪儿》结束后，长隆集团与湖南卫视合作，将长隆作为核心场景，拍摄了《爸爸去哪儿》大电影，并在2014年春节创造了7亿元票房的奇迹。同时，长隆集团邀请田亮全家担任长隆"幸福大使"，爱心认养长隆野生动物世界的萌主考拉，以此展开以"爸爸"为热点的整合营销。

2014年暑期，《爸爸去哪儿2》热播，长隆野生动物世界顺势推出了现实升级版的《爸爸去哪儿》大电影体验线路。借着这波长隆热、亲子热，长隆集团火速携手爱奇艺网络，联合推出了中国首档亲子互动话剧《宝贝听你的》，海选平民家庭参与节目，并放出长隆10年免费游的诱惑大奖，让该节目迅速火爆网络，长隆旗下所有主题乐园人气爆棚。

2014年7—9月，长隆继续大打亲子牌，推出了《爸爸，再不陪我，我就长大了》系列视频,通过微信、微博的内容预热,进一步强化了长隆的亲情营销效果。截止到2014年10月,作为核心拍摄地的长隆野生动物世界和长隆国际大马戏的业绩同比2013年分别增长约50%和30%。

资料来源 佚名. 广州长隆旅游度假区——中国一站式综合性旅游度假区〔EB/OL〕.〔2018-11-01〕. https://gz.chimelong.com/group/about/;佚名. 年度创新营销:从江小白赌青春到长隆大打亲子牌〔EB/OL〕.〔2014-12-05〕. http://sz.winshang.com/news-418027.html.

实训内容:

以小组为单位,分析长隆与《爸爸去哪儿》的合作体现出了怎样的营销理念。通过查找资料,举出一个旅游企业创新营销的实例,并阐述其创新点。

实训目标:

1.体验正确的旅游营销理念对企业经营业绩的推动作用。

2.培养学生的创新思维能力。

3.掌握旅游市场的跨行业特征及发展趋势。

实训组织:

1.组成3个或4个小组,通过研讨会形成小组观点,指定1位发言人在老师提问时向全班报告自己小组的结论。

2.小组成员分头查找网络或书籍资料,并在小组内分享,挑选一例有代表性的旅游企业创新营销案例,并准备好阐述资料或PPT。

实训记录:

1.体现的营销理念:

_____

_____

2.旅游企业创新营销实例:

_____

_____

3.创新点:

_____

_____

效果评价

1.以小组为单位发表观点,并提交案例文本。

2.每个小组推荐1名成员做主题发言,说明观点形成的过程,阐述小组完成情况,并给本组打分。

3.每个小组在阐述过程中,其他小组及主讲教师对其进行专题评价,见表1-1。

表1-1　　　　　　　　　**"创新旅游营销：长隆大打亲子牌"训练项目评价表**

项目主题 （分值）	评价指标 （分值）	标　准	小组自评 （20%）	小组互评 （30%）	教师评价 （50%）	最后得分 （100%）
创新旅游 营销：长隆 大打亲子牌 （100分）	知识运用 （20分）	理解旅游市场营销的基本概念、特征；掌握旅游市场交易的特点				
	技能掌握 （30分）	能对旅游企业的营销案例进行恰当的分析				
	职业核心 能力表现 （20分）	培养旅游市场营销的创新思维				
	职业道德 修养 （10分）	乐于奉献的精神、团队精神、责任良知				
	成果展示 （20分）	阐述观点直观明确、效果良好、案例新颖、有代表性				

4.教师与学生依据最后得分情况，确定最优陈述方案。

任务2　旅游市场营销观念

任务目标

知识目标：了解市场营销学的产生和发展；熟悉旅游市场营销的现状与发展趋势。

能力目标：能树立大市场营销观念。

素养目标：树立大市场营销观念；养成诚实、守信的思维习惯。

任务导入

旅游城市营销新思路——影视营销

"2008年之后，央视播出的城市宣传片的数量和质量都在不断提升，城市宣传片开始被各个城市和旅游景区视为最能表达城市精神内涵的方式。城市宣传片也因为集合了城市符号、城市口号、标志性景观、人文情怀等多方面要素而成为城市营销的核心手段。"中视金桥传媒集团负责人表示。

然而，要在一部短短30秒的城市形象广告中准确、精练地传递城市形象和精髓并不是一件容易的事情，这涉及对城市品牌和城市形象的规划。"城市品牌和形象规划是对城市系统的设计和建设，需要研究城市历史、文化和事件，从中提炼出富有城市个性的概念，设计表达概念内涵的视觉符号，并构建出城市的建筑识别系统、特色产业识别系统等。"品牌战略专家闻罡表示。

近年来，影视营销成为热门领域，如电影《泰囧》催热了泰国游，《后会无期》点燃了东极岛，《心花路放》的热映也让影片的主要取景地大理成为许多都市人出游的理想目的地。应该说，一部电影为拍摄地的旅游业做出了巨大的贡献。

2018年9月2日，第19届亚运会主办城市——杭州正式接下亚运圣火，宣告着全亚洲人民期盼和瞩目的2022年杭州亚运会进入倒计时。"迎亚运·最忆是杭州"旅游宣传视频推出了包含10条精品线路的"杭州主题旅游攻略"，成为杭州旅游营销新模式，使杭州吸引了全球的目光。

资料来源　赵正. 旅游城市营销：从"城市名片"到"精神标签"［N］. 中国经营报，2015-04-13（C12）；郑剑瑾. "迎亚运·最忆是杭州"旅游发布会盛大举行　让世界为杭州点赞［N］. 钱江晚报，2018-09-05.

问题：

从创新营销观念的角度，谈一谈旅游城市与影视作品结合对城市品牌宣传的积极影响。

学一学

一、市场营销观念的起源

市场营销观念是企业进行经营决策、组织管理市场营销活动的基本指导思想，是新型的企业经营哲学，是一种观念、一种态度或一种企业思维方式。市场营销观念是一种"以消费者需求为中心，以市场为出发点"的经营指导思想。市场营销观念的出现使企业的经营观念发生了根本性变化，也使市场营销学发生了一次革命。

市场营销观念往往以满足顾客需求为出发点，即"顾客需要什么，就生产什么"。尽管这种思想由来已久，但其核心原则直到20世纪50年代中期才基本定型。当时的社会生产力迅速发展，市场趋势表现为供过于求的买方市场，同时居民收入迅速提高，有可能对产品进行选择，企业之间的竞争加剧，许多企业开始认识到，必须转变经营观念，才能求得生存和发展。市场营销观念认为，实现组织者目标的关键在于准确确定目标市场的需要，并在行业竞争中更有效地满足目标市场的期望。

二、市场营销观念的发展
（一）生产观念

从工业革命开始至1920年间，主导西方企业的经营思想都是生产观念。该观念认为，消费者喜欢那些可以随处买到和价格低廉的商品，企业应当组织和利用所有资源，集中一切力量提高生产效率、扩大分销范围、增加产量、降低成本。显然，生产观念是一种重生产、轻营销的指导思想，其典型表现是"我们生产什么，就卖什么"。以生产观念指导营销活动的企业，称为生产导向型企业。我国古代的客栈、旅馆、驿站等提供简单的食宿服务，也具有生产观念。

20世纪初，美国福特汽车公司制造的汽车供不应求，亨利·福特曾傲慢地宣称："不管顾客需要什么颜色的汽车，我只生产一种黑色的。"福特汽车公司自1914年开始生产的T型车，就是在"生产导向"经营哲学的指导下创造出奇迹的。截至1921年，福特T型车在美国汽车市场上的占有率达56%。

（二）产品观念

产品观念是以产品为中心的企业经营思想，是与生产观念并存的一种市场营销观念，它们都重生产、轻营销。产品观念认为，消费者喜欢高质量、多功能和具有某些特色的产品。因此，企业管理的中心思想是致力于生产优质产品，并不断精益求精。在这种观念的指导下，企业经理人常常迷恋自己的产品，以致没有意识到产品可能并不迎合时尚，甚至市场正朝着不同的方向发展。企业在设计产品时只依赖工程技术人员，极少让消费者介入。在我国许多城市，由于高星级酒店的价格昂贵，因此许多游客或商务客人更愿意选择服务贴心、价格实惠的经济型连锁酒店。近年来，经济型连锁酒店的客源旺盛并呈现出迅速扩张的态势，提醒了高档酒店要正视这一"营销近视"现象。

（三）推销观念

推销观念认为，消费者通常有一种购买惰性或抗衡心理，若听其自然，消费者就不会自觉购买大量本企业的产品，因此企业管理的中心思想是积极推销和大力促销，以诱导消费者购买本企业的产品。推销观念产生于资本主义经济由"卖方市场"向"买方市场"过渡的阶段，盛行于20世纪三四十年代。其具体表现是"我卖什么，就设法让人们买什么"。执行推销观念的企业，称为推销导向型企业。在推销观念的指导下，企业相信产品是"卖出去的"，而不是"被买去的"。企业致力于产品的推广和广告活动，以求说服甚至强制消费者购买。企业收罗了大批推销专家，做了大量广告，对消费者进行无孔不入的促销信息"轰炸"。虽然推销技巧很重要，但企业的市场份额仍然很少。例如，我国许多旅游城市的纯观光型旅游线路在市场推广方面遇到了回头客少、到访体验效果差等难题，其根源就在于推销观念与前两种观念一样，也是建立在以企业为中心的"以产定销"模式的基础上，而不是建立在满足消费者真正需要的基础上。

因此，生产观念、产品观念、推销观念被称为市场营销的旧观念。

（四）市场营销观念

市场营销观念是在将卖方市场转化为买方市场的背景下提出的，是以消费者的需要和欲望为导向的经营哲学，体现了消费者的主权。市场营销观念形成于20世纪50年代。该观念认为，实现企业诸目标的关键在于准确确定目标市场的需要和欲望，一切以消费者为中心，比竞争对手更有效地传送目标市场期望得到的东西。

市场营销观念的产生是市场营销哲学的一种质的飞跃和革命，它不仅改变了传统的旧观念的逻辑思维方式，在经营策略和方法上也有很大突破。许多旅游企业的营销管理都贯彻"顾客至上"的原则，从而很好地实现了企业目标。因此，企业在制定生产经营决策时，必须先进行市场调研，根据市场需求及企业自身条件选择目标市场，以最大限度地提高顾客的满意度。

执行市场营销观念的企业，称为市场导向型企业。例如，在美国的迪士尼乐园，欢乐如同空气一样无处不在，迪士尼使得来自世界各地的每一个儿童的美梦得以实现，使得各种肤色的成年人产生忘年之爱。因为迪士尼乐园在成立之时便明确了自己的目标：迪士尼乐园的产品不是米老鼠、唐老鸭，而是欢乐。人们来到这里是享受欢乐的，迪士尼的每一个员工都要成为欢乐的灵魂。游客无论向谁提出问题，被提问者都必须用"迪士尼礼节"回答，而不能说"不知道"。因此，游客一次又一次地重返这里，享受欢乐，并愿意付出代价。

（五）社会营销观念

从20世纪70年代起，随着全球环境污染、资源短缺、人口爆炸、通货膨胀和忽视社会服务等问题日益严重，要求企业顾及消费者整体利益与长远利益的呼声越来越高。社会营销观念以社会长远利益为中心，是对市场营销观念的补充和修正。对此，西方市场营销学界提出了一系列新的理论及观念，如人类观念、理智消费观念、生态准则观念等。其共同点是，认为企业的生产经营不仅要考虑消费者的需要，而且要考虑消费者和整个社会的长远利益。例如，2008年北京奥运会以"绿色奥运、科技奥运、人文奥运"为理念，引导人们为环保事业做出努力。

社会营销观念的基本核心是：以实现消费者满意以及消费者和社会公众的长期福利作为企业的根本目的与责任。理想的营销决策应同时考虑到消费者的需求与愿望的满足、消费者和社会的长远利益、企业的营销效益。

（六）大市场营销观念

大市场营销观念是20世纪80年代以来市场营销观念的新发展。1984年，菲利普·科特勒针对现代世界经济迈向区域化和全球化，企业之间的竞争范围早已超越本土并形成了无国界竞争的态势，提出了大市场营销观念。大市场营销观念是指导企业在封闭市场上开展市场营销的一种新的营销战略思想，其核心内容是强调企业的市场营销既要有效适应外部环境，又要能够在某些方面发挥主观能动作用，使外部环境朝着有利于企业的方向发展。

1967年，菲利普·科特勒在其著作《营销管理：分析、计划、执行和控制》中进一步确认了以4Ps为核心的营销组合方法。4Ps营销理论即产品（product）、价格（price）、渠道（place）、宣传（promotion），由于这四个词的英文首字母都是"p"，再加上策略（strategy），所以简称"4Ps"。大市场营销观念在4P的基础上加上2P，即政治权力（power）和公共关系（public relations），从而进一步扩展了市场营销理论。

大市场营销观念是对传统市场营销组合战略的发展。菲利普·科特勒指出，企业为了进入特定的市场，并在那里从事业务经营，在策略上应协调运用经济的、心理的、政治的、公共关系等手段，以取得各方面的合作与支持，从而达到预期目的。

案例窗1-2   **"一带一路"的旅游愿景与目的地营销**

    2015年3月28日，经国务院授权，国家发展改革委、外交部、商务部联合发布了《推动共建丝绸之路经济带和21世纪海上丝绸之路的愿景与行动》（以下简称《愿景与行动》）。《愿景与行动》中明确提出：加强旅游合作，扩大旅游规模，互办旅游推广周、宣传月等活动。联合打造具有丝绸之路特色的国际精品旅游线路和旅游产品，提高沿线各国游客签证便利化水平。推动21世纪海上丝绸之路邮轮旅游合作；推进西藏与尼泊尔等国家边境贸易和旅游文化合作；加大海南国际旅游岛开发开放力度。

    预计到2020年，我国与"一带一路"沿线国家双向旅游人数将超过8 500万人次，旅游消费将达到1 100亿美元。对旅游业来说，《愿景与行动》的发布带来了哪些新机遇、意味着哪些新担当、将带来什么新变化呢？为实现"一带一路"的旅游愿景，无论是国家层面还是地方层面，旅游主管部门和企业都已经行动起来。

    旅游业界专家认为，中国与沿线国家的旅游合作目前还停留在政府层面，甚至停留在框架协议层面，实质性内容并不多，所以尚未形成统一的旅游形象，各项工作也没有深入开展。

    旅行社人士表示，中国与"一带一路"沿线国家拥有较长的海岸线和国境线，但旅游资源特别是海上旅游资源的开发起步时间较晚，进展也较慢。在邮轮游方面，虽然已开辟多条跨国海上航线，但目前都由小型邮轮公司经营，产品比较单一，仅以观光为主，存在基础设施不足、服务设施不完善及专业人才匮乏等问题。特别是在远程海上邮轮游方面，缺乏统一的协作机制和便利的签证及通关条件。

    资料来源 吴俊."一带一路"的旅游愿景如何实现［N］.中国旅游报，2015-04-01（1）；孟刚."一带一路"带游客踏上丝路之旅［N］.中国消费者报，2015-03-20（B03）；蒋梦惟.到2020年我国与"一带一路"沿线国家双向旅游消费将达1 100亿美元［EB/OL］.［2018-09-03］. http：//news.sina.com.cn/c/2018-09-03/doc-ihiqtcam9981128.shtml.

    案例分析：贸易的连通伴随着文化的沟通，"一带一路"是文化的交汇与碰撞，培育具有丝绸之路特色的国际精品旅游线路和旅游产品，可以积极推进文化旅游产业的发展。从政策支持方面看，文化旅游产业将伴随着"一带一路"倡议的推进，迎来新的增长空间。针对入境旅游市场，各地应该做好旅游产品建设，改善配套设施条件，提升旅游服务水平，练好内功，把目的地旅游产品做精、做亮；同时，应积极扩大对外宣传，针对目标市场进行精准营销。

三、旅游市场营销的发展现状

    随着社会的发展，旅游业已成为全球经济中发展势头最强劲和规模最大的产业之一。旅游业在城市经济发展中的产业地位逐步提高，经济作用逐步增强，旅游业对城市经济的拉动性、对社会就业的带动力，以及对文化与环境的促进作用日益凸显。旅游业也是我国经济发展的支柱性产业之一。

    我国作为世界旅游资源大国，拥有世界上最大的国内旅游市场，并且将在2020年成为世界第一大旅游目的地国。同时，我国的出境旅游也有很大的发展空间，尤其是带薪假期的延长使人们拥有更多的闲暇时间，人均收入的提高使人们有更多可自由支配的收入，这些都为我国国民出游创造了条件和机会。当然，我国旅游业要形成强大的市场竞争力，必须灵活运用整合营销理念，由4Ps（产品、价格、促销、渠道）转向4Cs（顾客、成本、方便、沟通），建立一种由外向内的营销策划模式。此外，2022年北京冬季奥运会、2022年杭州亚运会的举办，都将给我国的旅游业和旅游市场营销的发展带来更大的机遇，进而促进我国旅游市场营销更加科学、健康、快速、持续的发展。

四、旅游市场营销的发展趋势

（一）加快发展旅游网络营销

随着网络与电子商务的快速发展、旅游业市场竞争的日益激烈和营销策略的多样化，旅游业正积极改变陈旧的观念，踏入网络营销的大潮之中。旅游网络营销是利用互联网，对旅游市场进行更有效的细分和目标定位，对分销、渠道、产品定价、服务、产品理念进行更有效的规划和实施，以促成旅游者与旅游产品销售者之间的交易。

旅游网络营销是指旅游企业以电子信息技术为基础、以计算机网络为媒介和手段而进行的各种营销活动，是目标营销、直接营销、分散营销、顾客导向营销、双向互动营销、全球营销、虚拟营销、无纸化交易、顾客式营销的综合。旅游网络营销具有两大优势：一是旅游产品是一种特殊的服务产品，具有生产与消费同步、远距离异地消费、消费者无法对产品预先感知等特性，是最适合网上查询、浏览、购买的产品类型之一；二是网络拥有信息源丰富、传递速度快、覆盖面广、自主性强、反应及时、营运方式合理等优势，可以有效降低产品的生产成本、营销成本、销售成本，节约顾客的时间和资金成本。因此，未来旅游网络营销将更加深入人心，更加受到广大旅游消费者的青睐，大力发展旅游网络营销是旅游市场营销发展的必然趋势。

目前，我国互联网普及率已超过50%，但旅游网络营销在许多地方仍处于初级阶段，仍然存在着信息源真实性差、更新速度慢、网络安全性差等诸多问题，导致旅游网络营销不能完全发挥其优势，从而制约了我国旅游市场营销的发展。转型时期的旅游市场，只有把网络营销和传统营销紧密结合起来，才能做好旅游市场营销工作，才能更好、更快、更有效率地满足旅游者的需要，最终促进旅游市场的繁荣兴旺。

（二）加强绿色营销，促进旅游业可持续发展

随着全球环境保护意识的增强，以满足消费者和经营者的共同利益为目的的社会绿色需求管理、以保护生态环境为宗旨的绿色市场营销模式越来越深入人心。世界各国都在实施可持续发展战略，强调经济发展应与环境保护相协调，人们都开始追求更加环保和可持续发展的绿色消费和绿色营销。所谓绿色营销，是一种能辨识、预期及符合消费的社会需求，并且可带来利润及促进永续经营的管理过程。绿色营销观念认为，企业在营销活动中，要顺应时代可持续发展战略的要求，注重地球生态环境保护，促进经济与生态环境协调发展，以实现企业利益、消费者利益、社会利益及生态环境利益的协调统一。

旅游业被称为"无烟产业""朝阳产业"，具有资源型产业的特征，非常依赖自然的馈赠和社会遗产。然而在实际发展过程中，旅游业的环保实践情况往往受到质疑，许多风景

区积极倡导"旅游者带走的只有照片，留下的只有脚印"，就是希望在旅游业的推进过程中，精美如画的景色不要受到破坏，以免影响旅游业的发展。因此，我国旅游业必须走可持续发展道路，必须加强绿色营销，以符合旅游者回归大自然、爱护旅游生态环境的潮流。对旅游业而言，绿色营销是一种极富生命力的营销策略。

具体而言，首先，我们要树立以资源价值观为中心的绿色营销观念。其次，确定绿色营销目标。再次，建立绿色营销组合战略，在旅游产品的设计、价格、包装、分销、促销和销售服务等环节始终贯彻绿色原则。最后，开展绿色认证。从1993年起，国际标准化组织就制定了一套环境管理体系的国际标准（ISO 14000），极大地推动了旅游业绿色营销的发展。例如，我国浙江省、山东省开展的创建"绿色饭店"活动以及武夷山风景区实施的ISO 14000认证，都为旅游业的绿色营销注入了新的内容。

（三）深度挖掘旅游文化内涵，开展旅游体验营销

1970年，美国未来学家阿尔文·托夫勒在《未来的冲击》一书中预言："服务经济的下一步是走向体验经济，商家将靠提供体验服务取胜。"当前，体验经济已成为全球的一个时尚概念，涉及多种行业。旅游从本质上讲是人们离开惯常环境到其他地方去寻求某种体验的一种活动。游客投入时间和金钱参与旅游活动，追求的不是物质结果，而是一种探索、一种感受、一种挑战，以及一种在心理上的彻底放松。当前，旅游企业越来越重视体验旅游设施的建设，正是适应消费者心理需求的表现。

旅游体验营销是指旅游企业根据游客情感需求的特点，结合旅游产品、服务的属性（卖点），策划有特定氛围的营销活动，让游客参与并获得美好而深刻的体验，以满足游客的情感需求，从而扩大旅游产品和服务销售的一种新型营销方式。

旅游本身就是游客求新求异动机的结果，只有体验主题有创意，才能抓住游客的眼球，激发他们的消费欲望。克隆其他旅游目的地的模式，或大杂烩拼凑，会给旅游者带来千篇一律的感觉。因此，设计具有创新意义的旅游体验项目也是旅游企业品牌塑造的关键。此外，旅游公共部门（政府及各旅游行政管理部门）也要发挥一定的作用，在营销宣传方面给予新兴旅游体验项目以支持，从而带动旅游业有序、健康的发展。

做一做

婺源"一站式"旅游营销

背景资料：

2003年"非典"疫情之后，我国旅游业恢复很快，发展势头迅猛，婺源县想战略性地启动广东市场，把高消费水平市场的客源先做起来，进而影响全国市场。从深圳及周边市场的消费认知基础来看，"婺源——中国最美的乡村"在小资人群里已有了一定的知名度，但一直没有形成热潮。从旅行社方面了解到，去过婺源的人回来后对婺源的看法也呈两极分化的状况：一种看法是除了看房子还是看房子；另一种看法是回到乡村，有心灵的回归感。客观来看婺源这个旅游目的地，它没有惊世骇俗的景观，而是一种生态乡村氛围，如果单纯推广婺源产品则略显单薄，结合知名的黄山、庐山则吸引力会更大，这也是

一个借势于知名景点的方法。从市场方面来看，深圳、东莞、港澳地区的潜在客源市场很大，但需要针对不同的目标市场进行深层次的引导。所以，婺源虽好，但要把它做起来还真不简单。

旅游策划管理公司经过深度考察，并进行研究和分析，首先对产品进行了定位，婺源产品的核心价值需求是都市人体验久违的乡村感觉，寻觅心灵深处的精神家园。目标消费人群在8月主要是教师、学生、白领以及家庭，8月以后主要是白领和家庭。产品的差异主要体现在以下几点：专列价格和服务；主题旅游丰富多彩；停车拍照自由；产品专业策划，服务品质保证。

图片：婺源风光

产品的整合点主要落在"寻梦婺源——中国最美的乡村"上。在产品品牌的命名上，旅游策划管理公司考虑的是"寻梦婺源"，思考的出发点就是让人们去寻访那个梦一般既遥远又真实的古老村落，找回人们在大都市里难以体会到的那种久违的淳朴。品牌标志设计采用水墨画的笔触来勾勒寻梦的意境，使得"寻梦婺源"的标志神韵尽显。通过以上一系列精心策划，旅游专列成功始发，在深圳及周边市场首次拉响了婺源旅游的汽笛，这一切主要还是取决于"一站式"营销策略的正确实施。

资料来源　佚名. 婺源"一站式"深度营销案例［EB/OL］.［2008-10-15］. http://www.gjly.org.cn/content_2328.html.

实训内容：

以小组为单位，分析本案例的策划依据有哪些。请从体验经济的角度，谈谈婺源"一站式"旅游营销是如何满足游客体验诉求的。

实训目标：

1.学会发掘新的营销理念及策划思路。

2.学会以游客的体验诉求为出发点，实施营销策划。

实训组织：

1.以3～4人为一个小组，由组长确定小组分工，指定1位发言人在老师提问时向全班报告自己小组的结论。

2.小组成员分头查找网络或书籍资料，并在小组内分享、讨论，准备好阐述资料。

实训记录：

1.策划依据有哪些？

_____

_____

2.婺源"一站式"旅游营销是如何满足游客的体验诉求的？

_____

_____

3.营销亮点：

_____

_____

效果评价

1.以小组为单位组织交流、研讨。

2.每个小组推荐1名成员做主题发言，结合各组对婺源"一站式"旅游营销策划的依据及对游客体验诉求的评价意见，从小组互评、教师评价两个方面进行评分，见表1-2。

表1-2　　　　　"婺源'一站式'旅游营销"训练项目评价表

项目主题 （分值）	评价指标 （分值）	标　准	小组互评 （20%）	教师评价 （80%）	最后得分 （100%）
婺源"一站式" 旅游营销 （100分）	课堂研讨表现 （40分）	小组研讨组织得当，全员参与，研讨知识、方法、技术运用正确			
	主题阐述 （60分）	阐述的内容具有可行性，效果良好，观点新颖、独特，能挖掘策划依据，并能从体验经济的角度阐述游客的诉求			

3.教师与学生依据最后得分情况，确定最优陈述方案。

本章小结

市场营销是指在创造、传播和交换产品时，为顾客、合作伙伴以及整个社会带来价值的一系列活动、过程和体系。旅游市场营销是指在变化的市场环境中，旅游营销主体为满足旅游消费者的各种需要而开展一切旅游商务活动的过程。

音频：听我学1

旅游市场的特征包括：竞争性、综合性、复杂性、波动性。旅游市场交易的特点包括：异地性、唯一性、季节性、信息不对称性、产品的无形性。

传统市场营销观念包括生产观念、产品观念、推销观念；现代市场营销观念包括市场营销观念、社会营销观念、大市场营销观念。旅游市场营销最重要的特点是能够满足游客内心被关爱的需要，与游客建立情感联系，提高游客的忠诚度。

旅游市场营销的创新观念包括网络营销、绿色营销、体验营销等，其根源在于提高旅游体验质量。

挑战自我

过期的面包不卖

从厨房里闯出来的"美国面包大王"凯瑟琳标榜她自己的面包是"最新鲜的食品"。为了取信于消费者，她在面包上特别注明了烘制日期，保证不卖存放超过3天的面包。

起初，这个规定给她带来了巨大的麻烦，因为一种新产品上市，销路不可能马上好起来。存货一多，要严格执行"超过3天不卖"的规定就相当困难了。尤其是各经销商都怕

17

麻烦，虽然过期面包由凯瑟琳回收，但他们不愿意天天检查、换来调去，而宁愿把过期的面包留在店里卖。有的人还抱怨凯瑟琳未免太认真，一个面包放3天也坏不了，为什么非要3天换一次不可？甚至连负责推销的大女儿也大发牢骚，说给经销商增添的麻烦太多。然而凯瑟琳坚持认为：如果像别人那样，面包放一个星期再卖也没关系，这怎么能标榜自己的面包是"最新鲜的"呢？对于吃的东西，新鲜度是非常重要的条件。只要在消费者心中树立起良好的信誉，就成功了一半。经销商方面的矛盾可以作为管理问题来慢慢研究改善，但"超过3天不卖"的规定绝对不能动摇。

凯瑟琳果真践行了这一原则，她抱定一个宗旨——"只赚应该赚的钱"。她精确地计算每个面包的成本，加上合理的利润，确定出公平的价格。为了防止经销商乱涨价，她干脆在面包纸上标明每个面包的成本、利润和价格。

凯瑟琳反复告诫她的女儿：有一个基本信念一定要牢牢树立，我们做生意的人，要迎合消费者的口味和爱好，而不能让消费者来迎合我们。人们喜欢吃新鲜的食物，不管别人怎么说，我们都要把自己认为正确的做法坚持到底。

正是基于这一原则，从1943—1960年，凯瑟琳只用了短短十几年的时间，就把一个家庭式的小面包店完全变成了现代化企业，营业额迅猛增长。

资料来源　佚名. 过期的面包不卖［EB/OL］.［2018-05-21］. http：//www.docin.com/p-2108494320. html.

问题：

1.凯瑟琳的营销观念对旅游企业有什么借鉴意义？

2.请发表一下你对这个案例的看法。

要求：课外时间独立完成，给出有针对性的答案。

■ 拓展空间

1.现代企业市场营销的核心是满足消费者的需求。老年人群的消费需求是市场的重要组成部分，满足老年人群的消费需求不仅是道德问题，也是经济问题，因为老年人市场存在许多市场机会并拥有巨大的市场发展潜力。试对老年人市场的需求状况进行分析，总结老年人市场存在哪些旅游市场机会。

2.试用市场营销观念分析洋快餐（亦称"西式快餐"）行业的发展前景。

3.举两个最近因为特定的购物情景影响你购物决策的例子，说明购物情景对购物决策的影响。

项目二

旅游产品销售认知

■ 项目概述

产品是指能够用来满足人类某种需要或欲望的东西，通常用产品和服务来区分实体产品和无形产品。旅游产品是旅游企业通过开发、利用旅游资源而提供给旅游者的旅游吸引物与服务的组合。旅游产品的重要性不仅在于拥有它们，更在于使用它们来满足人们旅游过程中的各种欲望。本项目重在培养学生理解旅游产品的特征及销售过程，认清制定旅游产品销售目标的必要性，进一步掌握旅游市场营销人员应具备的基本素质，掌握客户拜访与电话销售技巧。

■ **项目结构**

旅游产品销售认知
├─ 旅游产品的销售特点
│   ├─ 旅游产品的市场需求状态
│   └─ 旅游产品的策划与销售周期
├─ 旅游产品的销售策略
│   ├─ 旅游产品的分类
│   ├─ 市场细分及旅游市场细分
│   ├─ 影响旅游产品销售策略选择的因素
│   ├─ 旅游产品销售策略的制定
│   └─ 旅游产品销售策略的实施
├─ 旅游市场营销人员的素质要求
│   ├─ 旅游市场营销人员的定义
│   ├─ 旅游人员推销的含义
│   ├─ 旅游人员推销的特点
│   └─ 旅游市场营销人员的基本素质
└─ 客户拜访与电话销售的技巧与流程
    ├─ 客户拜访的技巧
    ├─ 客户拜访的基本流程
    ├─ 电话销售的技巧
    └─ 电话销售的基本流程

任务1 旅游产品的销售特点

任务目标

知识目标：理解旅游产品的基本概念、特征。

能力目标：掌握旅游产品的销售周期。

素养目标：培养严谨、认真负责的职业态度。

任务导入

"夕阳红"旅游产品走俏

花红柳绿的春天已经到来，外出旅游正当时。此时，也正是老年人旅游的好时节。不少旅行社迎合市场需求，精心组织推出了一系列"夕阳红"特色旅游线路。这些旅游线路覆盖了国内最负盛名的旅游景点，可谓丰富多彩。

"我们'夕阳红'产品卖得蛮火的，像海南、北京、昆明等热门地区都已经成团，第二班正在火热收客中。"据旅行社有关负责人介绍，针对老年人的出行，旅行社每年都会在适合出行的春、秋两季打造多条精品"夕阳红"老年游专属线路，比较受欢迎的是北京和承德等北上线路、长江三峡豪华游轮线路、云南休闲线路以及海南养生线路。"现在学生正在学校上课，年轻人也忙于工作，这使得不少旅游景点冷清了许多。出游价格比较实惠，老年人的经济负担小，和同龄老年人一起出游也比较有意思。"据了解，报名参加"夕阳红"线路的游客中，有一半老年人是自己来报名的，另一半老年人则是由子女替自己报名的。"父母快乐是儿女的心愿，在春暖花开的季节，为自己的父母报一个'夕阳红'旅行团，也算是给父母送上一份'健康大礼'，表表孝心。"旅行社的工作人员说。

资料来源　熊玮."夕阳红"旅游产品走俏［N］.张家港日报，2015-03-26（A10）.

问题：

1."夕阳红"旅游产品有什么特点？

2."夕阳红"旅游产品走俏的原因是什么？

学一学

一、旅游产品的市场需求状态

旅游产品的构成要素主要包括旅游吸引物、旅游设施和旅游服务等，由于旅游产品既包含有形产品，又包含大量的无形服务，因此旅游市场营销也必然有别于传统市场营销。旅游产品的价值具有复合性，这不仅体现在旅游产品拥有的审美和愉悦的成分上，还体现在旅游中间商的努力带来的追加价值及其自身的展现价值上。旅游市场需求是旅游市场营销的出发点，旅游市场需求存在8种状态（见表2-1），在不同的需求状态下，旅游市场营销的任务和策略不同，这些都需要旅游企业进行有针对性的设计。

表 2-1　　　　　　　　　　　　旅游市场需求的 8 种状态

序号	需求状态	状态描述	应对方式	市场营销策略
1	负需求	不喜欢、厌恶，甚至愿意出钱回避	分析为什么不喜欢，是否可以重新设计产品、降低价格或者采取更加积极的市场营销方案	改变市场营销
2	无需求	对产品和服务毫无兴趣或者漠不关心	设法将产品和服务的好处与人的自然需要和兴趣联系起来	刺激市场营销
3	潜在需求	现有产品无法满足特定人群的需求	衡量潜在市场的范围，开发有效的产品或者服务	开发市场营销
4	下降需求	回头客越来越少	分析需求下降的原因，决定是否开辟新市场，或采取有效的沟通手段来刺激需求	再创造市场营销
5	不规则需求	旅游高峰情况	灵活定价、推销或者采用其他刺激手段来改变市场营销的时间模式	协调市场营销
6	充分需求	组织对业务量满意，就达到了充分需求	提高或维持产品和服务的质量，不断衡量旅游消费者的满意程度	维持市场营销
7	过度需求	接待率长期高于 90%	提高价格，减少推销活动和服务	减少市场营销
8	不健康需求	黄、赌、毒等	阻止或劝说人们放弃这种爱好	抵制市场营销

资料来源　刘长英. 旅游市场营销［M］. 北京：北京大学出版社，2015.

二、旅游产品的策划与销售周期

（一）旅游产品的策划

1.旅游产品策划的人本主义原则

旅游产品策划的人本主义原则是指把以人为本，遵循人体生理与心理的规律，满足人类审美、修学、交流、康体、休憩及整个生活方式的需求作为第一要义的原则。旅游资源不同于旅游产品，旅游资源具有广泛多样性、区域独特性、群体组合性、季节变异性、价值不确定性、永续性、不可再生性和观赏性，旅游资源的价值体现为对游客的吸引力，旅游资源的存在不以游客个人的意志为转移，而旅游产品是旅游资源的具体化。例如，香格里拉生态旅游线路是旅行社销售的云南旅游线路的主要产品，也是香格里拉生态旅游区旅游开发和市场营销的重要对象，旅游线路的设计不仅要符合旅游供给规律，而且要符合旅游需求规律，即不仅要从资源、市场、区位、经济效益等旅游供给要素出发，而且要从旅游者的心理、生理等要素出发，真正为旅游者着想，才能真正赢得市场。

2.旅游产品策划的市场价值转化

即使旅游资源的价值很高，将它开发为旅游产品后，也不一定能得到旅游市场的青睐。因此，若陶醉于旅游资源的科学价值而不能自拔，则难以将旅游产品销售做好。对旅游产品进行策划，需要熟悉旅游市场，通过对旅游市场需求的确认来决定将哪些旅游资源转化为旅游产品，以及该旅游产品的表现形式如何。旅游资源的科学价值并不一定等同于旅游产品的市场价值。对旅游市场的有效研究，是旅游产品策划成功的关键。旅游市场不同于其他类型的市场，其可变性太大，难以把握。由于游客购买的是特殊的经历，同时，游客对旅游经历的感受又受时时变化的自身心理因素的影响，因此市场特征虽然有规律可循，却难以捉摸。

例如，为了展示云南丽江的旅游资源特色，充分发挥丽江的区域枢纽和中转作用，通过对丽江旅游资源的客观分析，策划方以丽江三大旅游区（雪山古城文化休闲体验度假综合旅游区、以泸沽湖为龙头的民族文化风情旅游区、老君山世界自然遗产生态科考旅游区）为基础，科学规划了丽江特色旅游线路产品体系，包括核心影响小环线、深度影响中环线和辐射影响大环线三部分。

（1）核心影响小环线

●云南省内精品环线

云南省内精品环线见图2-1。

图2-1　云南省内精品环线

图片：云南风光

●滇-川香格里拉胜景环线

滇-川香格里拉胜景环线见图2-2。

丽江————迪庆————乡城————稻城————泸沽湖————丽江

图2-2　滇-川香格里拉胜景环线

（2）深度影响中环线

●东巴-康巴文化环线

东巴-康巴文化环线见图2-3。

图2-3　东巴-康巴文化环线

●茶马-西南丝绸古道环线

茶马-西南丝绸古道环线见图2-4。

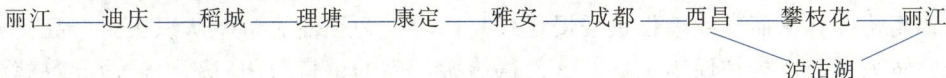

图2-4　茶马-西南丝绸古道环线

（3）辐射影响大环线（大香格里拉环线）

辐射影响大环线见图2-5。

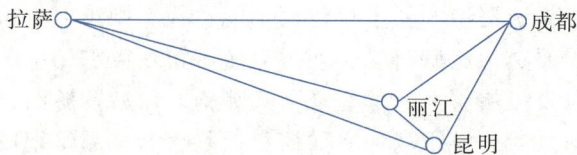

图2-5　辐射影响大环线

　　旅游产品的表现形式也是一个十分重要的方面，其表现形式必须便于游客购买，能够使游客感到亲近，能够使游客感受到旅游资源的独特魅力并体验到一种与众不同的特殊经历。在互联网还没有如此发达的时候，人们出游前往往没法做太多准备，只能依靠旅行社的信息。如今，旅游业正在步入"互联网+"时代，网上有海量旅游资讯，然而各种旅游消费信息真假难辨，搜索信息的成本并没有降低。旅游专家认为，这正是旅行社可以做的产品策划工作，旅行社需要掌握更多的搜索信息技能，把旅游产品的专业性做好，把游客想做但由于工作量太大而做不好的事情做好，以此吸引游客购买。

（二）旅游产品的销售周期

　　同其他产品一样，旅游产品也有其产生、发展、衰退和消亡的过程。旅游产品的销售周期是指某种旅游产品从进入市场开始到最后退出市场的全过程。旅游产品的销售周期一般包括投入期、成长期、成熟期、衰退期四个阶段（见图2-6）。研究旅游产品销售周期的意义在于：第一，有利于旅游经营者针对不同的阶段采取不同的销售策略；第二，有利于旅游经营者采取措施延缓衰退期的到来，以延长旅游产品的销售周期；第三，有利于旅游经营者针对市场需求及时生产适销对路的旅游产品。

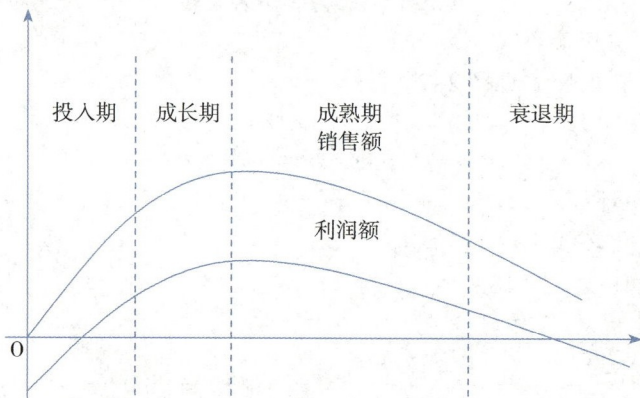

图2-6　旅游产品的销售周期

　　1.投入期

　　由于旅游产品尚未被消费者了解和接受，因此旅游者的购买行为很多是试探性的，几乎没有重复购买，从而导致销售量缓慢增长。同时，为了使旅游者认识旅游产品，旅游企业还需要做大量的广告和促销工作，这使得旅游产品的销售费用较高，进而导致旅游企业的利润极小。

　　2.成长期

　　由于前期的宣传促销作用，旅游者对旅游产品逐渐熟悉，越来越多的人开始购买旅游产品，重复购买者也逐渐增多，旅游产品在市场上开始有一定的知名度，旅游产品的销售量迅速增加，销售额迅速增长，增长率通常在10%以上。

3.成熟期

在这个阶段，由于很多相似的旅游产品进入市场，扩大了旅游者对旅游产品的选择范围，因此旅游市场竞争十分激烈。再加上一些新产品对原有旅游产品的替代作用，旅游产品的差异化成为市场竞争的核心。然而，销售额的增长幅度越来越小，一般在1%～10%。

4.衰退期

衰退期是指旅游产品进入了更新换代的阶段。由于新的旅游产品已进入市场并逐步替代老产品，因此除少数名牌旅游产品外，大多数旅游产品的销售量逐渐减少。这时，旅游企业如果不迅速采取有效措施使旅游产品进入再成长期，以延长旅游产品的生命周期，那么旅游产品将随着市场的激烈竞争以及销售额和利润额的持续下降而被迫退出旅游市场。

案例窗2-1　　　　　　　　　网下网上旅游产品价格差别大

随着人们生活观念的转变，春节过后，错峰出游成了众多市民的一大选择。然而，随着旅行社内各条旅游线路价格的水涨船高，不少市民都把目光投向了网上的低价旅游产品。市民发现，网购旅游线路产品比旅行社便宜不少，如云南6日游不过千元、泰国6日游仅1 000多元……面对如此令人心动的价格，市民不知该如何做出选择。"在旅行社报名，去云南要3 000元左右，相比之下，网上的价格实在太优惠了，如此低的价格会不会有问题？"在心动的同时，市民沈先生不免有些担心。"电商打出那么低的价格当然很令人心动，但就怕其中有强制消费或者在旅行中出现问题，到时候都不知道和谁沟通解决。"市民张女士说。

旅游业内人士则认为："现在旅行社之间的竞争十分激烈，各家赚取的利润很薄，一条短线游产品的利润也就几十元，长线游产品的利润不过上百元。"一些团购网动辄打出五折，甚至一两折的卖价，与之相比，旅行社给出的价格确实比较高。以网购不到千元的云南6日游为例，从北京到云南往返的飞机票都不止千元，更别说加上在当地游玩几天的交通、住宿、餐饮等各种费用了。

资料来源　张光明. 网下网上旅游产品价格差别大［N］. 承德晚报，2015-02-27（A02）.

案例分析：市民网购旅游产品前一定要详细阅读相关条款，不要单纯追求低价。在网上购买旅游产品，必须认清经销商的资质，《旅游法》规定，网站上运营的旅行社也必须有正规资质，同时多到当地的旅行社走访，对比线上、线下的价格、行程，最后做出决定。此外，网购旅游产品维权的难度很大，因此市民在网购时一定要谨慎。

做一做

实训项目：

某旅游区的旅游产品类型及销售策略调研。

实训内容：

以小组为单位，走访所在城市的旅游区，了解该旅游区的旅游产品类型，并分析其销售策略。

实训目标：

1.理解旅游产品的概念、分类。

2.培养学生的实地调查、分析能力。

3.掌握旅游产品的特征及发展趋势。

实训组织：

1.整理、制作旅游区的旅游产品分类表格。

2.查找相关资料，对其销售周期、销售策略进行剖析。

3.提出小组对该旅游区产品市场营销策略的建议。

实训记录：

1.所调研的旅游区名称及基本情况：

_____

_____

2.该旅游区的旅游产品类型有哪些？

_____

_____

3.该旅游区的销售策略是什么？

_____

_____

效果评价

1.以小组为单位，上交调查表格及有关旅游产品的分类、销售周期、销售策略等文本，分数占比为50%。

2.以旅游区产品市场营销策略分析为主题，分小组进行阐述，分数占比为50%。

3.从小组互评与教师评价两个方面进行评分，见表2-2。

表2-2　　　　　"某旅游区的旅游产品类型及销售策略调研"训练项目评价表

项目主题（分值）	评价指标（分值）	标　准	小组互评（40%）	教师评价（60%）	最后得分（100%）
某旅游区的旅游产品类型及销售策略调研（100分）	调研报告（50分）	包含旅游产品分类、销售周期、销售方式等内容			
	主题阐述（50分）	阐述的内容具有可行性，效果良好，观点新颖、独特，能全面反映调研要求及特点			

任务2 旅游产品的销售策略

任务目标

知识目标：了解旅游产品的分类；掌握旅游市场细分的内涵。

能力目标：能针对旅游企业的特点，制定旅游产品销售策略；能对旅游产品销售策略进行动态管理。

素养目标：树立旅游市场细分的观念；培养严谨、周密的思维习惯。

任务导入

"智慧旅游、创新发展" ——广东国际旅游产业博览会

2018年9月9日，广东国际旅游产业博览会（以下简称广东旅博会）圆满落幕。从总结说明会获悉，为期3天的展会共吸引了全球60个国家及地区，以及我国22个省、自治区和直辖市代表团参展，参观参会者超过50万人次。2019年广东旅博会的时间业已敲定，将于8月30日至9月1日举行，马来西亚将以主宾国的身份亮相。

在本届广东旅博会上，新兴旅游目的地的参展热情高涨。非洲、拉美国家及地区的参展规模空前，共有14个非洲国家及地区、8个拉美国家及地区的驻华使领馆、官方旅游机构参展，斯里兰卡、汤加、巴西、瓦努阿图等国家及地区在广东旅博会上组织了多场旅游推介会。马来西亚、俄罗斯、泰国、柬埔寨、土耳其、波兰、古巴等30多个国家的政府官员和驻穗总领事亲临广东旅博会现场参与各项主题活动，对广东旅游业的发展给予了高度肯定。

为响应乡村振兴战略，本届广东旅博会专门设立了"乡村旅游"联合展区。据不完全统计，22家参展旅行社中，乡村旅游线路产品超过300条，销售额超过1 000万元。本届广东旅博会促成了旅游投资和贸易合作项目32个，总金额达1 000亿元，给旅游产业发展带来了积极的影响。

从旅游目的地来看，非洲成为本届广东旅博会收客量增长势头最猛的出境游板块，埃及、突尼斯、摩洛哥、肯尼亚、南非均为热门选择；国内游以贵州、内蒙古、新疆等省、自治区，以及华东、东北等地区为热门方向；广深港高速铁路旅游产品及持续升温的粤美乡村旅游产品成为两大收客引擎。

图片：新疆风光

本届广东旅博会期间，还发布了"2018年广东人最喜爱旅游目的地及品牌评鉴"结果，共颁出了9个"最喜爱"奖项及1个年度大奖。其中，"最喜爱品质酒店"授予了澳门威尼斯人、东莞塘厦三正半山等酒店，"最喜爱全域旅游大奖"授予了宁夏、湖南郴州、东莞麻涌3个目的地，年度大奖则被湛江鼎龙湾摘得。据了解，该项目所拥有的德萨斯水世界是目前国内最大的海滨水上乐园，已于2017年底建成并投入使用。

资料来源 吴珊. 2018年广东旅博会落幕 三天揽客超50万人次［EB/OL］.［2018-09-10］. http://www.gdta.gov.cn/info-function.html? id=40954&code=lyxw&type=lyxw&tag=gzdt.

问题：

从旅游产品销售的角度，谈谈广东国际旅游产业博览会的亮点。

27

学一学

一、旅游产品的分类

传统的旅游产品包括观光旅游产品及其升级产品、文化旅游产品、商务旅游产品、度假旅游产品、社会旅游产品五大类。目前，我国旅游市场上形成的较为成熟的旅游产品主要有四种类型：一是观光旅游产品，即以文物古迹、山水风光、民俗风情为特色的具有中国古代文明和旅游地风韵的观光产品；二是度假旅游产品，其中乡村度假、海滨度假、养老度假等产品备受人们欢迎；三是专项旅游产品，包括古代城市之旅、丝绸之路游、少数民族游、冰雪风光游、寻根朝拜游、青少年修学游、新婚蜜月游、美食旅游、江南水乡游、佛教四大名山朝圣游等；四是生态旅游产品。

无论是传统旅游产品还是新兴旅游产品，一个较为明显的趋势是旅游者对旅游产品的参与性的要求增加。随着科学技术的发展及人们生活水平的不断提高，创新型旅游产品成为市场推广的热门产品。创新型旅游产品一般分为以下五类：

第一类是满足旅游者健康需求的健康性旅游产品。它是指能够使旅游者的身体素质得到不同程度改善的旅游产品，主要包括体育旅游产品、保健旅游产品。例如，北京某旅行社从皇家马德里来京的消息中嗅到了商机，拿到了1 000张某日皇马对阵健力宝龙之队的门票，并组织来自河南、河北、黑龙江、安徽、福建等地的游客进京看球、旅游。该旅行社作为地接社从每个游客身上得到的利润大约是100元，同时，组团社也可以获得相同的利润。体育与旅游的完美结合，加上大张旗鼓的商业宣传，成就了这次旅游活动。

第二类是满足旅游者发展需求的业务性旅游产品，如修学旅游产品、工业旅游产品、学艺旅游产品、科学考察旅游产品等。

第三类是满足旅游者享受需求的享受性旅游产品，如环球旅游产品、包机旅游产品、豪华列车旅游产品、豪华游船旅游产品等。

第四类是满足旅游者感官刺激需要的刺激性旅游产品，如探险旅游产品、秘境旅游产品、海底旅游产品、沙漠旅游产品等。享受性旅游产品和刺激性旅游产品都可视为感官满足产品。

第五类是体现旅游者环保意识的持续性旅游产品，亦称后大众旅游产品，如生态旅游产品、自然旅游产品、社区旅游产品。

二、市场细分及旅游市场细分

"市场细分"（market segmentation）是市场营销学中一个非常重要的概念，许多学者均对"市场细分"这一概念给予了不同程度的关注。"市场细分"的概念是美国营销学家温德尔·史密斯（Wendell R.Smith）于1956年提出来的。市场细分是指营销者通过市场调研，依据消费者的需要和欲望、购买行为和购买习惯等方面的差异，把某一产品的市场整体划分为若干消费者群的市场分类过程。每一个消费者群就是一个细分市场，每一个细分市场都由具有类似需求倾向的消费者构成。

我国多数学者对"市场细分"或"旅游市场细分"的界定趋于一致。赵西萍（2003）

等认为，市场细分实际上是根据购买者的需要和欲望、购买态度、购买行为特征等不同因素划分市场的行为过程；王洪滨（2004）指出，旅游者需求的差异性是市场细分的关键；张俐俐（2004）强调，细分就是划分旅游者群的过程；苟自钧（2005）综合上述观点，指出市场细分是从消费者的不同需求出发，根据消费者购买行为的差异性，把整体市场分成两个或两个以上具有类似需求和欲望的消费者群体。

本书认为，旅游市场细分是指旅游企业通过辨明具有不同需求的消费者群体，将整体旅游市场划分为若干个不同类别的子市场。在同一个子市场中，虽然不同消费者的需求仍有一定的差异，但在某些方面又有一定的共性。例如，旅游市场中的老年市场，虽然每个老年人的需求存在差异，但追求经济实惠、健康是大多数老年人共同的期望，这就是同一子市场中包含的共性。在不同的子市场中，不同消费者群体之间的需求存在着明显差别。

三、影响旅游产品销售策略选择的因素

旅游企业采用何种销售策略，主要受旅游企业自身实力条件、旅游产品的特点、旅游产品市场需求状况、旅游产品生命周期、旅游产品市场竞争的特点等因素的影响。

（一）旅游企业自身实力条件

旅游企业自身实力条件包括人员素质、可支配资金、管理水平、产品及营销组合设计能力、关系网络等，这些条件对确定旅游目标市场策略起到了决定性的作用。如果经营者实力强、各种资源丰富，则可以采取差异性销售策略；反之，如果经营者实力不足且规模不大，则应采取集中性销售策略。

（二）旅游产品的特点

不同的旅游产品在满足旅游者需求方面存在很大的差异。对于特色旅游产品、旅游餐饮服务等性质差别较大的旅游产品，旅游企业需要提供不同档次的旅游产品来满足不同旅游者的需求；对于航空客运服务、标准间客房服务等性质接近、替代性强的旅游产品，旅游企业只需要提供单一化的旅游产品就能满足所有旅游者的需求。

（三）旅游产品市场需求状况

当旅游产品市场需求的异质程度很低，或旅游者的兴趣、爱好及其他特点很相近时，旅游企业可采用无差异性销售策略；反之，当旅游产品市场需求的异质程度很高时，旅游企业可以采用差异性销售策略或集中性销售策略。

（四）旅游产品生命周期

旅游企业应根据旅游产品生命周期的不同阶段采取不同的销售策略。对于处于投入期或成长期的旅游产品，旅游企业应采用无差异性销售策略，因为此时旅游者对市场需求不甚了解，并且没有竞争者或竞争者很少。当旅游产品处于成熟期或衰退期时，旅游企业应采用差异性销售策略，以利于开拓新的细分市场，尽力延长产品生命周期，或者采用集中性销售策略，集中力量对少数有利可图的细分市场进行营销推广。

（五）旅游产品市场竞争的特点

如果旅游企业的产品垄断性强，竞争者数量少或势力弱，则可以采用无差异性销售策略；反之，则应采用差异性销售策略或集中性销售策略。此外，旅游企业采取何种销售策略，还应视竞争对手的销售策略而定。例如，若竞争者采用无差异性销售策略，则旅游企

业应当针对细分市场采用差异性销售策略或集中性销售策略，以争取占领几个有利市场。

四、旅游产品销售策略的制定

旅游产品销售策略是指为了达到销售目标而对产品、价格、广告、促销等的"最合适组合"，而非"最佳组合"。旅游企业可以使用波士顿矩阵和产品生命周期理论对旅游产品进行分析，从而制定出准确、全面、合理的销售策略，见表2-3。

表2-3 旅游产品的销售策略

销售策略	投入期	成长期	成熟期	衰退期
金牛产品	强化分销网络	大幅降低价格；强化分销网络；加快新产品推出的速度	开发新的细分市场；扩展新的地区市场	控制营销投入，最大限度获取利润；退出部分销售渠道
明星产品	控制广告宣传费用	及时降低价格；以市场份额为主要目标	控制投入，追求效益最大化；可以牺牲一定的市场份额	严格控制投入；以追求利润为主要目标；退出部分销售渠道
问题产品	强化分销网络；控制广告宣传费用	加大宣传力度；与主要竞争对手相比，定价应该稍微偏低	追求产品的差别化和系列化；完善分销渠道	严格控制营销投入；选择时机退出市场
瘦狗产品	改进产品；强化分销网络；控制生产成本	大幅降低价格；提高产品的技术含量	退出市场	退出市场

案例窗2-2　　　　　微利时代考验旅行社核心竞争力

据《南方日报》报道，2006年广东省旅行社营业收入总额为202.07亿元，同比增长约两成，而利润总额仅为1.78亿元。虽然营业收入总额同比增长约两成，但细心的读者不难发现，与其他行业利润大幅增长的大势相反，广东省旅游行业的利润率还不到1%。这充分说明，虽然我国旅游市场的发展空间巨大，但对于旅行社来说，却已经不可避免地进入了微利时代。

《2011年度全国旅行社统计调查情况公报》显示，2011年度全国旅行社营业收入为2 871.77亿元，同比增长8.41%；旅游业务利润为132.60亿元，同比增长5.70%；旅游业务毛利率为5.05%，同比下降0.27%。其中，广东省的旅行社旅游业务毛利率为6.47%，高于全国水平。在全国旅行社主要经济指标排序中，广东省的旅游业务营业收入、旅游业务毛利润、实缴税金亦排名第一位。

业内人士认为，当前广东省旅游市场普遍存在着同质化的现象，这也是广东旅游市场各大旅行社大打"价格战"、整个旅游市场不能协调发展的原因之一。从产品结构上看，基本上是常规产品、常规线路、常规服务，产品创新不足；市场竞争手段单一，主要集中在价格竞争上。千篇一律的产品、几年不变的线路，不仅令越来越多的游客对旅游失去兴趣，也使旅行社间的竞争更加倾向于拿价格"开刀"，从而破坏了整个旅游市场的秩序。

　　资料来源　黄晓辉. 微利时代考验旅行社核心竞争力［N］. 中山日报，2007-04-03；国家旅游局. 国家旅游局关于2011年度全国旅行社统计调查情况的公报［EB/OL］.［2012-09-19］. http：//www.china.com.cn/guoqing/zwxx/2012-09/19/content_26570153.htm.

　　案例分析：面对越来越薄的利润，只有开发出独特的旅游产品，才能吸引顾客，才能在市场竞争中立于不败之地。广东省旅行社要发展，就必须找出一条符合自身发展的道路。在不断扩大旅行社整体规模的同时，旅游企业应加强服务品牌建设，使游客能够购买到越来越多、越来越新鲜的旅游产品。可以说，旅游行业还有非常大的发展空间。当前，随着旅游市场的进一步开放和消费者观念的不断更新，旅行社单纯依靠价格竞争的不足日益凸显，旅行社已经越来越不适应与国际接轨的中国旅游市场的发展需要，因此旅行社要想扩大和发展，必须不断加大创新力度，利用旅游业的衍生效应，不断推出商务旅游、科教旅游、农业旅游、工业旅游、体育旅游等新产品。

五、旅游产品销售策略的实施

　　旅游产品销售策略的内容不是单纯销售旅游产品，还应包括"产品设计""品牌塑造""销售员素质"等。销售策略的实施其实分为三个不同阶段：第一个阶段称为MI（material impact）时代，此阶段强调销售旅游产品的优异性；第二个阶段称为II（image impact）时代，此阶段强调销售旅行社或旅游品牌形象；第三个阶段称为SI（salesman impact）时代，此阶段强调销售人员的素质。

　　旅游产品销售策略实施的三个阶段，重点都在于完成或提升旅游企业的销售业绩。许多旅游企业的高层管理者都会一味地要求销售人员努力销售旅游产品，同时辅以对业绩的考核。其实，销售成功的关键是要认识到"销售的不只是旅游产品本身""客户喜欢的旅游产品是什么""输给竞争对手的原因是什么""客户对销售人员的评价如何"等焦点问题，同时针对这些问题来培养、训练旅游产品销售人员。任何旅游产品的成功销售，都需要有一支优秀的营销人员队伍，这才是旅游企业经营良性循环的关键。

　　旅游行业正致力于将"旅游营销人员"发展成为"旅游顾问师"（tour consultant），而非"业务代表"（sale representative）或"业务员"（salesman），旅游营销人员不是在推销旅游产品，而是在提供快乐及欢乐。所以，一位成功的旅游营销人员就是一位营销专家，其不仅要具有良好的沟通技巧及幽默感，还要具备倾听的能力及旅游专业知识，这样才能激发消费者的旅游欲望并得到消费者的认同，最终促成消费者的购买行为。

做一做

汤姆森的锦囊妙计

背景资料：

　　莫斯科浓郁的俄罗斯情调是令人向往的，但漫长而寒冷的冬季似乎让游人们裹足不前。每到冬季，前往莫斯科度周末的人都很少，汤姆森假日旅游项目经办人决定打破莫斯科的坚冰，他带了一批报界人士去莫斯科度了一个示范性的周末，使得各大刊物争相报道。以此为契机，他在隆冬季节成功地发起了"去莫斯科度一个开销不大的周末"旅游项目。

汤姆森假日旅游项目的负责人只有3个，为首的是道格拉斯·古德曼。10年来，他坚持不懈地使用公共关系战术，为公司成长为该行业首屈一指的大企业做出了卓越的贡献。经营旅游业成功的关键在于不断推出新的度假活动，对市场开发部门而言，这意味着今年的活动还在进行，下一年的详细工作计划就要准备妥当。

公司推出的1983年夏季旅游项目有："夏日阳光""湖光山色""亲密友好""马车""别墅和公寓"等。为了让尽可能多的人了解这些项目，公司决定在1982年9月1日发售500万份关于5种度假活动的《旅游便览》。

3个月前，公司就进行了周密的筹划和准备，安排好了各项活动的日期，包括：耗资100万英镑的广告活动；在伯明翰召开为期3天的推销大会；对全体工作人员进行集中培训；考察16个城市的游览路线；印刷和发售《旅游便览》。

8月份的公关工作包括：选择10个记者招待会场所并预订宴席；准备邀请名单；检查发函清单；确定新闻和特写文章的要点；准备记者招待会用的稿件和10种不同的幻灯片；选写全国性和地方性的新闻稿；收集关于新旅游项目的材料；适当安排外语新闻稿；安排录像及彩排节目；用一辆大拖车和一队客车沿途拍摄16个城市的风光，为5 000家旅游代理商提供广告宣传资料。

大多数度假者都很清楚自己出国休假的时间。工厂的休假日是早已排定的，去哪儿度假也是早已打算好的。因此在经营旅游业务时，尽早销售是非常重要的。在你的竞争对手推出活动之前，越早落实你的活动越有利。汤姆森公司就习惯于抢先发售《旅游便览》，其发售《旅游便览》刚一周，就订出了6万张票，一些代理处甚至排起了队。

当然，率先推出旅游活动也存在弊端，其他公司可以根据汤姆森公司的定价制定出具有竞争力的价格，从而利用便宜的价格来抢夺顾客。对于这一弊端，汤姆森公司暗藏了一条锦囊妙计。

1982年9月1日开始发售1983年夏季《旅游便览》。第二天，5家全国性报纸、BBC广播电台、省级报纸和电台以及旅游出版物，都大张旗鼓地为汤姆森公司进行宣传，从而赢得了度假者的注意。当9月下旬其他旅游公司开始推出自己的便览时，汤姆森公司的价格已经出台了，并且其价格低得出乎人们的意料。汤姆森公司的应变计划生效了。

收取附加费可能会使消费者稍有不快，但多年来在包价旅游中已被人们接受。英镑疲软引起的海外项目成本上升，迫使旅游公司让旅客承担最高10%的附加费。为了提高竞争力，10月，一家主要的旅游公司在推出旅游项目时保证"不收附加费"。汤姆森公司在几小时内立即做出反应，也承诺不收附加费。

到了11月，旅游企业开始不安起来。9月、10月、11月通常是订票稳定的时期，但当年形势不好，营业额仅达到了上年同期的70%。公司把希望寄托在了圣诞节后的几周，往年这是订票的高峰时节，大约半数的旅游预售票在此时卖出，但秋季售票的不良成绩颇让旅游企业吃不准圣诞后的售票是否能摆脱经济衰退的影响。

等待、猜测……报界鼓励人们沉住气，等待最后的讨价还价。为了保证最后的成功，汤姆森公司决定主动采取行动，鼓励人们订票，以重新争取价格的主动权。

汤姆森公司的主要应变计划是：在必要的情况下，重新印刷和发售《旅游便览》，提供更低的价格。这将使公司的假日旅游价格非常具有竞争力，也会使其他旅游公司措手不及。

在严格保密的情况下，设在意大利的印刷公司重印了320页的《旅游便览》，至少有50个假日旅游项目减价10～50英镑，便览的每一页几乎都有新的标价，封面也增加了"不收附加费"的保证和减价的声明。《旅游便览》悄悄地运到伦敦的仓库，只有几个关键的职员了解情况。他们小心翼翼地守护着这个秘密，不让竞争对手有丝毫察觉。

让人们了解重新推出的旅游项目的时机终于到了。公司计划在12月6日一鸣惊人，以全面覆盖式的新闻报道连续报道3天，然后才刊出广告。

道格拉斯·古德曼私下订了套间，以备12月6日的记者招待会使用。记者招待会开得极其成功，受邀请的人无一缺席。

为了确保第二天在全国性和地方性报刊上进行报道，公司必须保证当晚电台和电视台的新闻节目都播出这一消息。为此，公司对投递稿件、打电话、发送新闻的时间都制订了严密的计划。

公司的新任董事长约翰·麦克奈尔决定接受所有电台和电视台的采访。伦敦广播公司抢先播出了对麦克奈尔的采访，接着是报业辛迪加的报道和地方电台对汤姆森公司发言人的采访。在新旅游项目隆重推出的时刻，国际电视网做了长篇新闻报道。至此，事情的发展的确是有声有色了！BBC电视台光临总部办公室，拍摄了供晚间9点新闻播放的采访。全国性的报纸想要更多的评论，不同的报纸需要不同角度的评论。《标准晚报》用通栏标题，宣布了新旅游项目的隆重推出。

令公关部难以忘怀的是12月7日，星期二。这天，汤姆森公司取得了前所未有的报纸覆盖率。报道的质量更是令人惊喜，9家全国性报纸提到汤姆森公司共72次，若干家省级报纸在头版头条给予了报道，报纸和电台的报道持续了整整一周。《星期日时报》居然用了一整版来介绍这次旅游项目的重新推出。电台、电视台在全国假日节目中也发布了消息。竞争对手面对汤姆森公司这一铺天盖地的"杀招"，毫无反击之力。一家主要的旅游公司在圣诞节前没有相应降价。电台采访了该公司的发言人，开门见山就问该公司是否已被汤姆森公司的这步棋弄得狼狈不堪！

报刊上连篇的报道使汤姆森公司的知名度迅速提高，从而大大削减了其需要在全国性报纸上发布的广告数量。12月11日，也就是重新推出旅游项目的那一周的周末，公关人员对公司的知名度进行了专门的调查，发现人们首先想到的就是汤姆森公司的假日旅游项目，有强烈的参加该公司假日旅游项目的意向。

旅游刊物用大量的篇幅介绍这次重新推出的旅游项目，报刊的报道从12月持续到1月。对传播媒介的覆盖率的分析表明，从9月首次推出到圣诞节，汤姆森公司赢得了4家全国性电视台的电视报道、13家全国广播电台的报道、45家全国性报纸的报道、66个地区性电台的采访或新闻广播，在省级报刊上共发布350条新闻，旅游出版物更是连篇刊载，甚至国外的报纸也有刊登。

许多旅游专栏作家都盛赞汤姆森公司的这次行动，开始鼓励游客早订票，以利用早订票的价格折扣。声望极高的旅游期刊——《旅游代理》载文说："汤姆森公司瞅准了时机，不给竞争对手在圣诞节前做出反应的时间……实际上，汤姆森公司这招最大限度地发挥了它的公共关系优势，发起行动的时刻恰到好处。"

资料来源　佚名. 汤姆森的锦囊妙计［EB/OL］.［2015-10-23］. http://www.jscj.com/jscjqygl/alfx/54.htm.

实训内容：

以小组为单位，通过查找资料，研讨本案例，回答如下问题：

1.汤姆森公司在这次竞争中取得优势的原因是什么？汤姆森公司是如何进行市场开发的？

2.在这次竞争中，汤姆森公司除了降低价格外，还采取了什么市场促销策略？效果如何？

3.中国的旅游企业能否借鉴汤姆森公司的经验？为什么？

实训目标：

1.学会分析旅游产品的销售策略。

2.把握"产品设计"、"品牌塑造"及"销售员素质"三个重要因素。

实训组织：

以3~4人为一个小组，分头查找网络或书籍资料，并在小组内分享、讨论，指定专人进行阐述。

实训记录：

1.汤姆森公司在竞争中取得优势的原因是什么？如何进行市场开发？

_____

_____

2.汤姆森公司采取了什么市场促销策略？效果如何？

_____

_____

3.中国的旅游企业能否借鉴汤姆森公司的经验？为什么？

_____

_____

效果评价

1.以小组为单位组织交流、研讨。

2.每个小组推荐1名成员做主题发言，各组结合案例中提出的问题，给出小组意见与看法，教师将根据发言情况进行有针对性的评价。

3.从小组互评、教师评价两个方面进行评分，见表2-4。

表2-4　　　　　　　　　　　"汤姆森的锦囊妙计"训练项目评价表

项目主题（分值）	评价指标（分值）	标　准	小组互评（20%）	教师评价（80%）	最后得分（100%）
汤姆森的锦囊妙计（100分）	课堂研讨表现（40分）	小组研讨组织得当，全员参与，研讨知识、方法运用正确，能把握"产品设计"、"品牌塑造"及"销售员素质"三个重要因素			
	主题阐述（60分）	阐述的内容具有可行性，观点新颖、独特，能全面反映训练任务要求			

任务3　旅游市场营销人员的素质要求

任务目标

知识目标：了解旅游市场营销人员的定义，以及旅游人员推销的特点。

能力目标：掌握旅游市场营销人员应具备的基本素质。

素养目标：培养诚信、敬业的职业操守。

任务导入

三个业务员找市场

某国一家知名制鞋公司要开拓国外市场，公司派了一个业务员去非洲一个岛国，让他了解一下能否将本公司的鞋卖给他们。这个业务员到非洲后待了一天，发回一封电报："这里的人不穿鞋，没有市场。我即刻返回。"公司又派出了一个业务员，第二个业务员在非洲待了一个星期，发回一封电报："这里的人不穿鞋，鞋的市场很大，我准备把本公司生产的鞋卖给他们。"公司总裁得到两种不同的结果后，为了了解到更真实的情况，于是派去了第三个业务员。第三个业务员到非洲后待了三个星期，发回一封电报："这里的人不穿鞋，原因是他们脚上有脚疾，他们也想穿鞋，过去不需要我们公司生产的鞋，是因为我们公司生产的鞋太窄。我们必须生产宽鞋，才能符合他们对鞋的需求。这里的部落首领不让我们做买卖，除非我们借助政府的力量。我们打开这个市场需要投入大约1.5万美元，我们每年能卖大约2万双鞋，在这里卖鞋可以赚钱，投资收益率约为15%。"

问题：

1.市场营销活动要求市场营销人员具备什么素质？

2.分析三个业务员对市场的职业敏感性。

学一学

一、旅游市场营销人员的定义

旅游市场营销人员，即旅游推销人员，是指通过对旅游市场的调查、分析和预测，对旅游产品进行设计、包装和定价，推广和销售旅游产品，或提供旅游服务的人员。荷兰海尼根啤酒公司董事长弗特利·海尼根说过："没有脚酸过的人不会知道何谓销售。"从这个意义上来讲，旅游市场营销也是一种"吃苦"的工作，对于那些不能理解旅游市场营销或者不愿意"吃苦"的人来说，要做好旅游市场营销工作是不可能的。

二、旅游人员推销的含义

旅游人员推销，又称旅游人员销售，是指由旅游企业派出推销人员直接与顾客接触，传递旅游产品信息，以促成购买行为的活动。旅游企业往往会通过派出推销人员或委托推销人员，亲自向顾客介绍、宣传旅游产品，以促进旅游产品的销售。其方式可以是面对面交谈，也可以通过电话、信函交流。推销人员除了要完成一定的销售量以外，还必须及时发现顾客的需求，并开拓新市场。

三、旅游人员推销的特点

（一）灵活性

在推销过程中，买卖双方当面洽谈，易于形成一种直接且友好的关系。通过交谈和观察，旅游推销人员可以掌握顾客的购买动机，有针对性地从某个侧面介绍商品的特点和功能，从而抓住有利时机，促成交易；可以根据顾客的态度和特点，有针对性地采取必要的协调行动，满足顾客的需要；还可以及时发现问题，进行解释，解除顾客疑虑，使之产生信任感。

（二）选择性和针对性

旅游推销人员在开展推销业务之前，一般先要对旅游消费者进行调查研究，选好推销对象后，再有针对性地进行推销活动。针对性强不仅可以获得更好的销售效果，也能节省人力、物力和财力。

（三）直接性

旅游推销人员在与旅游中间商和旅游消费者直接接触的过程中，可以通过自己的语言、形象，利用特有的宣传材料，直接向顾客解说、展示，并立即回答顾客所提出的有关产品的各种问题。

（四）具有公共关系的作用

一个有经验的旅游推销人员为了达到促进销售的目的，可以使买卖双方从单纯的买卖关系发展到建立深厚的友谊，彼此信任、彼此谅解，这种感情的增进有助于推销工作的开展。因此，旅游推销人员推销的过程，实际上也是旅游企业公关活动的一个组成部分。

四、旅游市场营销人员的基本素质

（一）良好的旅游职业道德

约定俗成的礼仪规范是社会公德的主要内容，我国有着优良的道德传统，素有"礼仪之邦"的美誉，而旅游市场营销活动是一项塑造形象、建立声誉的崇高事业，因此旅游市场营销人员应具有良好的旅游职业道德，遵守旅游职业道德规范。旅游职业道德规范是指旅游市场营销人员在职业活动中必须遵循的行为准则，也是人们评价和判断旅游市场营销人员职业道德水平的标准。它要求旅游市场营销人员必须具有优秀的道德品质、诚实严谨和恪尽职守的态度、廉洁奉公和公道正派的作风。旅游市场营销人员在代表旅游企业进行社会交往和协调关系时应做到不谋私利、不徇私情、为人正直、处事公道、尽心尽责、恪尽职守，能够充分履行自己的社会责任、经济责任和道德责任。

(二) 渊博的旅游文化知识

旅游市场营销人员应以游客的消费需求为出发点，不仅重视游客购买旅游产品前的营销工作，而且重视游客归来后的调研反馈工作，主张从满足市场需求中获取长期利润，以适应买方市场条件下的市场营销活动。

因此，旅游市场营销人员必须以渊博的旅游文化知识作为后盾。其中，掌握一般文化知识是基本条件，包括历史、地理、外语、数学、自然、政治、哲学、法律等知识；精通旅游专业知识是必备条件，包括旅游商品学、旅游服务心理学、旅游市场营销学、管理学、公共关系等知识；同时要有广泛的兴趣和爱好，包括体育、音乐、美术等，这样才能与客户有更多的共同语言。

(三) 良好的旅游服务心理素质

心理素质渗透在人们的各种活动中，影响着人们的行为方式和活动质量。因此，旅游市场营销人员应具备良好的旅游服务心理素质。良好的旅游服务心理素质不仅可以激发旅游市场营销人员开拓进取的精神，使旅游市场营销人员在奔波劳累之中收获到快乐，以持久的热情从事营销活动，更是旅游市场营销工作成功的内在力量。

(四) 较强的公关能力

旅游市场营销人员应具备的公关能力主要包括：推销能力、观察能力、记忆能力、思维能力、交往能力、劝说能力、演示能力、核算能力、应变能力、反馈能力和自学能力。其中，推销能力最重要。旅游市场营销人员的推销能力应从以下几个方面培养：

1.自信

旅游市场营销人员必须对自己推销的旅游产品、旅游企业充满信心，这样才能获得游客的信任，游客才会听你的。

2.助人

所谓助人，是指愿意不计一切地去帮助他人。旅游市场营销人员的主要职责就是帮助游客选择他们所需的旅游产品，此时，旅游市场营销人员若能站在游客的立场帮游客选购的话，就一定能够成为受欢迎的营销人员。

3.热诚

热诚是全世界市场营销专家公认的一项重要的人格特征，它能使别人赞同你的意见，为你的产品做义务宣传员，甚至成为你的义务推销员。热诚能够引起客户的共鸣，进而使客户对你的话深信不疑。赞美游客是旅游市场营销人员表现热诚的主要方法，但赞美要恰到好处，掌握好分寸，把握住时机。

4.友善

对人友善，必获回报。表示友善的最好方法就是微笑。只要旅游市场营销人员能够养成逢人就展露亲切笑容的好习惯，必然能够广得人缘，工作进展顺利。友善就是真诚的微笑、开朗的心胸，加上亲切的态度。

5.随机应变

旅游市场营销人员在工作中会遇到各种各样的人和事，如果拘泥于一般的原则而不会变通，往往会导致推销失败。因此，旅游市场营销人员一定要有随机应变的能力。

案例窗2-3　　　　　　**送礼人不怪?**

国内某家专门接待外国游客的旅行社，有一次在接待来华的意大利游客时准备送给每人一件小礼品。于是，该旅行社的销售部特别购进了一批纯丝手帕。这批手帕是杭州制作的，名厂名产，每个手帕上都绣着花草图案，十分美观大方。手帕装在特制的纸盒内，盒上又有旅行社社徽，是一件很像样的小礼品。中国丝织品闻名于世，旅行社认为手帕肯定会受到客人的喜欢。旅游接待人员带着盒装的纯丝手帕，到机场迎接来自意大利的游客。导游的欢迎词致得热情、得体。在车上，旅游接待人员代表旅行社向意大利游客赠送了礼品：每位游客两盒包装甚好的手帕。

没想到车上一片哗然，游客议论纷纷，显出了很不高兴的样子。特别是一位夫人，大声叫喊，不仅极为气愤，还有些伤感。旅游接待人员心慌了，好心好意送游客礼物，不但得不到感谢，还出现了这般景象。中国人总以为送礼人不怪，这些外国人为什么怪起来了?

案例分析：在意大利和西方其他一些国家有这样的习俗：亲朋好友相聚一段时间告别时才送手帕，意思是"擦掉惜别的眼泪"。在本案例中，意大利游客兴冲冲地刚刚踏上盼望已久的中国大地，准备开始愉快的旅行，旅行社就让游客"擦掉惜别的眼泪"，游客当然不高兴，肯定要议论纷纷。那位夫人大声叫喊又气愤，是因为她得到的手帕上面还绣着菊花图案。菊花在中国是高雅的花卉，但在意大利则是祭奠亡灵的，人家怎能不愤怒呢? 因此，在旅游接待与交际场合，旅游市场营销人员及导游人员应了解并尊重外国人的风俗习惯，这样做既表示了对游客的尊重，也不失礼节。

（五）良好的职业气质

气质在一个人行为和活动中的表现，与人的身心健康有着密切的联系。如果一个人在工作中表现得紧张而有序，生活中严于律己、宽以待人、遵守公共秩序，则有利于提高这个人的气质。胆大而不急躁，迅速而不轻佻，爱动而不粗浮，服从上司而不阿谀奉承，身居职守而不刚愎自用，胜而不骄，喜功而不自炫，自重而不自傲，豪爽而不欺人，刚强而不执拗，谦虚而不假装，这应该成为旅游市场营销人员共同的信条。旅游市场营销人员应按 T（时间）、P（场合）、O（事件）的不同，穿戴不同的服装，以保持良好的仪表、仪态，提高气质。旅游市场营销人员通用仪表、仪态规范见表2-5。

表2-5　　　　　　　　　　　旅游市场营销人员通用仪表、仪态规范

性别	仪表规范	仪态规范
男性	西装：深色，最好为深蓝色，应保持清洁并熨烫平整 衬衣：白色，注重领子、袖口的清洁并熨烫平整，应至少准备3件以上 领带：以中性色彩为主，不要太花或太暗，最好准备5条以上 长裤：选用与上衣的色彩、质地相衬的面料，裤长以盖住鞋面为准 便装：中性色彩，干净整齐，无油污 皮鞋：最好为黑色系带式，要把皮鞋面擦亮，把皮鞋底边擦干净 短袜：最好为黑色	身体：无异味，可适当选购好点的男式香水，但切忌香气过于浓烈 头发：梳理整齐，不要挡住额头，更不要有头皮屑 眼睛：不能有眼屎、黑眼圈和红血丝 嘴：不要有烟气、异味、口臭，出门前可多吃口香糖 胡子：胡须必须刮干净，最好不留胡子 手：不留长指甲，指甲无污泥，手心干爽洁净
女性	服装：西装套裙或套装，以中性色彩为好。不可穿着过于男性化或过于性感的服装，款式以简洁大方为好 鞋子：黑色高跟淑女鞋，保持鞋面光亮和鞋边干净 袜子：高筒连裤丝袜，色泽以肉色为好 首饰：佩戴首饰最好不要超过3件，不可太过醒目和珠光宝气	身体：不可有异味，可选择高品位的香水 头发：整洁，无头皮屑 眼睛：不应有渗出的眼线液、睫毛膏，无黑眼圈 嘴：建议涂口红，并保持口气清新

做一做

背景资料：

商店打烊时

某店主刚关上店里的灯，一个男子来到店堂并索要钱款。店主打开收银机，收银机内的东西被倒了出来。那个男子逃走了，一位警察很快接到报案。

实训内容：

以个人为单位，读故事，做选择。

实训目标：

1.培养学生对环境的判断能力。

2.培养学生获取市场信息的能力。

3.掌握市场营销人员应具备的逻辑推理能力。

实训组织：

认真研读资料并进行综合分析，从选项中选择正确答案。

实训记录：

仔细阅读下面的问题，结合上述故事情节，在"正确"、"错误"或"不知道"中做出选择，注意不要受他人测试的影响。

问题	正确	错误	不知道
1.店主将店堂内的灯关掉后，一男子到达	T	F	?
2.抢劫者是一个男子	T	F	?
3.来的那个男子没有索要钱款	T	F	?
4.打开收银机的那个男子是店主	T	F	?
5.店主倒出收银机中的东西后逃离	T	F	?
6.故事中提到了收银机，但没说里面具体有多少钱	T	F	?
7.抢劫者向店主索要钱款	T	F	?
8.索要钱款的男子倒出收银机中的东西后，急忙离开	T	F	?
9.抢劫者打开了收银机	T	F	?
10.店堂的灯关掉后，一个男子进来了	T	F	?
11.抢劫者没有把钱随身带走	T	F	?
12.故事涉及3个人物：店主、一个索要钱款的男子，以及一个警察	T	F	?

效果评价

1.以个人为单位进行研讨，并得出一致的答案。

2.教师随机抽取学生的分析答案，并将其成绩计入个人平时成绩，见表2-6。

表2-6   "商店打烊时"训练项目评价表

项目主题（分值）	项目要求	得分
商店打烊时（100分）	项目共有12道题，全部回答正确得100分。回答正确10道或11道题得90分；回答正确8道或9道题得80分；回答正确6道或7道题得70分；回答正确4道或5道题得60分；回答正确4道题以下不及格	

任务4　客户拜访与电话销售的技巧与流程

任务目标

知识目标：了解客户拜访与电话销售的技巧。

能力目标：掌握客户拜访与电话销售的流程。

素养目标：培养诚信、敬业的职业操守。

任务导入

客户的开发和维护之道

目前，对国内中小旅行社来说，人脉销售是一种最主要的销售方法。以深圳为例，85%以上的旅行社靠的不是传统意义上的"策划—宣传—销售"模式，而是"客户有需求—上门洽谈和竞争—成交"模式，直接表现在业务上就是单位包团比例很大。其实，这是一种符合旅游作为无形产品的特性的销售方式。人，或者说销售员的意义非常重大。很多客户说，我的团给他们做，不是看上了他们的产品（其实大家的产品都差不多），不是看上了他们的价格（这个市场已经没有人敢报高价了），也不是看上了他们的牌子（说实话，旅游强势品牌不多），而是看上了他们派来谈团的人。例如，某单位要组织公司员工去旅游，组织者马上会想：我有没有朋友在做旅游？我有没有认识的人在做旅游？我的朋友有没有认识谁在做旅游？这是第一个反应。接着，如果都没有，那么组织者会翻出报纸，看看谁在做旅游广告，或者桌上有哪家旅行社的资料，这是第二个反应。如果还是没有，那么想想，本地哪家旅行社的名气大一点儿，拨打114查询一下旅行社的电话。

这个流程让我们一下子明白，一定要成为客户第一反应的内容。也就是说，我们必须要么是客户的朋友，要么是客户朋友的朋友。总之，要让客户认识我们。这一点比让客户认识我们这个品牌更重要，因为客户认识我们这个品牌属于第三个反应。在销售界有一句话很有名："问题不是我认识多少人，而是多少人认识我。"这样，旅行社对客户的开发过程就很明了了：认识你，然后要你记住我；那么，当你需要的时候，你就会想起我；当你想起我的时候，就是我的销售机会了。

资料来源　佚名．客户的开发和维护之道［EB/OL］．［2011-04-21］．http://blog.sina.com.cn/s/blog_5e9675870100rdce.html.

问题：
如何理解"问题不是我认识多少人，而是多少人认识我"这句话的内涵？

学一学

一、客户拜访的技巧

客户拜访是最日常的旅游销售工作：市场调研需要拜访客户、旅游新线路推广需要拜访客户、销售促进需要拜访客户、客情维护还需要拜访客户……没有拜访就没有销售，但这并不等于拜访客户就一定能实现销售。那么，销售人员如何做有效的客户拜访呢？每个客户的时间都很有限，在有限的时间内，销售人员应做好哪些工作，才有助于业绩的提升呢？一些销售人员每次拜访客户都是三句话：我们是做什么的；我们做了多少；我们能够为你做好什么。这些无助于销售业绩的提升，销售人员应掌握一些客户拜访的技巧（见表2-7）。

二、客户拜访的基本流程

（一）准备

没有准备就是准备失败。销售人员在拜访客户之前必须准备充分，从而为拜访工作奠定良好的基础。

1.掌握资源

了解本公司的旅游产品和促销方案，尤其是在公司推出新的旅游产品和促销方案时。当公司推出新的旅游产品时，销售人员要了解新产品的特点、卖点是什么。不了解新产品，就无法用新产品去吸引客户，也就无法向客户推销新产品。

表2-7 　　　　　　　　　　　　　　 客户拜访任务一览表

任务名称	任务内容	核心任务
公司	对自己公司的事情如数家珍，让客户认为你与公司是一体的，增强客户的信任感	了解客户动态
产品	介绍旅游产品是拜访客户的主要任务	介绍旅游产品
维护	处理好运作中的问题，解决公司与客户之间的矛盾，理顺公司与客户之间的关系，确保关系稳定	维护客户关系
客情	在客户心中树立本公司的品牌形象，这有助于赢得客户对你工作的配合和支持	树立品牌形象
收集信息	随时了解客户的旅游需求情况，进行交流与反馈	收集旅游需求信息
指导客户	给客户出主意的人容易赢得客户的尊敬	指导客户理解旅游产品

微课：倾听的
内涵与技巧

2.有明确的目标和计划

销售人员要为实现目标而工作。准则就是：先制订计划，然后按照计划去做。销售人员每次拜访客户时都要明白，拜访客户的目标是什么，以及如何去做才能实现目标。拜访客户的目标分为销售目标和行政目标两种。销售目标包括增加服务内容、向老客户推荐现有服务等；行政目标包括收回账款、处理投诉、传达政策、客情建立等。

3.掌握推销方法

销售人员应掌握营销方法及公关技巧，以利于开展工作。

4.整理好个人形象

销售人员应通过良好的个人形象向客户展示品牌形象和企业形象，因此整理好个人形象很重要。

5.带全必备的工具

推销工具犹如侠士之剑，因此凡是能促进销售的工具都要带上。调查表明，销售人员在拜访客户时，利用工具可以降低50%的劳动成本，提高10%的工作效率，提高100%的服务质量！这些工具包括：旅游产品说明书、企业宣传资料；名片；计算器；笔记本、钢笔；价格表；宣传品；样品；有关剪报；订货单；抹布等。

（二）行动反省

销售人员要对自己上次拜访客户的情况做一个反省、检讨，发现不足之处应及时改进。此外，销售人员应检查对客户的承诺是否兑现了，避免"乱许诺，不兑现"。老子曰："轻诺必寡信。"因此，做到"慎许诺，多落实"非常重要。销售人员还要做好销售路线规划工作，统一安排好各项工作，合理利用时间，提高拜访效率。

（三）进行价格比较，做好需求分析

我国旅游企业运作的经验说明，乱是从价格的混乱开始的，价格的混乱必定导致企业的混乱，价格是旅游企业运作的核心。因此，销售人员首先要了解市场价格，其次要了解客户的需求情况，这也是销售人员的基本职责。

具体来说，对于价格，销售人员要了解以下三个方面的情况：

第一，不同客户价格的比较。

第二，不同时期价格的比较。

第三，不同旅游企业价格的比较。

（四）上门拜访，收集信息

旅游企业的客户是不断调整变化的，销售人员应通过上门拜访，了解客户的最新信息及竞争对手的信息等，以便当客户调整购买需求时，销售人员有办法及时应对。经常与客户交流，能够拉近销售人员与客户之间的关系。实践表明，再大的问题也能通过良好的面对面交流得到圆满解决。旅游企业与客户之间的很多矛盾都是沟通不畅造成的。

（五）客户指导

销售人员在拜访客户时，应帮助客户分析旅游产品的情况，提出适合客户的解决方案，这是一种双赢的做法。每次拜访客户时，销售人员不应坐在客户办公室里和客户东拉西扯说闲话，而应解决问题。优秀的销售人员的经验就是：请客户吃百顿饭，不如为客户做一件实事。客户在遇到问题时能找到销售人员，销售人员能帮助客户解决难题，这样的销售人员才会赢得客户的尊重。

（六）核对客户账目

销售人员不仅要提高销售量，更要提高销售的含金量。在客户确定购买旅游产品后，销售人员应该努力降低收款风险，催收客户应付而未付的款项，这是提高销售含金量的重要方法。

（七）售后服务及客户关系维护

销售人员应了解企业为客户提供服务的情况，如企业是否按照承诺的时间、内容完成服务；企业是否按照客户的要求完成服务；如果服务未完成，补救措施是什么等。正确处理客户投诉，是销售人员的基本功之一。正确处理客户投诉=提高客户满意度=提高客户对产品的积极性=丰厚的利润。

案例窗 2-4　　　　　　　　**FAB 法则——猫和鱼的故事**

一只猫饿了，想大吃一顿。这时销售员推过来一摞钱，但是这只猫没有任何反应（见图 2-7），这一摞钱只是一个属性（feature）。

图 2-7　猫对钱的反应 1

猫躺在地上，更饿了。销售员过来说："猫先生，我这儿有一摞钱，可以买很多鱼。"买鱼就是这些钱的作用（advantage），但是猫仍然没有反应（见图2-8）。

图2-8　猫对钱的反应2

猫快饿疯了，销售员过来说："猫先生请看，我这儿有一摞钱，能买很多鱼，你就可以大吃一顿了。"话刚说完，这只猫就飞快地扑向了这摞钱（见图2-9），这是钱给猫带来的益处（benefit）。这个时候就形成了一个完整的FAB链。

图2-9　猫对钱的反应3

资料来源　佚名．FAB法则［EB/OL］．［2018-10-08］．https：//baike.baidu.com/item/FAB%E6%B3%95%E5%88%99/5070591.

案例分析：上面三张图很好地阐释了FAB法则：销售员在推荐产品的时候，只有按照FAB的顺序介绍，才能有效打动客户。

F：属性（feature）。属性其实和以前学过的卖点一样，指的是产品的新颖、独特、唯一等特点。新上市、新款式、新功能、新设计等都是产品的属性。

A：作用（advantage）。作用就是产品能够给客户带来的用处。

B：益处（benefit）。益处就是产品能够给客户带来的利益。在推销的时候，只有让客户觉得你的产品满足了他的需求，客户才会愿意购买你的产品。

三、电话销售的技巧

电话作为最直接快捷的商务工具，已经成为人们生活中的必备品，电话销售也很快发展起来。虽然电话作为一个销售工具为旅游销售人员节省了大量的时间，但是电话销售的技巧也是最难掌握的，因为电话那边的客户可以毫不留情地拒绝你，这就需要销售人员做大量的有关电话销售技巧的功课。

实践证明，电话销售的开场白是电话销售过程中最关键的一个环节。然而，要做好电话销售的开场白，必须做好以下两个方面的工作：一方面，要了解客户的详细情况，对手中掌握的一切资料进行分析。销售人员对客户的情况了解得越多，电话销售的开场白就越有力度。另一方面，要用态度来感染客户。众所周知，电话销售的失败率比面对面洽谈要高得多，客户只需要轻轻放下电话，就可以把销售人员拒之门外。因此，在开场白的短短30秒中，销售人员必须用自己的态度来打动客户，让客户不忍心放下电话。也许有人会说："在电话里，客户根本看不见我，我如何用态度来打动客户呢？"有句话叫"相由心生"，其实声音也可以。很多时候，销售人员的态度、表情都可以通过电话中的声音表露出来，敏感的人甚至能听出来销售人员是正襟危坐地打电话，还是懒洋洋地躺在床上打电话。所以在电话销售的开场白中，销售人员必须有积极的态度、必胜的信心，这样才能将这种态度和信心通过电话传递给客户，从而留住客户。

四、电话销售的基本流程

（一）及时准确地自报家门

大家都有过这样的经历，在拿起电话时，如果对方一声不吭，自己马上就会产生极大的反感。因此，当客户一接听电话的时候，销售人员应该立即自报家门，即使和客户非常熟悉，也应遵循这一工作程序。这能体现销售人员的职业素养，销售人员这样尊敬客户，客户也会同样尊敬销售人员。

（二）问候或寒暄要适度

问候或寒暄能够避免很多尴尬，营造良好的气氛，不会让客户感觉销售人员只是想卖自己的产品、赚客户的钱。同时，问候或寒暄也要适度，应适时转入正题，问候或寒暄过度会让客户感到厌烦。

（三）不当电话应适度道歉

在电话销售中，销售人员应该尽量在对方方便的时候打电话；如果电话打得不是时候，则应该说明理由并表示歉意。例如，在午饭时间给客户打电话，销售人员要向客户表示抱歉，并说明有急事，因此这个电话不得不打。

（四）说话速度不宜太快

一般人在讲电话时，说话的速度会比面对面交谈时快很多，可能是想快速把情况向对方说明。但是，如果客户不是你的熟人，并不熟悉你的语调，那么你说话速度太快，会使客户听不清楚你所讲的内容，也容易给客户留下强迫接受你的观点的感觉。因此，销售人员必须掌握好语速，这样才能和客户有更好的交流。

（五）通话结束应礼貌告别

拨打电话的第一句话和最后一句话都非常重要，我们可以将它们形象地比喻成第一印象和最后印象。所以，在结束通话的时候，销售人员一定要用"感谢您在百忙中接听我的电话"或"打扰您了"等礼貌用语表示感谢，以增加客户的好感，便于再次访问。还有一点很重要，通话结束时，销售人员不要先挂电话，一定要让客户先挂电话，这是尊重对方的基本表现。

此外，在电话销售过程中还要注意调整心态，能够承担客户的拒绝。"销售始于拒绝"，这句话最适合形容电话销售。对于客户的拒绝，销售人员要像太极高手那样，有"推"有"还"，化解客户的拒绝，争取说下去的机会。即使客户拒绝的语气很不好，也要面带笑容地听下去。当然，销售人员如果能够知道客户拒绝的理由，根据理由再一次抓住客户是最好的做法。

销售人员应做好客户拒绝后的分析，了解客户拒绝的原因，是自己没有取得客户的信任，还是自己对产品的表述不到位；是自己的电话销售技巧存在缺失，还是没有及时抓住客户的需求点等。分析清楚原因，对销售人员提高电话销售技巧很有必要。

做一做

实训项目：

旅游销售谈判过程模拟。

实训内容：

老师准备若干个主题旅游线路供抽签使用，2个小组为一队，抽签选定谈判主题，互为销售人员和客户，进行有关客户拜访、产品推广的模拟训练。

实训目标：

1.培养学生灵活应变的销售能力。

2.培养学生进行客户拜访与电话销售的能力。

3.掌握旅游市场营销人员应具备的基本素质。

实训组织：

1.以3~4人为一个小组、2个小组为一队进行互动，模拟销售谈判。

2.从各小组中抽调1位同学与教师共同组成观察评价团，对实训过程进行评价。

实训记录：

1.旅游线路主题是什么？

_____

_____

2.主题产品谈判过程：

_____

_____

3.产品推广亮点及难点：

_____

_____

效果评价

1.以小组为单位进行训练。

2.每个小组抽调1位同学与老师一起组成观察团，对小组的谈判过程进行评价，具体评价指标见表2-8。

表2-8 "旅游销售谈判过程模拟"训练项目评价表

项目主题 （分值）	项目要求	得分	评价等级
旅游销售谈判 过程模拟 （100分）	谈判物质准备、心理准备、礼仪准备、FAB法则的应用、异议处理技巧5个考核点，每个考核点为20分，满分100分。评价等级分为：优秀（90分及以上）；良好（80～90分，含80分）；中等（70～80分，含70分）；及格（60～70分，含60分）；不及格（60分以下）		

本章小结

旅游产品的构成要素主要包括旅游吸引物、旅游设施和旅游服务等。旅游产品的价值具有复合性，这不仅体现在旅游产品拥有的审美和愉悦的成分上，还体现在旅游中间商的努力带来的追加价值及其自身的展现价值上。

音频：听我学2

旅游市场营销人员，即旅游推销人员，是指通过对旅游市场的调查、分析和预测，对旅游产品进行设计、包装和定价，推广和销售旅游产品，或提供旅游服务的人员。旅游市场营销人员应具备良好的旅游职业道德、渊博的旅游文化知识、良好的旅游服务心理素质、较强的公关能力和良好的职业气质。

挑战自我

"轻旅游"时代

国内在线旅游网站芒果网发布的《2015年中秋国庆长假出游趋势报告》显示，2015年长假旅游市场整体呈现出长线化、多元化、年轻化等特点。从出游人群来看，在之前暑期旅游市场中占比较大的学生族和老年人，在"十一"黄金周的占比将大幅度下降，黄金周出游的主力是25岁至40岁之间的上班族。人们的旅游目的也不只是购物和看景点，将近1/4的人出游是为了体验"慢生活"。

越来越多的年轻旅游者开始追求"轻装、轻便、轻松"的"轻旅游"，旅行不再是为了"炫耀自己到过哪里"，而是放松在平时的工作、生活中被束缚的心情。在"轻旅游"时代，旅游者的消费模式有了很大改变。

《2015年中秋国庆长假出游趋势报告》显示，2015年，四星级和五星级酒店的预订量占比与往年相比多了一半，而在出境游客中，有两成游客选择更"慢"的游轮出行。

旅游需求的变化应当引起包括旅行社、景区、酒店、餐饮等旅游相关企业的关注。过去，一些旅游企业"重量不重质"，景区人满为患，到了"十一"黄金周，往往还要"狠宰一笔"，酒店提价，餐馆也提价，生怕错过了一年一遇的机会。毕竟，"来都来了嘛"。

但是，当游客们开始追求"轻旅游"时，他们在意的不再只是到达旅游目的地，而更在意前往旅游目的地过程中的旅行体验，包括吃、住、玩、购、行在内的一系列服务。移动互联网的普及，使得游客可以随时上网查知其他消费者对不同旅游企业的相关评价，并以此做出自己的消费判断。

过去，一个景区的游客量越多，收入自然也越高，如今则不然。游客们在一个景区内"慢下来"，体验旅游，玩得开心，轻松消费，其最终的消费量往往超过走马观花者。在这样的情况下，旅游企业应当改变过去以追求更多游客量为目标的经营模式，转而寻求为游客提供更好的体验式服务。

2015年，有多家旅游景区将进行"十一"黄金周门票预售和游客限流，如九寨沟景区每天最大的承载量为4.1万人次，当景区已售门票达到景区最大承载量时，将停售当日门票。毕竟，当一个景区内人挤人时，没有多少游客还有心情继续"慢消费"。

在"轻旅游"时代，拥抱互联网，利用"互联网+"进行旅游产品营销和服务，也是旅游企业需要面对的新课题。通过手机，游客们足不出户就能安排好每日的吃、住、行、玩。换言之，旅游企业之间的竞争，早在"十一"黄金周之前就已拉开大幕。相关统计数据显示，2015年，有7 000多家景区推出在线预订门票服务，在线预订门票最高折扣超过50%，竞争激烈程度可想而知。

"轻旅游"时代来了，只有能提供更优质服务的旅游企业，方能在此轮"十一"黄金周的竞争中取得胜利。

资料来源　赵昂．"轻旅游"时代来了，旅游企业该如何应对？［N］．工人日报，2015-09-30（05）．

问题：

1. 从旅游产品销售特点的角度谈谈旅游企业该如何应对"轻旅游"时代。
2. 以小组为单位，策划一条"轻旅游"线路产品，并附上产品策划说明。

要求：问题1由个人独立完成；问题2以小组为单位进行研讨，并提供有针对性的方案。

■ 拓展空间

旅游销售人员的十大基本素质：诚实正直（道德）、雄心壮志（目标管理）、满怀信心、持之以恒（坚持）、积极进取（不断学习）、有效管理（时间管理）、敏锐机智、影响他人、数理能力、正确思考。

利用课外时间，组织户外拓展训练项目，训练学生的目标管理、团队合作、时间管理等基本素质。

举例如下：

项目名称："无敌风火轮"。

项目耗材：报纸、剪刀、胶带。

训练目的：培养学生的组织计划与协调能力；培养学生服从指挥、一丝不苟的工作态度；增强同学间的相互信任和理解。

训练方式：分组竞赛，用报纸拼接成"风火轮"，走完一段不容易的路程。

项目三

旅游市场营销环境分析

项目概述

随着我国市场经济的深入发展，我国正逐步从世界旅游大国迈向世界旅游强国。旅游企业的市场经营活动具有强烈的社会性，其市场营销行为受到内、外部可控与不可控因素的综合影响。也就是说，旅游市场营销是在一定的时空条件下开展的，这一时空条件就是旅游市场营销环境。旅游市场营销环境是旅游企业的生存空间，分析研究旅游市场营销环境，驾驭环境因素，充分利用环境机遇，化解环境威胁，制定适应环境变化的市场营销战略，是旅游企业市场营销活动的重要内容。未来旅游市场的竞争实质上是理念、文化及品牌的竞争，是忠诚顾客的竞争，旅游企业在旅游市场营销过程中必须充分做好宏观与微观环境分析，制订相应的长期战略计划，处理好市场短期效益与长远发展的关系，确立顾客服务理念并将其视为形成竞争优势的核心理念。

■ **项目结构**

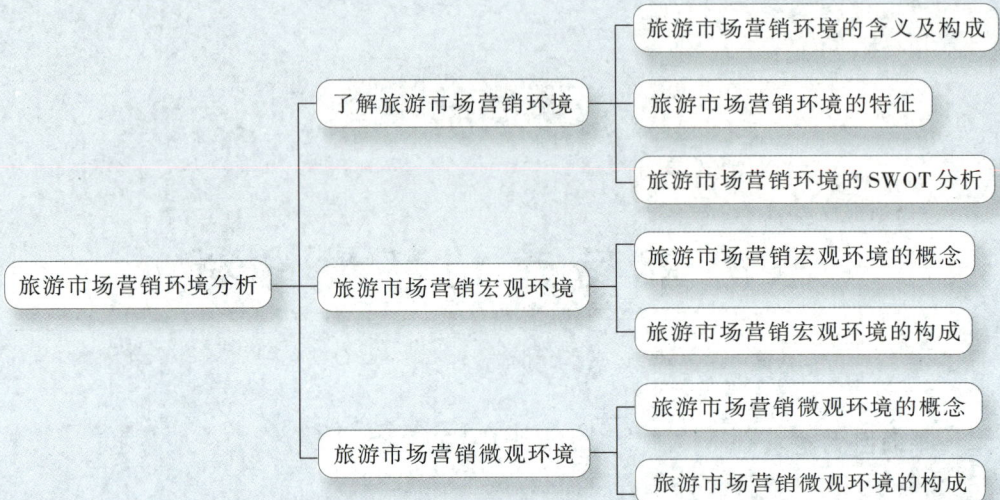

- 旅游市场营销环境分析
  - 了解旅游市场营销环境
    - 旅游市场营销环境的含义及构成
    - 旅游市场营销环境的特征
    - 旅游市场营销环境的SWOT分析
  - 旅游市场营销宏观环境
    - 旅游市场营销宏观环境的概念
    - 旅游市场营销宏观环境的构成
  - 旅游市场营销微观环境
    - 旅游市场营销微观环境的概念
    - 旅游市场营销微观环境的构成

任务1　了解旅游市场营销环境

任务目标

知识目标： 理解并掌握旅游市场营销环境的含义及构成；了解旅游企业内、外部环境对旅游企业市场营销活动的影响。

能力目标： 运用SWOT分析法分析旅游市场营销环境，根据环境的实际情况，制定相应的营销策略，并对市场机会加以有效利用。

素养目标： 培养学生收集、分析市场营销环境资讯的执行力。

任务导入

举办冬奥会的旅游意蕴

2015年1月6日，中国奥委会在瑞士洛桑向国际奥委会提交了申办2022年冬奥会的报告，由北京市承办冰上项目比赛，由河北省张家口市崇礼县承办雪上项目比赛。最终，在2015年7月国际奥委会第127次全会上，我国成功夺得2022年冬季奥运会举办权。从各国举办奥运会的实践来看，奥运会对举办国的全民健身、群众体育、旅游发展等产生了巨大的推动作用。

一是奥运会能有效促进入境游客的持续增长。根据统计，洛杉矶、巴塞罗那、亚特兰大、悉尼奥运会期间，入境游客分别达到23万人次、30万人次、29万人次、50万人次。在2014年索契冬奥会期间，索契每天接待的游客多达10万余人。奥运会作为超大型"人文旅游品牌"，对国际游客的吸引力超过当今世界任何大型活动，迄今无可替代。

二是奥运会能迅速提升举办国的旅游品牌形象。奥运会是当今世界上具有广泛影响力的国际文化体育活动，有巨大的媒体聚焦效应、宣传推广效应，是树立一个国家、地区旅游目的地形象的最佳载体和平台。例如，2008年北京奥运会期间，登记在册的记者多达4万人，全球约有20亿观众观看了开幕式，累计有47亿人次收看了现场转播。在日本，北京奥运会开幕式的平均收视率为37.7%；在西欧各国，北京奥运会开幕式的收视率都达到了20%左右，英国广播公司体育部全程4个多小时直播了北京奥运会开幕式；在美国，北京奥运会开幕式的收视率达到了18.6%，创造了非美国举办奥运会开幕式收视率最高纪录。作为目前世界上最大的宣传报道活动，奥运会的综合价值难以估量，方式最为自然，对举办国旅游品牌的知名度和影响力具有极大的提升作用。根据调查，国外入境游客对北京旅游形象、旅游满意度的评价在奥运会后得到明显提高。

三是奥运会能够带动旅游外汇收入的大幅度增加。奥运会期间，入境游客无论是在住宿、交通、通信、餐饮、观看比赛方面，还是在购买吉祥物、纪念品等方面，其消费水平都比平时超出1倍或数倍，集中消费程度高，举办国外汇收入增量巨大。巴塞罗那奥运会期间，举办国的旅游外汇收入达到30多亿美元；悉尼奥运会期间，举办国的旅游外汇收入高达42.7亿美元。旅游业已成为奥运会举办国获得外汇收入的重要产业。

四是奥运会能显著改善与提高旅游业的软、硬件水平。举办奥运会带来的大规模投资，极大地改善了举办国的旅游基础设施情况。北京奥运会体育场馆与相关设施的建设投资达297亿元人民币，城市生态环境改造和城市基础设施建设投资达2 506亿元人民币。奥运会的举办还为旅游业的发展创造了一流的旅游环境，旅游服务质量得到显著提高，从而带动了旅游行业水平的全面提高，促进了旅游业的成熟与发展。

此外，旅游与体育还有很多共同性。从旅游的需求来看，旅游需要国际市场，同时需要依靠事件来营销。奥运会是一个主题明确、国际资源集聚和国际传播效应广泛的综合事件，其影响力和关注度足以将举办地瞬间打造成国际旅游目的地。因此，无论是体育通过旅游业态来构建体育的商业模式，延伸和实现体育产业的价值，还是旅游通过体育赛事的巨大影响力来吸引旅游者，实现提升旅游产业的价值，都是一件双赢的事。

资料来源　冯颖，牛锦霞. 申办冬奥的旅游意蕴［EB/OL］.［2015-02-06］. http：//www.toptour.cn/tab1648/info198772.htm.

问题：

1. 申办冬奥会对北京、张家口等地旅游环境培育的积极效应有哪些？

2. 旅游企业如何才能利用好冬奥会的旅游契机？

学一学

一、旅游市场营销环境的含义及构成

（一）旅游市场营销环境的含义

旅游业是一个能够满足人们旅游需求的服务性产业，旅游业的经营和其他产业一样，都会受到市场营销环境的影响，旅游企业必须采用适应市场营销环境的经营观念去指导营销实践。旅游市场营销环境是不断变化、复杂多样的，旅游企业只有适应旅游市场营销环境，才能顺利开展营销活动，实现预期目标。

什么是市场营销环境呢？菲利普·科特勒曾经有过这样的解释，市场营销环境是"影响企业的市场和营销活动的不可控制的参与者和影响力"。也就是说，市场营销环境是指与企业营销活动有现实与潜在关系的所有外部力量和相关因素的集合，是影响企业生存和发展的重要外部条件。

旅游市场营销环境是指影响旅游市场营销管理能力的企业外部和内部因素组成的企业生态系统。

（二）旅游市场营销环境的构成

旅游市场营销环境由宏观环境和微观环境共同构成（见图3-1）。旅游市场营销的宏观环境由社会环境、经济环境、政治法律环境、文化环境、技术环境、人口与地理环境等要素构成。旅游市场营销的微观环境主要由旅游企业、营销中介、旅游者、竞争者、公众等要素构成。

旅游市场营销的宏观环境与微观环境之间存在明显的区别：首先，微观环境对旅游市场营销的影响比宏观环境更为直接；其次，旅游市场营销的宏观环境属于不可控制的因素，旅游市场营销的微观环境属于可适度控制的因素，旅游市场营销的微观环境受制于宏

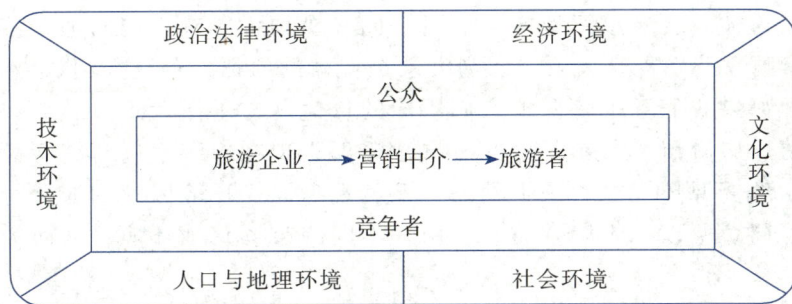

图 3-1　旅游市场营销环境的构成

观环境。把旅游市场营销环境分为宏观环境和微观环境，有利于掌握两类不同的环境对旅游市场营销的影响程度。

二、旅游市场营销环境的特征

（一）稳定性与波动性

旅游市场营销环境中的各种因素具有相对稳定性，这就要求旅游企业应保持营销战略的合理延续性。但是旅游市场营销环境中各种因素的状态又随着时间的变化而变动，多因素变动的各个状态的多重组合，形成了与不同时间相对应的多样化环境，如"时过境迁"。旅游市场相对于其他行业市场而言，其环境的波动性更为明显：一是旅游者可自由支配收入的变化、余暇时间（特别是带薪假期、公共假日）分布的差异，易形成旅游流的时空波动；二是旅游目的地旅游资源禀赋的差异，易造成旅游流的季节波动；三是旅游业对环境变动具有敏感性，如政治形势剧变、重大自然灾害、传染性疾病流行、重大旅游安全事故的发生等，更增强了其波动性。旅游市场营销环境的波动性，决定了旅游企业对环境的适应过程是一个动态过程。现实的适应并不等于将来的适应，时刻监视和关注旅游市场营销环境的变化，以及由此引起的对旅游企业营销活动的直接和间接影响，是十分必要的。

旅游业是一个综合性的产业，其受环境的影响尤其明显，经济的发展、汇率的变化，以及突然出现的自然灾害（如汶川地震）、人为灾难（如"9·11"恐怖袭击事件）等，都会在某一时刻对一地旅游业的发展产生影响。旅游市场营销环境的波动性给旅游行业的营销活动带来了很大的风险与不确定性，旅游企业必须研究影响旅游市场营销环境的因素及其相互之间的关系，用变化的观点为自身营造一个良性的外部发展空间。

（二）相似性与差异性

从整体上看，同一国家、同一地区的旅游市场营销环境是相似的，旅游企业比较容易适应。而不同的国家和地区由于社会经济制度、民族文化、经济发展水平等有所区别，因此其旅游市场营销环境会显示出差异性。在既定的区域中，旅游企业所面临的一般环境是相似的，所面临的具体环境则因旅游企业的经营任务和目标的不同而有很大的差别，这一特性要求旅游企业因地制宜地制订出可行的市场营销组合方案。

旅游目的地与旅游客源地原有的文化背景、价值观念、生活方式等是不同的，甚至相差很大，这样就会导致两地的人们对于同一事物可能有不同的理解甚至相反的理解。例如，泰国人特别喜欢大象，认为大象是吉祥的象征，英国人则认为大象是蠢笨、无用的动物，如果我们不了解两地人们不同的价值观与生活背景，就会在无意中伤害到别人的感情。旅游市场营销环境的差异性不仅表现在旅游市场营销所面临的客源市场环境与目的地资源环境之间是不同的，还表现在同一环境因素的变化对不同旅游企业的影响也不同。所以，旅游企业应利用好不同的市场营销环境，从而为自身的发展创造契机。

（三）绝对性与相对性

旅游企业的市场营销活动始终处于一定的环境之中。外部环境的客观性决定了旅游市场营销活动的不可控性，旅游企业首先要通过市场调研取得信息，然后才能调整企业内部的营销力量去适应外部环境，这是绝对的。但是旅游企业的外部环境是有一定的时空界限的，所以旅游企业对市场营销环境的分析是有一定的范围的，即表现为对一定时间、一定地理区域的营销环境进行分析，这又是相对的。例如，中国加入世界贸易组织后，一方面打开了国门，为旅游业走向世界带来了契机；另一方面强势外资旅游企业涌入，为国内旅游企业的发展带来了挑战与威胁。

（四）系统性与地域性

旅游市场营销环境的研究对象是由自然、社会、经济等子系统组成的复杂系统，但市场营销环境的多因素交融性并不意味着它是杂乱无章和毫无规律的，这就需要旅游企业将其作为一个整体进行系统研究，研究它们之间的功能结构、相互作用的机理。由于不同区域的文化背景、地理位置、自然条件等方面存在差异，因此各区域间的发展具有不平衡性，研究旅游市场营销环境的地域性，有助于旅游企业在旅游市场营销中突出旅游产品的区域特色。

案例窗 3-1　　　　　　**中东呼吸综合征重创韩国旅游业**

据媒体 2015 年 7 月 22 日报道，韩国中东呼吸综合征（MERS）疫情已进入尾声。不过疫情对该国支柱产业——旅游业的影响已不容小觑。据报道，韩国旅游业受这轮疫情的沉重打击，2015 年 6 月游客人数同比急降 41%，只有 75 万人次。若游客人数无法恢复，当局估计旅游业的损失将高达 1 080 亿韩元（约合 5.83 亿元人民币）。

韩国观光公社 2015 年 7 月 21 日公布，在疫情高峰期的 6 月份，到访的游客人数大减，其中消费最多的中国大陆（内地）游客人数比 2014 年同期下跌 45%，中国台湾及香港地区游客人数更是分别猛跌 76% 及 75%。韩国经济部门负责人指出，受大旱及疫情打击，韩国 2015 年第二季度经济增长将远低于第一季度。

资料来源　佚名. MERS 疫情重创韩国旅游业　损失高达上千亿韩元［EB/OL］.［2015-07-22］. http://world.huanqiu.com/exclusive/2015-07/7065966.html.

案例分析：由案例可知，中东呼吸综合征疫情对韩国旅游业的影响是巨大的，这充分体现了旅游环境的波动性。虽然疫情已经基本结束，但游客对这一事件仍有心理阴影，在未来一段时间内可能都不愿赴韩旅游，这就是旅游业的脆弱性。为了重振因中东呼吸综合征疫情遭到重创的旅游业，韩国官方及民间团体、旅游行业组织、旅游企业应该策划高水平的营销活动，以吸引赴韩客源回流。

三、旅游市场营销环境的SWOT分析

旅游市场营销环境主要从三个方面影响旅游企业的营销活动：首先，旅游市场营销环境影响消费者的生活方式、生活标准及对旅游产品的喜好、需求。其次，旅游市场营销环境决定了旅游企业开展营销活动的内容。最后，旅游市场营销环境会影响消费者对旅游产品营销组合的态度，进而影响旅游产品营销的决策和行动。

SWOT（strengths weaknesses opportunities threats）分析法是市场营销环境分析中常用的方法，它是由美国旧金山大学的管理学教授韦里克在20世纪80年代初提出的。SWOT分析法又称态势分析法或优劣势分析法，它是将与研究对象密切相关的主要内部优势、劣势和外部的机会、威胁等通过调查列举出来，并依照矩阵形式进行排列，然后采用系统分析的思想，把各种因素匹配起来加以分析，从中得出相应结论的方法。

SWOT分析法可以用来确定旅游企业自身的优势（strengths）、劣势（weaknesses）、机会（opportunities）和威胁（threats），从而将旅游企业的战略与其内部资源、外部环境有机结合起来（见图3-2）。

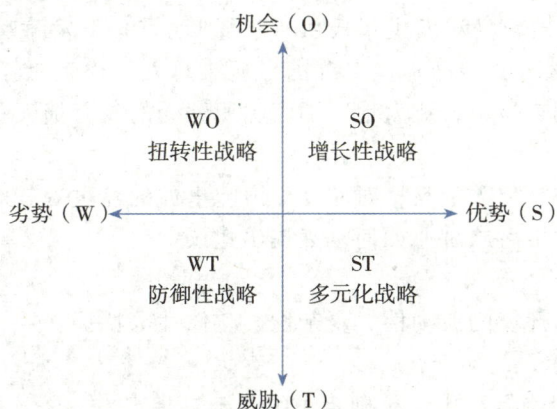

机会（O）

WO　　　SO
扭转性战略　增长性战略

劣势（W）◄──────────────► 优势（S）

WT　　　ST
防御性战略　多元化战略

威胁（T）

图3-2　SWOT分析矩阵

（一）优势与劣势分析（SW）

优势与劣势分析是着眼于旅游企业自身进行的分析，重点是旅游企业内外部各种条件的分析及竞争对手的比较。由于旅游企业是一个整体，因此在做优势与劣势分析时，必须从整个价值链的每个环节上，将旅游企业与行业竞争对手进行详细的对比，如旅游产品是否新颖、制造工艺是否复杂、销售渠道是否畅通，以及价格是否具有竞争性等。如果一个旅游企业在某一个方面或某几个方面的优势正是关键成功要素，那么该旅游企业的综合竞争优势就会强一些。需要指出的是，衡量一个旅游企业及其产品是否具有竞争优势，只能

站在现有或潜在用户的角度上考虑，而不能站在旅游企业自身的角度上考虑。

（二）机会与威胁分析（OT）

机会与威胁是旅游企业外部环境变化的两大趋势。机会是指对旅游市场营销活动有利的、能够促进旅游市场营销活动发展的因素；威胁是指对旅游市场营销活动不利的或限制旅游市场营销活动发展的因素。在旅游市场营销环境中，机会与威胁是并存的，旅游企业要多方位考察旅游市场营销环境，弄清旅游行业的机会、威胁及其可能产生的影响，从而对外部环境做出准确的判断。

（三）整体分析

从整体上看，SWOT分析法可以分为两部分：第一部分为SW分析，主要用来分析内部条件；第二部分为OT分析，主要用来分析外部条件。利用SWOT分析法，旅游企业可以从中找出对自己有利的、值得发扬的因素，以及对自己不利的、要避开的因素，发现存在的问题，找出解决的办法，并明确以后的发展方向；同时，旅游企业可以将问题按轻重缓急进行分类，明确哪些是急需解决的问题，哪些是可以稍晚解决的事情，哪些属于战略目标上的障碍，哪些属于战术上的问题，并将这些研究对象列举出来进行综合分析，从中得出带有一定决策性的结论。

做一做

海啸让旅游天堂瞬间失色

背景资料：

2004年12月26日，印度洋发生里氏9.0级强烈地震并引发海啸，灾难波及印度尼西亚、斯里兰卡、泰国、印度、马尔代夫等国，遇难总人数逼近30万。2005年3月，世界旅游机构进行的一项调查显示，亚太地区因海啸所蒙受的旅游损失高达30亿美元。

实训内容：

以小组为单位，查找相关资料，对印度洋海啸事件的经过及其对旅游业产生的影响进行剖析，并对该事件发生后旅游业如何复兴提出建议。

实训目标：

理解旅游市场营销环境的波动性、复杂性、整体性等特征。

实训组织：

1.以3～4人为一个小组，由组长确定小组分工，指定1位发言人在老师提问时向全班报告自己小组的结论。

2.小组成员分头查找网络或书籍资料，并以小组为单位，对印度洋海啸事件对旅游业产生的影响进行剖析，准备好阐述资料。

实训记录：

1.印度洋海啸事件的核心内容：

2.印度洋海啸事件对旅游业产生的影响？

_____

_____

3.危机事件后对旅游业复兴的建议：

_____

_____

效果评价

1.以小组为单位阐述剖析内容、方案。

2.从小组互评、教师评价两个方面进行评分，见表3-1。

表3-1　　　　　　　　"海啸让旅游天堂瞬间失色"训练项目评价表

项目主题 （分值）	评价指标 （分值）	标　准	小组互评 （40%）	教师评价 （60%）	最后得分 （100%）
海啸让旅游 天堂瞬间失色 （100分）	课堂研讨表现 （40分）	小组研讨组织得当，全员参与，研讨知识、方法、技术运用正确			
	主题阐述 （60分）	阐述的内容具有可行性，效果良好，观点新颖、独特，能挖掘事件的经过，并能从危机事件后旅游业复兴方面提出有针对性的建议			

任务2　旅游市场营销宏观环境

任务目标

知识目标：了解旅游市场营销宏观环境的概念及构成。

能力目标：能对旅游企业的宏观环境进行剖析，正确分析宏观环境对旅游企业发展的重要意义。

素养目标：树立整体营销观念。

任务导入

老年人旅游市场空间巨大

2000年中国宣布进入老龄化社会，2016年底我国60周岁及以上老年人口已达2.3亿人，占总人口的16.7%。2016年全国老龄工作委员会发布的《中国养老产业规划》显示，到2035年，老年人口将增加到4.18亿人。全国老龄工作委员会预测，中国养老产业的规模到2020年和2030年将分别达到8万亿元和22万亿元。未来10～15年将是养老产业快速发展的黄金时代。

在有钱有闲、身体健康的情况下，老年人更希望多去看看这个世界，老年人已成为目前旅游市场上最具潜力的目标人群。全国老龄工作委员会的调查显示，目前我国每年老年人旅游人数已经占到全国旅游总人数的20%以上。

老年人注重快旅慢游，旅游目的多为观光和健康养生。老年人喜欢自然环境优美的旅游度假胜地，偏爱垂钓、漫步、森林浴、日光浴等活动；普遍有怀旧情结，钟情历史遗迹、民俗文化、红色纪念地等旅游地。老年人的旅游观念也在不断更新，旅游景点相对较少且节奏较慢的"慢游"线路、注重游玩和休息相互协调的品质线路越来越受到青睐。调查数据显示，因为出游时间灵活，老年人的出游频率明显高于其他年龄层；老年人更加偏爱长线游（单次出游时间超过3天），33%的老年人单次出游时间在8天及以上，23%的老年人表示对单次出游时间无明确偏好（多少天都无所谓）；老年人出行更偏爱选择飞机，43.2%的老年人选择飞机出行，选择铁路出行的老年人占39.2%，选择自驾车出行的老年人占12.8%。

资料来源　龚铁军．湖南省老年人旅游市场发展的现状及对策［EB/OL］．［2017-11-28］．http：//tour.rednet.cn/c/2017/11/28/4487745.htm.

问题：

旅游不再只是年轻人的时尚，越来越多的老年人加入旅游大军，并将旅游作为一种全新的生活方式。谈谈你对老年人旅游市场的看法并分析其市场特征。

学一学

一、旅游市场营销宏观环境的概念

旅游市场营销宏观环境是指采用间接的形式，以旅游市场营销的微观环境为媒介作用于旅游企业市场营销行为的因素。旅游市场营销的宏观环境是旅游企业市场营销活动的前提和背景，是旅游企业不可控的变量，每个旅游企业都处于特定的宏观环境之中，都不可避免地受到它的影响和制约。

二、旅游市场营销宏观环境的构成

（一）社会环境

社会环境因素涉及面广，包括家庭结构、教育发展水平、社会变迁等，社会环境的变化对旅游业的发展具有较大影响。社会的飞速发展和变迁，促进了家庭、社会教育、社区、工作环境、人际关系、生活方式、交往方式、流行与时尚等的变化，改变了人们的消费观念和消费方式，也对旅游市场营销提出了新的挑战。因此，旅游企业应该了解与分析社会环境，有针对性地做好不同社会环境下的市场营销策略。

1.家庭结构

社会的发展和经济结构的变化，导致了社会文化的变迁，也带来了社会组织结构的变动。近10年来，我国家庭结构的变化凸显了家庭规模微型化和结构扁平化的特征。从对家庭的影响来看，我国的家庭结构已迅速分化为更多的核心家庭，几世同堂的大家庭大为减少，三口或四口之家成为主要的家庭模式。以家庭为单位的消费需求正在迅速扩大，家庭的消费结构正在转变，在家庭收入水平有了较大提高和生活水平得到明显改善后，文化消费等精神消费需求增加，家庭成员共同出游成为现代旅游的新特点。

2.教育发展水平

教育发展水平也是社会环境的重要组成部分。受教育水平不同、文化修养不同的人，会表现出不同的审美观，从而使个人的消费原则、消费心理、消费结构和方式也有所区别。随着我国教育事业的发展，教育发展水平的不断提高，人们的文化素质正在不断提升。消费者在精神需求方面的投资大量增加，旅游市场需求也有较快的增长，消费者对旅游企业服务水平的要求越来越高，这些都为旅游企业提供了更多的市场机会。

3.社会变迁

社会变迁给人们的生活方式、工作方式、交往方式、信息传递方式等许多方面都带来了变化，并表现出了一些新的特点，如闲暇时间大量增加，对生活质量的较高要求，生活方式的多元化、个性化，对自然生活状态的向往等，这些都对旅游企业的产品开发和市场营销活动提出了更高的要求。

（二）经济环境

经济环境是指国民经济发展的总体概况、国际与国内的经济形势及经济发展趋势等。企业是国民经济的细胞，是微观的经济实体，依存于一定的经济环境而存在。国内生产总值、消费者收入水平、消费结构等是构成经济环境的主要因素，它们与旅游消费直接相关；产业结构、经济增长率、货币供应量、消费者支出模式等也与旅游市场营销紧密相关。经济发达程度决定了旅游业发展的规模和速度，经济状况的改善会推动旅游事业的发展。

1.国内生产总值

国内生产总值（GDP）是指一个国家（或地区）所有常住单位，在一定时期内生产的全部最终产品和服务价值的总和。国内生产总值是衡量一个国家总体经济状况的重要指标。2017年，中国GDP总量为827 122亿元，比上年增长6.9%，这是自2010年以来中国经济增长首次加速。

2.消费者收入水平

收入是指消费者个人从各种来源取得的全部收入，包括工资、退休金、红利、租金、奖金、馈赠等。消费者的购买力来自其收入，收入是影响社会购买力、市场规模、消费支出规模、支出模式的重要因素。消费者用来购买旅游产品的支出只是其全部收入的一部分，在分析时必须考虑消费者的家庭收入、个人可支配收入、个人可随意支配收入等指标。个人可随意支配收入一般用来购买奢侈品及度假旅游产品等，它是进行旅游市场营销环境分析的关键指标之一。旅游企业在分析消费者的总体收入水平和平均收入时，还要研究各个社会阶层的收入水平，针对不同阶层的收入水平制定不同的市场营销策略。此外，各个地区的经济发展水平和工资水平也有一定差别，在分析时也要注意这种地域差别。

3.消费结构

消费结构是指人们在生活消费过程中所耗费的各种消费对象的构成，即各类消费支出在总费用支出中所占的比重。当消费者的收入较低时，用于满足基本生活需求的支出较多，用于满足精神需求的支出则较少；消费者的收入增加后，用于满足基本生活需求的消费占全部收入的比重降低，消费者的生活水平提高，有更多的旅游消费支出。从我国目前的情况来看，随着住房制度、医疗保险制度、用工制度、教育制度等改革的不断深入，消费者用于住房、医疗保险、子女教育等的投入明显增加，人们的消费模式和消费结构呈现出了新的特点，这也在一定程度上制约了人们的旅游消费。旅游企业要重视这些变化，分析消费者旅游需求的特点，有针对性地推出旅游产品、制定营销策略。

（三）政治法律环境

政治法律环境是指一个国家或地区的政治局势、方针政策、法律法规、国际关系等的整体状况。政治法律环境对旅游企业来说是不可控的，它具有强制性和约束力，旅游企业只有适应环境的特点，使自己的行为符合一个国家的政策、法律法规的要求，才能获得生存和发展的空间。

1.政治局势

政治局势是指旅游企业市场营销活动所在国家或地区的政治稳定状况。政治局势是否稳定，会给旅游企业的市场营销活动带来重大影响。如果一个国家或地区的政局稳定、人民安居乐业、生产发展秩序良好，则会形成有吸引力的旅游环境；相反，如果一个国家或地区的政局不稳、社会矛盾尖锐、秩序混乱，甚至出现战争、暴乱、政权更替、恐怖事件等，旅游者的生命和财产安全就难以得到保证，就无法吸引旅游者。

2.方针政策

一个国家在不同时期，根据社会经济发展的不同要求，会提出不同的政治经济政策，以指导经济的发展，引导企业的行为。这些方针政策不仅会影响本国旅游企业的市场营销活动，也会影响外国旅游企业在本国的市场营销活动。例如，一个国家的旅游业发展政策、外汇政策、税收政策、工资政策、物价政策等，都会对消费者的收入水平、旅游企业的利益等产生直接或间接的影响，从而制约旅游企业的市场营销活动。

3.法律法规

在现代经济社会中，企业必须诚实守信、依法经营。法律法规是旅游企业经营管理行为的基本依据。各个国家为了促进经济与社会的健康和谐发展，保护自然环境，形成公正、合理的市场竞争秩序，维护消费者及企业的合法权益，都要制定相关的法律法规，并以此来约束和规范企业的经营管理行为。因此，旅游企业在开展市场营销活动时，要了解并遵守相关国家的法律法规，这样才能受到法律法规的有效保护；否则，就会遭受制裁，使企业利益受到损失。改革开放以来，为了适应经济社会发展的需要，我国制定了一系列法律和法规，以指导和规范企业的行为。例如，《中华人民共和国产品质量法》《中华人民共和国消费者权益保护法》《中华人民共和国反不正当竞争法》《中华人民共和国价格法》《中华人民共和国环境保护法》《中华人民共和国广告法》等，都是旅游企业必须遵守的法律。

4.国际关系

国际关系是指国家之间在政治、经济、文化、军事等方面的关系状态。现代科学技术的发展和经济全球化把世界各国更紧密地联系在一起，使国际经济合作和贸易关系飞速发展。出境旅游已成为旅游业发展的一种趋势，开展国际市场营销活动是旅游企业的必然选择。因此，国际关系也会影响旅游企业的市场营销活动。

案例窗 3-2　　　　　　　　海南旅游营销玩出"国际范"

2016年，海南省入境旅游客源市场获得了20%的增长，一举摆脱了2009年至2015年入境旅游人数逐年下滑的困局，实现强势"逆袭"，这与海南省旅游委打出了一套促进入境旅游发展的"组合拳"密不可分。

有一种旅游营销方式，叫创意引领。

旅游经济是"眼球"经济，是注意力经济。为进一步提高海南国际旅游岛在外国人群体中的知名度和美誉度，让更多外国人发现海南、爱上海南、赴海南旅游，2016年，海南省旅游委分别在北京、上海、广州、成都四地举行了"发现海南"系列国际推介会，实现了不走出国门一样可以开发境外旅游市场的宣传效果，获得了兄弟省市的高度认可，也进一步打开了

图片：海南风光

近百万在华外国人旅游度假需求的市场。海南省的旅游营销以"体验海南"为主题，策划出了不同形式的推介活动。第31届香港国际旅游展上惊艳亮相的"海南厨房"、2017年海南国际旅游岛推介会的"老盐柠檬水"，都让当地群众亲身体验到了海南的魅力。

有一种旅游营销方式，叫量身定制。

"大而全"的填鸭式营销早已经不适应当今旅游营销的发展。为此，海南省旅游委走出了一条"小而精"的营销路子，根据入境旅游市场的不同情况有所侧重地推介旅游产品，实现精准营销。在俄罗斯，着重推介滨海度假、中医理疗、康体养生等对当地人具有较大吸引力的旅游产品；在法国巴黎，琼歌琼舞《定安娘子》表演、环海南岛自行车赛以及冲浪等体育旅游产品，让热爱艺术和运动的法国人对海南充满向往；在日韩市场，重点推出高尔夫旅游、亲子旅游……从文化和旅游资源的差异性入手展示海南省的旅游产品，能够使受众的印象更深刻，接受度也更高。

资料来源　赵优. 海南旅游营销玩出"国际范"［N］. 海南日报，2017-06-21.

案例分析：海南创新机制体制、更新营销理念、推进国际化元素改造、积极开拓入境旅游市场，有利于入境旅游市场的规范化及持续发展，会对人们的旅游消费需求、旅游企业的盈利及品牌塑造等产生直接或间接的影响。

（四）文化环境

文化是精神财富与物质财富的总和，包括信仰、艺术、道德、风俗习惯等，文化会使人们形成不同的价值观念、风俗习惯、宗教信仰等，并表现为种种具体的市场需求，而旅游市场营销的根本目的正是满足人们的需求和欲望。因此，旅游市场营销必须适应文化环境，必须随着文化环境的变化而变化，并且可以促进文化环境的变化。旅游企业在开展国际旅游市场营销活动时，不能以本国文化为参照，而要自觉考虑异国文化的特点，使旅游市场营销与社会文化因素之间相互适应。对文化环境的分析，也是旅游市场营销环境分析的重要内容。

1.价值观念

价值观念是人们对社会生活中各种事物的态度、评价和看法，它对人们的思想和行为产生了直接的制约作用。社会经济活动的主体是人，人的价值观念、情感意志等制约着人们的经济活动。在不同的社会和文化背景下，人们的价值观念差别很大，进而影响了消费者的消费心理、消费需求和购买行为。例如，有的人追求物质与精神享受，强调较高的生活品质，把收入主要用于消费，甚至超前消费；有的人提倡节俭的生活方式，喜欢攒钱和储蓄，在消费时考虑自身的支付能力，量入为出。针对价值观念不同的消费者，旅游企业的销售人员应采取不同的营销策略。

2.风俗习惯

风俗习惯是指一定区域的人们根据自己的生活内容、生活方式和自然环境，在特定的社会物质条件下长期形成的并世代沿用的风尚、礼节，以及由于反复练习而巩固下来并成为习惯的行为方式的总称。不同的国家和地区、不同的民族有不同的风俗习惯，在饮食、服装、家居、婚丧嫁娶、节日、人际关系、信仰、禁忌等方面都有各自的特点，并且会影响到居民的消费心理、消费偏好、消费模式等。入乡随俗，入境问禁，入门问讳。旅游企业在开展市场营销活动时，必须了解不同国家和地区、不同民族的风俗习惯，以免触犯禁忌，给旅游企业和旅游者造成不必要的损失。

3.宗教信仰

宗教信仰不同的人有不同的文化倾向和戒律。宗教信仰影响着人们认识事物的方式、价值观念和行为准则，影响着人们的消费需求和消费行为。旅游企业在开展市场营销活动时，应全面了解不同地区、不同民族、不同旅游目的地和旅游消费者的宗教信仰，制定符合其特点的市场营销策略。否则，一旦触犯宗教禁忌，不仅会使旅游企业失去市场机会，而且会引起其他矛盾。

（五）技术环境

技术环境是指一个国家或地区的技术水平、技术政策、新产品开发能力以及技术发展动向等，是科研发展、高等教育的重要基础之一。技术对企业经营的影响是多方面的，企业的技术进步将使社会对企业的产品或服务的需求发生变化，从而为企业提供有利的发展机会，然而一项新技术的发明或应用可能同时意味着"破坏"。

科学技术的发展也为旅游企业的市场营销管理提供了更先进的技术和手段，使旅游企业有了更多的选择，提高了旅游企业市场营销活动的效率。例如，现代通信技术和媒体传播技术的发展，使电视、广播、互联网、报纸等媒体的信息传播功能更强大，速度更快，影响范围更广；电脑、办公软件、管理软件及其他现代办公设备的广泛使用，对旅游企业改善经营管理、提高服务水平具有很大的作用。

（六）人口与地理环境

旅游消费市场是由具有现实与潜在购买力的人群组成的，人口环境状况决定了市场规模与购买力的大小。旅游活动是在特定的地域进行的，地理条件和自然环境状况也是制约旅游企业发展的决定性因素。

1.人口数量与增长速度

人口数量是决定市场规模和容量的一个基本要素。人口数量与市场容量、消费需求有着密切的关系。1970年，世界总人口为36.7亿人，国际旅游人数为1.587亿人次，占世界总人口的4.3%；1980年，世界总人口达到44.3亿人，国际旅游人数增加到2.85亿人次，占世界总人口的6.4%；2000年，世界总人口已超过60亿人，并以每年8 000万至9 000万的规模高速增长；2011年，世界人口增长率约为1.1%。德国世界人口基金会（DSW）估计，2018年元旦，世界总人口高达75.91541亿人。预计2040年以前，世界人口将达到80亿人。人口数量的增加为旅游市场规模的扩大提供了可能性，但人口的过快增长也会影响和制约经济的发展，增加社会负担，使社会购买力下降，进而抑制旅游业的发展。

2.人口结构

人口结构又称人口构成，是指将人口以不同的标准进行划分而得到的一种结果。划分标准主要包括年龄、性别、人种、民族、宗教、受教育程度、职业、收入、家庭人数等。从目前的情况看，人口结构变化的一个显著特点是人口老龄化。随着我国经济社会的快速发展，人民生活水平的提高和医疗卫生保健事业的发展，人口老龄化进程逐步加快。对此，旅游企业应深入分析不同年龄层次的消费者对旅游产品的需求，推出有针对性的旅游产品。例如，结合人口老龄化趋势，旅游企业应注意老年旅游市场的开发，推出符合老年人特点的旅游产品和服务项目，以吸引老年旅游消费者。

在性别结构方面，主要表现为女性旅游消费者大量增加。从世界范围来看，随着妇女解放运动的发展，女性参加工作的机会增多、收入提高、经济独立，女性的旅游消费需求快速增长，这就要求旅游企业必须考虑女性出游的特点和要求，推出受女性青睐的旅游项目，如购物旅游、美容旅游、参加国际服装节等。

此外，不同职业群体的消费能力、消费心理、消费特点、闲暇时间不同，对旅游方式的选择也存在差异。旅游企业应充分了解其特点，合理设计旅游产品，选择有效的旅游宣传方式，以取得良好的沟通传播效果。例如，企业经营者业务繁忙，出差机会较多；教育工作者、科技工作者外出进行学术交流的机会多；自由职业者能够支配自己的时间，出游安排有较大的灵活性等。

3.人口分布

人口分布是指人口在不同地域的密集程度。受自然环境、地理条件、经济发展水平等因素的影响，人口的分布是不均匀的。我国人口的分布规律是东南多，西北少。东南地区的面积占全国面积的43%，人口约占全国人口的94%；西北地区的面积占全国面积的57%，人口却只占全国人口的6%左右。由东南向西北随着海拔高度的增加，人口密度呈阶梯递减的趋势，并且这种趋势还在加强。从旅游活动的规律来看，随着地理距离的增加，客源呈衰减的趋势，因为距离越远，相对旅游时间越长，旅游费用越高。因此，旅游企业在开展市场营销活动时，要注意加强对近距离市场客源的争取。在国外市场方面，我国旅游企业要优先考虑对韩国、日本、东南亚等较近国家和地区的市场营销；同时，消费者对异域风光及独特的自然环境、风土人情等往往有浓厚的兴趣，这也为旅游企业提供了较好的市场机会。

4.地理环境

旅游业与地理环境的关系密切。地理环境是指一个区域的地形、地貌、气候、自然资源等因素，这些地理特征对旅游市场营销有多方面的影响。多数旅游景点的开发依托于自然资源的特殊优势，如独特的地形地貌、奇特的山川湖泊、优美的自然风光等，这对旅游消费者而言具有较大的吸引力。但是自然环境遭到破坏可能会导致一些旅游产品消失，因此，旅游企业一方面要增强环境保护意识，注意保护自然环境，另一方面要尽量避免自然环境遭到破坏所带来的威胁。同时，地理环境也会影响到一个区域的交通状况，如果景区有突出的特色，交通又十分便利，就会吸引更多的旅游者。

做一做

危机公关及事件营销

背景资料：

1990年8月2日，飞往吉隆坡的英国航空公司149航班经历了一场"风暴"：当149航班在海湾例行停靠时，受伊拉克侵略科威特战争的影响，所有乘客及机组人员都被羁绊在该地。直到5个月后，乘客及机组人员才返回家园。此事件给英国各行业，尤其是旅游业造成了巨大的冲击。1990年底，由于局势动荡不安，加上受恐怖主义的威胁，不少家庭大幅削减旅游开支，全世界有几百万人停止了乘坐飞机。一系列的打击使英国入境旅游市场损失惨重，如何摆脱困境、解决燃眉之急成了各家旅行社最关心的问题。

2001年9月11日，美国发生恐怖袭击事件，这不仅令美国本土的旅游业严重萎缩，也大大降低了美国居民出国旅游的意愿。世界旅游组织2001年底公布的统计报告显示，当年受上述事件影响，前往美洲、中东和北非旅游的人数大为减少。

2015年11月13日晚，法国巴黎发生系列恐怖袭击事件，超过百人殒命，另有数百人受伤。对世界旅游胜地巴黎来说，这无疑是一场浩劫。

自美国"9·11"恐怖袭击事件发生以来，针对热门旅游目的地国家的恐怖袭击日益增多，这不仅重创了当地的旅游业，也对全球航空、酒店及餐饮产业构成了威胁。

实训内容：

以小组为单位，通过查找资料，运用所学理论知识，对上述事件进行分析，并设计解决问题的营销方案和对策。

实训目标：

1.学会做好危机公关及事件营销。

2.分析政治法律环境对游客出行的影响。

实训组织：

1.以3~4人为一个小组，由组长确定小组成员的分工，指定1位发言人在老师提问时向全班报告自己小组的结论。

2.小组成员分头查找网络或书籍资料，并在小组内分享、讨论，准备好阐述资料。

实训记录：

1.英国149航班事件、美国"9·11"恐怖袭击事件、法国巴黎系列恐怖袭击事件的起因及经过：

_____

_____

2.上述事件对旅游业的重大影响：

_____

_____

3.谈一谈解决此类危机的营销方案和对策：

_____

_____

效果评价

1.以小组为单位组织交流、研讨。

2.每个小组推荐1名成员做主题发言，给出小组意见与看法，结合各组对案例的分析情况，从小组互评、教师评价两个方面进行评分，见表3-2。

表3-2　　　　　　　　"危机公关及事件营销"训练项目评价表

项目主题 （分值）	评价指标 （分值）	标　准	小组互评 （40%）	教师评价 （60%）	最后得分 （100%）
危机公关及 事件营销 （100分）	课堂研讨表现 （40分）	小组研讨组织得当，全员参与，研讨知识、方法、技术运用正确			
	主题阐述 （60分）	阐述的内容具有可行性，效果良好，观点新颖、独特，能挖掘事件的经过，并从危机公关及事件营销方面提出有针对性的建议			

任务3　旅游市场营销微观环境

任务目标

知识目标：掌握旅游市场营销微观环境的概念及构成。

能力目标：能够准确分析旅游市场营销微观环境对旅游市场营销的影响。

素养目标：培养创新精神。

任务导入

肯德基的"神秘顾客"

一次，上海肯德基有限公司收到了3份肯德基国际公司寄来的鉴定书，对其外滩快餐厅的工作质量分3次进行了评分，得分分别为83分、85分、88分。餐厅经理感到十分不解，并未见到国际公司派人前来检查工作，这3个分数是如何得出的呢？

原来，这是肯德基采用"神秘顾客"法来监督其分店的服务。公司总部雇了一批人，经过专门培训，让他们扮成顾客，进入店内感受服务工作的过程和质量，并进行检查评分，这些人被称为"神秘顾客"。他们来无影、去无踪，出现没有时间规律，这使得餐厅的所有员工时时感受到某种压力，工作上严谨、规范、热情、周到，丝毫不敢放松和懈怠，从而提高了服务工作的质量。

问题：

1.旅游企业是否适合采用"神秘顾客"法进行市场调查？你认为什么情况下应用该方法效果较好？什么情况下不适宜采用该方法？

2.如何在旅游企业运用"神秘顾客"法进行市场调查？

学一学

一、旅游市场营销微观环境的概念

旅游市场营销微观环境是与旅游企业的市场营销活动直接发生关系的具体环境，也是旅游企业生存和发展的基本环境。市场营销管理的目标是向目标市场提供有吸引力的产品和服务，而这一目标的实现会受到微观环境中各种因素的影响。

二、旅游市场营销微观环境的构成

（一）旅游企业内部环境

旅游企业内部环境的优劣，反映了一个企业应对激烈竞争和适应市场变化与环境变化的能力。旅游企业内部环境由企业组织结构、企业文化、企业资源等组成。旅游市场营销活动的进行不是孤立的过程，它必须与旅游企业内部诸多职能部门，如董事会、财务部、采购部、客房部、餐饮部、娱乐部等的工作紧密联系和相互配合。这些部门与营销部门在实际工作中会由于各自利益、活动范围和作业目标的不同而产生或大或小的矛盾与冲突。这就需要旅游企业内部各部门在决策层的统一领导和指挥下进行必要的协调，消除各种消极因素，相互配合，从而使旅游企业的整个营销活动得以正常、高效地开展。

（二）购买者

购买者是旅游企业服务的对象。旅游产品的购买者可以分为四类：旅游者、公司购买者、政府购买者和中间商购买者（营销中介）。每一类购买者都有自身的特点，旅游企业必须认真研究影响每一类购买者的因素，并在市场细分的基础上，进行企业目标市场的选择。

营销中介是指处于旅游生产者与旅游者之间，参与产品流通，促成贸易达成的集体或个人。由于旅游产品的使用权与所有权相分离、旅游者具有空间流动性，因此单靠旅游企业自身的力量是无法做好营销工作的，旅游企业必须利用一切可以利用的营销力量，最大限度地把本企业的产品以适当的方式、适宜的价格，在适当的地点、适当的时间销售给适当的顾客。营销中介一方面要把相关产品信息告知旅游消费者，另一方面要方便旅游者实现旅游目的。营销中介具有如下特点：购买的次数较少、数量大；购买目的是获取利润；对价格、行业动态十分了解。

（三）竞争者

旅游企业在市场营销过程中，不仅要密切注意购买者的行为，还要十分重视对竞争者行为的研究。因为大量竞争者的涌入会使旅游企业的市场份额变得相对狭小，甚至消失；旅游企业的产品也常常会由于竞争者推出了相似或更优的产品而不能获得相对优势，导致竞争失败。从购买者决策过程的角度分析，任何一个旅游企业在向目标市场提供服务时，都会遇到竞争者（包括意愿竞争者、一般竞争者、产品形式竞争者、品牌竞争者）。对竞争者进行辨认和跟踪，并采取相应的竞争策略，对旅游企业来说十分必要。

1.意愿竞争者

意愿竞争者（desired competitors）是指提供不同产品以满足消费者的不同需求的竞争者。每一个理性的消费者都有许多需要和欲望，消费者只有认识到这些需要与欲望的存在，才会考虑购买问题。但是在一定时期内，每一个消费者的实际购买力相对于其尚未满足的需要与欲望而言总是有限的，因此消费者所有的需要与欲望无法同时满足，从而在客观上形成了一个按轻重缓急排列的购买阶梯。例如，某个消费者迫切感到要买代步工具，从而不得不暂时放弃不是特别迫切的买衣服的想法。这样，本来互不相干的代步工具与衣服的经营者之间，由于消费者的这一抉择而形成了一种竞争关系，成为竞争者。

2.一般竞争者

一般竞争者（generic competitors）是指以不同的方法满足消费者同一需要的竞争者。这是一种平行的竞争关系。例如，某个消费者经过一段时间的紧张工作之后，迫切想外出旅游，这样就使得具有不同特色的旅游目的地（山岳型、海岸型等）之间为满足旅游者的需要而形成了一般竞争者的关系。

3.产品形式竞争者

产品形式竞争者（product form competitors）是指生产同种产品，但提供不同规格、型号、款式的竞争者。也就是说，各个竞争者产品的基本功能相同，但形式、规格、性能等不同。例如，旅游者到达某一旅游目的地之后，需要解决住宿问题，这样，不同档次的饭店之间便形成了产品形式竞争者的关系。

4.品牌竞争者

品牌竞争者（brand competitors）是指生产相同规格、型号、款式的产品，但品牌不同的竞争者，也称"企业竞争者"。这是企业最直接而明显的竞争对手。这类竞争者的产品的内在功能和外在形式与本企业的产品基本相同，但品牌不同。例如，某外国旅游者来华旅游，欲住在五星级酒店，这使得不同品牌的五星级酒店（如假日酒店、希尔顿酒店等）之间形成了品牌竞争者的关系。

虽然每一个旅游企业都可能遇到这四类竞争者，但实际做出竞争决策时，旅游企业往往只能把目光集中在主要竞争对手身上。一般来说，旅游企业应首先考虑应对品牌竞争者，因为品牌竞争者的威胁最大；其次考虑解决产品形式竞争者带来的问题；接下来考虑与一般竞争者之间的矛盾；最后考虑与意愿竞争者之间的关系。这样有利于把握竞争重点，缩短战线，集中优势力量取得竞争胜利。旅游企业在分析竞争者时，切记不要犯"营销近视病"，即只看到经营与自己完全相同产品的竞争者，却忽视那些产品虽有差异，但在使用价值上有部分替代关系的竞争者。还有一些企业，所从事的行业完全不同，却仍可能由于满足了消费者同一方面的需要，或者因为要争夺相同目标市场的消费者而存在竞争关系。旅游企业应该了解竞争者的发展目标和发展动向，准确判断竞争者的反应模式，从而制定正确的营销战略和策略。

（四）公众

公众是指对实现企业营销目标有实际或潜在利害关系和影响力的团体和个人。旅游企业面临的公众主要包括以下七类：

1. 金融公众

金融公众是指影响旅游企业获取资金能力的财务机构，包括银行、投资公司、保险公司、信托公司、证券公司等。

2. 媒体公众

媒体公众是指报纸、杂志、广播、电视等联系旅游企业和公众的大众媒介。

3. 政府公众

政府公众是指负责管理旅游企业的业务和经营活动的有关政府机构，包括旅游行政管理部门、市场监督管理部门、税务机关、司法机关、公安机关等。

4. 群众团体

群众团体包括各种保护消费者权益的组织、环境保护组织、少数民族组织等。

5. 地方公众

地方公众是指旅游企业所在地附近的居民和社区组织。

6. 内部公众

内部公众是指旅游企业内部的所有职工。由于旅游产品的生产与消费具有同一性，消费者需要参与旅游服务的生产过程，因此旅游企业的职工同时扮演着生产者、销售者、推销员、服务员等多种角色。

7. 一般公众

一般公众是指一般社会公众。他们既是旅游企业产品的潜在购买者，又是旅游企业产品的潜在投资者，旅游企业应力求在他们心中树立起良好的企业形象。

公众与旅游企业的市场营销活动具有直接或间接的关系。旅游企业应高度重视公众的利益，了解公众的需求，采取有效措施满足公众的各项合理要求，有选择地参与一些力所能及的公益活动，努力塑造并保持旅游企业良好的公众形象，从而为旅游企业的市场营销活动创造良好的环境。

案例窗 3-3　　　　　　　　　　**西湖免费开放的成功模式**

2001年，杭州市政府批准实施的《杭州市城市总体规划（2001—2020年）》中提出了城市东扩、旅游西进、沿江开发、跨江发展的城市空间发展战略。2002年9月，老年公园、柳浪闻莺公园、少儿公园和长桥公园的围栏被拆除，几个独立的小公园在打通后成为环湖大公园，向游客24小时免费开放。此后的10年间，西湖相继取消了130多个景点（占景点总数的70%以上）的门票，免费开放的景区面积超过20平方千米。对于西湖的"心意"，游客用"脚"做出了反馈。相关数据显示：2002年，杭州市旅游总人数为2 757.98万人次，旅游总收入为294亿元；2011年，杭州市旅游总人数达到7 487.27万人次，旅游总收入为1 191亿元。可见，西湖景区免门票10年，不亏反赚。

2017年，杭州市旅游休闲产业增加值为928亿元，增长12.6%。旅游总收入为3 041.34亿元，增长18.3%，其中旅游外汇收入为35.43亿美元，增长12.5%。旅游总人数达16 286.63万人次，增长15.8%。其中，接待国内游客15 884.4万人次，增长16.0%；接待入境旅游者402.23万人次，增长10.7%。截至2017年底，杭州市有各类旅行社767家，增长7.0%；星级宾馆143家，其中五星级宾馆23家，四星级宾馆42家；5A级旅游景区3个，4A级旅游景区34个。

图片：杭州风光

从整个杭州市来看，"舍"去一张门票钱，激活了"吃、住、行、游、购、娱"全方位的旅游休闲消费，"得"的是旅游产业结构的优化，以及城市现代服务业的整体发展。

资料来源　佚名. 国内旅游营销经典案例［EB/OL］.［2013-07-02］. https://www.sohu.com/a/109215338_467981；杭州市统计局. 2017年杭州市国民经济和社会发展统计公报［EB/OL］.［2018-05-21］. http://www.hangzhou.gov.cn/art/2018/5/21/art_805865_18193579.html.

案例分析：西湖免费开放的成功模式，为国内其他景区的免费开放提供了丰富的经验。在诸多影响因素和条件相似的情况下，西湖免费开放的实践经验和示范效应可以帮助其他景区在免费开放的过程中少走弯路，可以为那些已经采取免费开放模式或者即将采取免费开放模式的景区所在地的旅游经济发展提供有益的借鉴。需要指出的是，每处景区都有自己的特点和实际情况，在借鉴西湖景区免费开放模式时一定要因地制宜、因势利导，避免机械复制或生搬硬套。

做一做

故宫限流8万人次

背景资料：

2015年6月13日是北京故宫博物院正式实行限流8万人次的第一天。北京故宫博物院此次限流的目标是：实现单日接待观众不超过8万人次，全面推行实名制售票，旅行社团队全部实行网络预订门票，取消旅行社团体现场购票，提倡散客通过网络预订门票，逐步提高网络预售比例。

2017年"十一"黄金周期间，北京故宫博物院为保证观众的参观氛围与文化体验，发布参观建议，希望大家错峰参观、安全出行。具体内容包括：故宫每日限流8万人次，现场售票窗口视具体情况适时停止售票，建议旅行社和观众尽量选择网上预约购票，安检时可走专设的预约通道优先进入。

图片：北京故宫

资料来源　林志干. 对故宫限流多些理解［EB/OL］.［2015-06-15］. http：//gov.163.com/15/0615/14/AS5JSV5N00234IJO_mobile.html；丁鑫. 故宫建议观众"十一"错峰　参观大展提前准备［EB/OL］.［2017-09-30］. http：//www.sohu.com/a/195662236_118392.

实训内容：

以小组为单位，通过查找资料，从游客、旅游企业、公众等角度谈谈对故宫限流的看法，重点分析故宫限流模式可否推广到国内其他知名景区？

实训目标：

1.理解旅游企业市场营销管理的新思路。

2.培养学生对微观环境进行分析的能力。

3.培养学生对旅游市场信息进行判断的能力。

实训组织：

1.以3～4人为一个小组，由组长确定小组分工，指定1位发言人在老师提问时向全班报告自己小组的结论。

2.小组成员分头查找网络或书籍资料，并在小组内分享、讨论，准备好阐述资料。

实训记录：

1.故宫为什么要实施限流？

_____

_____

2.从游客、旅游企业、公众等角度谈谈对故宫限流的看法：

_____

_____

3.故宫限流模式可否推广到国内其他知名景区？

_____

_____

效果评价

1.以小组为单位组织交流、研讨。

2.每个小组推荐1名成员做主题发言，给出小组意见与看法，结合各组对案例的分析情况，从小组互评、教师评价两个方面进行评分，见表3-3。

表3-3　　　　　　　　　　　"故宫限流8万人次"训练项目评价表

项目主题 （分值）	评价指标 （分值）	标　准	小组互评 （30%）	教师评价 （70%）	最后得分 （100%）
故宫限流 8万人次 （100分）	课堂研讨表现 （40分）	小组研讨组织得当，全员参与，研讨知识、方法、技术运用正确，能够从游客、旅游企业、公众等角度对故宫限流进行专题研讨			
	主题阐述 （60分）	阐述的内容具有可行性，效果良好，观点新颖、独特，能够针对故宫限流模式的推广提出有针对性的看法			

■ 本章小结

　　旅游市场营销环境是指影响旅游市场营销管理能力的企业外部和内部因素组成的企业生态系统，它由旅游市场营销宏观环境和旅游市场营销微观环境共同构成。旅游市场营销宏观环境是指采用间接的形式，以旅游市场营销的微观环境为媒介作用于旅游企业市场营销行为的因素，它由社会环境、经济环境、政治法律环境、文化环境、技术环境、人口与地理环境等构成。旅游市场营销微观环境是与旅游企业的市场营销活动直接发生关系的具体环境，也是旅游企业生存和发展的基本环境，它由旅游企业内部环境、购买者、竞争者、公众等构成。

音频：听我学3

　　旅游市场营销的宏观环境和微观环境虽然分别存在于不同的空间范围内，但两者在旅游市场营销活动中缺一不可。存在于旅游企业微观环境中的可控因素，不能离开存在于旅游企业宏观环境中的不可控因素。旅游企业为了实现自己的营销目标，必须千方百计地将微观可控因素与宏观不可控因素协调起来。这种协调必须通过充分发挥旅游企业的营销能动性、恰当运用旅游市场营销的可控因素、自觉适应客观环境的要求来实现。这种使旅游市场营销的可控因素主动、自觉地适应不可控因素的过程，就是旅游市场营销环境动态平衡的过程，而这种协调与适应的目的在于更好地满足目标市场消费者的需求，实现旅游企业的可持续发展。

■ 挑战自我

头脑风暴法——选择最成功的旅游主题餐厅

　　主题餐厅是指以一系列围绕一个或多个历史的主题或其他主题为吸引标志，向顾客提供饮食所需的基本场所。主题餐厅的最大特点是赋予一般餐厅某种主题，围绕既定的主题来营造餐厅的经营气氛。餐厅内所有的产品、服务、色彩、造型以及活动都为主题服务，主题成为顾客识别餐厅的标志和产生消费行为的刺激物。

问题：

你和你的同学决定在旅游区周边开设一家主题餐厅，但这个旅游区已经开设了很多餐厅，这些餐厅能够提供各种价位的不同种类的餐饮服务。假设你们拥有开设任何一种类型餐厅的足够资源，那么你们所面对的问题是开设什么样的餐厅才可能成功。

要求：

1.小组所有成员花5～10分钟，形成你们认为可能成功的主题餐厅的类型。每个小组成员都要尽可能地发挥自己的想象力，对任何提议都不能加以批评。

2.指定1位小组成员把所有提议写下来。

3.用10～15分钟，讨论各个提议的优点与不足，最终确定一个使所有成员意见一致的最可能成功的方案（可配套做成PPT）。

4.运用SWOT分析法对最终确定的主题餐厅的优点与不足、机遇与挑战进行讨论。

■ 拓展空间

旅游消费别冷落了"游"和"娱"

2018年8月31日，《北京旅游发展报告（2018）》发布。该报告显示，2017年，北京旅游总收入和接待总人次稳定增长，但旅游六要素中"游"和"娱"的消费水平不足，旅游消费存在结构失衡。

近年来，随着生活水平的不断提高，旅游已经成为大众的主要生活方式，旅游消费对经济增长的贡献也越来越大。以北京为例，数据显示，2017年，北京实现旅游总收入5 469亿元，同比增长8.9%；旅游总人数达2.97亿人次，同比增长4.3%；旅游购物和餐饮消费额占社会消费品零售总额的24.7%。旅游消费对市场的拉动作用由此可见一斑。

不过，旅游六要素的消费并非呈现"齐步走"、皆大欢喜的态势，大有"几家欢乐几家愁"的味道，有的"吃"得满嘴流油，有的则"吃"不饱。

正如《北京旅游发展报告（2018）》中所说，旅游行业延续了过去几年的良好增长态势，但也出现了旅游消费水平不足、"食、住、行、游、购、娱"六方面消费比重失衡等问题。2017年，北京入境旅游市场人均花费为1 306.7美元，其中"行、购、食、住"方面的花费累计占比达80%以上，"游"和"娱"方面的花费占比相对较小。国内游方面这样的情况更加突出，外地游客人均消费2 600元，但文化娱乐消费不足2%，"行、购、食、住"方面的花费累计占比达到90%以上。

笔者认为，在旅游消费中，"游"和"娱"两个环节之所以受到冷落，主要有两个原因：一是不少游客的旅游观念还处在浅层次的观光层面，对"游"和"娱"重视不够。比如，很多人外出旅游，都抱着走马观花的心态，过于关注当地的美食，或者购买当地的土特产，而没有把"游"和"娱"放在心上。二是旅游市场的发展不均衡，只重视美食和特色产品的推销，而忽视了对旅游文化的提炼和宣传，特别是在"游"和"娱"的产品开发上力度不够，附加值相对较小，最终导致旅游市场缺乏吸引力，难以使游客产生共鸣。

试想，人们到某地旅游，如果把时间都花在交通、住宿、吃饭和购物上，留给"游"和"娱"的时间非常有限，则如何踏踏实实地领略当地秀美的风光和厚重的文化遗产呢？

再如，旅游本是放松身心、休闲娱乐的好方式，结果游客在娱乐休闲上没有什么特色体验，反而在购物上眼花缭乱，在旅途中筋疲力尽，从而如何感受"游"和"娱"的快乐呢？

因此，在旅游消费中，这种冷落"游"和"娱"的现象亟待改观。旅游的核心价值在于"游"和"娱"，如果"游"和"娱"缺失，岂不成了单纯的美食游、购物游？希望游客能够转变观念，把心思多用在"游"和"娱"上；同时，也希望各地能够从《北京旅游发展报告（2018）》中得到一些启示，在"游"和"娱"的设计上开动脑筋、增加供给，扩大"游"和"娱"在旅游六要素中的份额，不断增加游客的消费量。

资料来源 唐卫毅. 旅游消费别冷落了"游"和"娱"［N］. 中国旅游报，2018-09-12（3）.

请思考：

旅游六要素缺一不可，无论哪项偏弱，哪项失衡，都会直接影响旅游消费的整体结构以及游客的感受。如果"游"和"娱"缺失，会对旅游活动产生什么弊端？请结合案例，谈谈如何转变游客观念，使游客把更多的心思用在"游"和"娱"上。

项目四

旅游市场调研与预测

■ 项目概述

　　在现代市场营销观念的指引下，旅游企业要想赢得竞争优势、取得合理利润，必须从研究市场出发，对市场进行各种定性与定量的调研分析，预测目前和未来旅游市场需求规模的大小。旅游市场调研与预测为旅游企业及时掌握必要和可靠的信息、做出正确的市场营销决策提供了依据，其作用日益重要。

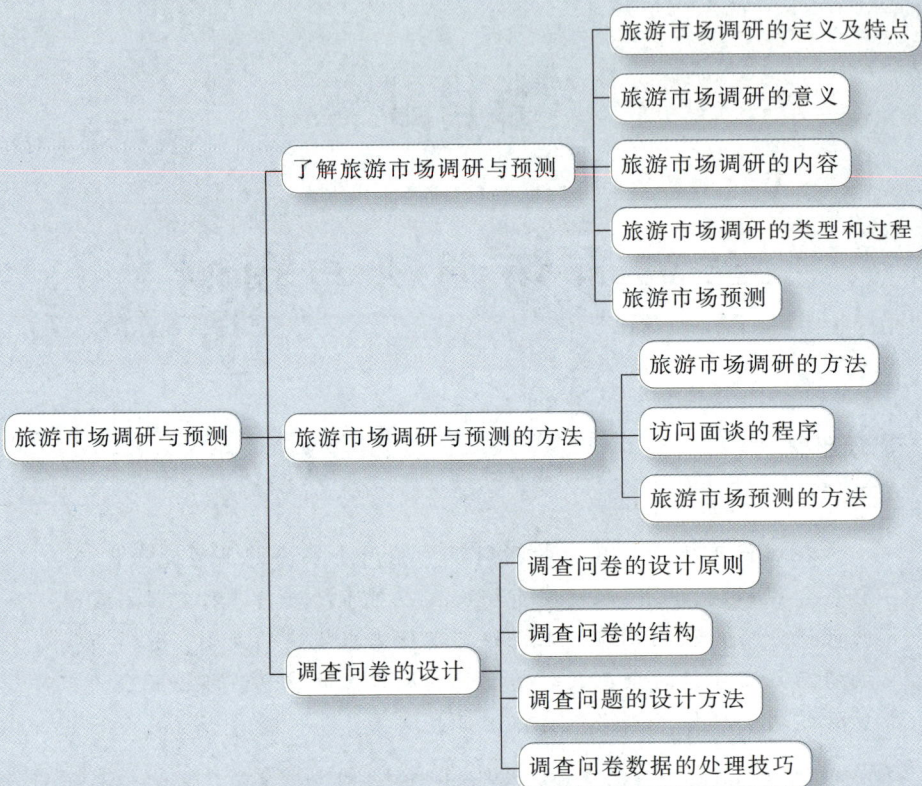

旅游市场调研与预测

了解旅游市场调研与预测
- 旅游市场调研的定义及特点
- 旅游市场调研的意义
- 旅游市场调研的内容
- 旅游市场调研的类型和过程
- 旅游市场预测

旅游市场调研与预测的方法
- 旅游市场调研的方法
- 访问面谈的程序
- 旅游市场预测的方法

调查问卷的设计
- 调查问卷的设计原则
- 调查问卷的结构
- 调查问题的设计方法
- 调查问卷数据的处理技巧

任务1　了解旅游市场调研与预测

任务目标

知识目标：了解旅游市场调研的定义及特点，了解旅游市场预测的概念及基本原则。

能力目标：能够运用旅游市场调研的知识，制订旅游企业的市场调研计划。

素养目标：培养学生对旅游市场的敏感性、前瞻性。

任务导入

中国旅游研究院与携程网发布《2018年暑期旅游大数据报告》

2018年6月29日，中国旅游研究院与携程旅游网大数据联合实验室共同发布《2018年暑期旅游大数据报告》。该报告根据往年暑期市场情况，结合中国旅游研究院按季度开展的中国城镇和农村居民出游意愿调查及携程3亿注册用户通过App、7 000多家携程线下门店预订数据，对2018年暑期旅游消费情况和市场规模进行了分析，发布了暑期人气最旺的出发城市、目的地、出境游国家与地区等排行。

2018年暑期旅游市场供需两旺，消费者的需求也不断升级，愿意在旅游方面花费更多的支出。根据携程平台上100多万种跟团游、自由行等产品的价格与预订情况，预计暑期游客人均消费将达到4 000元，比2017年暑期游客人均消费增长15%。国内跨省游人均花费约2 800元，出境游人均花费超过6 000元。费用上涨主要是因为中国游客的旅游目的地更远、出游时间更长，以及预订的产品更高级，从而增加了酒店等旅游服务的支出。此外，游客更加注重旅行的体验及与家人的情感互动，而不是单纯考虑价格。2018年单个订单金额最高达85万元，预订的是俄罗斯世界杯产品。

从目前暑期预订信息来看，亲子游占比最高，达58%。出国游客越来越低龄化，暑期携程出境游的预订游客中，最低年龄不到1岁。随着中考和高考结束、学校放假，00后特别是900多万"高考生"也是暑期旅游的主力。

2018年7月，携程网上几百条毕业游产品游客量上涨超过100%。学生群体毕业季出游花费集中在3 000元以下，占57%。消费金额最高的是世界杯观赛主题游产品，包括头等舱、决赛门票等，单人花费超过12万元。毕业游目的地以国内为主，厦门、三亚、成都位列国内最受喜爱的毕业游目的地前三名，紧随其后的是上海、重庆、丽江、桂林、北京、西安、兰州。多个城市和景点因为小视频爆红，这符合年轻人追求潮流、表达个性的出行主张。

2018年暑期，中国游客出境游有更多尝鲜佳选。携程统计数据显示，2018年一些新兴目的地交通和签证的便捷性大大提升，旅游产品更丰富，出游人数上升更快。以爱沙尼亚线路为例，报名人数增长近340%。《2018年暑期旅游大数据报告》发布的暑期十大新兴目的地为：波罗的海三国；印度尼西亚科莫多、美娜多、龙目岛；日本青森、秋田、岩手、北海道；塞尔维亚、波黑；越南富国岛；菲律宾宿务+薄荷岛；爱尔兰+英格兰；芬兰；加拿大蒙特利尔+魁北克市；西班牙+葡萄牙。

资料来源　中国旅游研究院，携程旅游网大数据联合实验室.中国旅游研究院&携程旅游网大数据联合实验室发布《2018年暑期旅游大数据报告》［EB/OL］.［2018-06-29］. http：//www.ctaweb.org/html/2018-6/2018-6-29-9-4-22023.html.

问题：

1.如何看待《2018年暑期旅游大数据报告》的家庭游、亲子游、毕业游等方面的市场调研与预测？

2.旅游企业应该如何利用预测信息开发暑期旅游市场？

学一学

一、旅游市场调研的定义及特点

(一) 旅游市场调研的定义

美国著名营销专家菲利普·科特勒认为，市场营销调研是企业系统地计划、收集、分析和报告那些与公司所面临的某种特定市场营销情况有关的资料和调查结果的活动。根据菲利普·科特勒的定义，我们认为，旅游市场调研是指运用科学的方法和手段，有目的、有系统地收集、记录、整理、分析和总结与旅游市场变化有关的不同旅游者的消费需求以及旅游市场营销活动的信息、资料，旨在帮助旅游经营者识别各种有利的市场机会，准确把握目标市场的规律，从而为旅游经营决策者提供客观决策依据的活动。

(二) 旅游市场调研的特点

1.旅游市场调研是一种营销管理工具

旅游市场调研的目的在于适应旅游市场营销活动的全过程，对旅游目标市场的所有问题进行分析调查。使用旅游市场调研这种营销管理工具，可以提高旅游市场营销的针对性和效果。

2.旅游市场调研可以协助问题解决

通过旅游市场调研，旅游管理者能够得到有关旅游者及市场行为的准确而丰富的资料，这些资料可以作为旅游市场营销决策的依据，协助旅游企业解决问题。

3.旅游市场调研必须符合科学规范的原则

旅游市场调研活动繁杂琐碎，容易受调研人员能力和态度的影响，因此调研人员应遵循科学规范的原则，保证调研资料客观、完整。

二、旅游市场调研的意义

随着世界旅游业的发展，旅游市场的地理区域不断扩大，旅游企业需要比以往了解更多的旅游市场信息。同时，随着现代信息技术的突飞猛进，企业拥有自己的数据库和信息系统已变得越来越容易。然而，信息的收集和分析毕竟是一个动态的过程，即便建立了强大的旅游信息支持系统也不可能一劳永逸，因此旅游企业必须借助系统的旅游市场调查分析，掌握旅游市场的动向。旅游企业只有不断进行有针对性的旅游市场调查，更新系统信息，维护系统资源，才能了解旅游市场需求及竞争者的最新动态，进而制定出正确的旅游市场营销战略。因此，旅游市场调研对旅游企业而言具有重要意义。具体来说，旅游市场调研的意义表现在以下几个方面：

第一，旅游市场调研能使旅游企业与旅游市场环境、目标顾客保持持续的接触，及时探明其需求变化特点，掌握市场供求平衡情况，从而为旅游企业编制旅游经营计划、制定科学的旅游市场营销决策提供依据。社会化分工体系的建立使现代旅游服务企业如同井底之蛙，越来越拘泥于在自己的服务领域埋头生产，从而错过了很多在其他领域投资发展和扩大细分市场范围的良好机遇。定期的市场调研将扭转这种情况，旅游企业可以从更广阔的视角去认识市场环境和目标顾客，从中发现潜在的机遇和风险，及时做出策略调整。

第二，旅游市场调研可以降低旅游企业决策失误的风险。俗话说：耳听为虚，眼见为实。由于旅游企业信息系统中的信息来源非常广泛，因此一些外来的间接信息难免会在传输过程中失真。旅游市场调研对这类信息有检验和更新的作用，一定程度上避免了旅游企业在错误的前提下决策而引发的市场风险。

第三，旅游市场调研是市场营销活动顺利进行的保证。在制定了营销和管理策略之后，旅游企业往往只能保证策略在企业内部被无条件实施和执行，而在企业之外的市场上，策略实施效果如何、进展是否顺利，则很难找到明显的信号和指标加以衡量。旅游市场调研的开展可以从对细小的市场因素的调查中找到企业策略的微观效果，如顾客感受、中间商建议等，并能发现策略实施过程中不尽如人意或需要改善的因素，从而及时改进或以此为鉴提出新的策略。因此，旅游企业开展经营活动，要进行充分的市场调研，不断收集和获取新的信息，从而提高企业在市场中的竞争能力。

第四，旅游市场调研能够充实和完善旅游市场信息系统，有助于旅游企业开拓新市场。旅游企业通过旅游市场调研，系统、连续地收集各方面的信息资料并输入旅游市场信息系统中，使之不断充实和完善，再凭借全面、完整的旅游信息系统，开展旅游市场预测。当一种旅游产品在某个特定的客源市场上还未达到饱和状态时，旅游企业就应着眼于新的客源市场，以寻找新的旅游产品开发契机。

三、旅游市场调研的内容

旅游市场调研的内容包括：旅游市场供求关系、旅游产品、旅游消费者购买行为、旅游广告及促销、旅游营销环境和旅游销售情况预测。

（一）旅游市场供求关系调研

旅游市场供求关系是旅游市场营销领域中的一个重要元素，它把游客（顾客）、公众和旅游市场营销者通过信息联系起来。这些信息具有以下功能：一是识别、定义旅游市场机会和可能出现的问题；二是制定、优化营销组合并评估其效果。因此，旅游市场供求关系调研的内容不仅包括游客（顾客）的心理和行为，还包括旅游市场的潜在需求量、旅游消费者的分布及旅游消费者的特性等，涉及旅游市场营销活动的所有阶段。

（二）旅游产品调研

旅游产品调研是旅游市场供求关系调研的更深层次。旅游产品调研包括两方面内容：一是旅游产品的生命周期，旅游企业据此可以了解旅游产品适应市场的时限；二是旅游产品的特性与功能，旅游企业据此可以了解旅游产品适应市场的能力。

（三）旅游消费者购买行为调研

旅游消费者购买行为即旅游消费者为满足其个人或家庭生活而做出的购买旅游产品的决策过程。旅游消费者的购买行为是复杂的，并且会受到很多因素的交互影响。旅游企业通过对旅游消费者购买行为的调研，可以掌握旅游消费者购买行为的规律，从而制定有效的市场营销策略，实现旅游企业的营销目标。

（四）旅游广告及促销调研

旅游广告及促销调研即测验、评估旅游广告及其他各种促销手段的效果。旅游企业据此可以发现最佳促销手法，进而促进旅游消费者的有效购买。

（五）旅游营销环境调研

旅游营销环境调研即研究与旅游行业息息相关的人口、经济、社会、政治及科技等因素的变化对市场结构及营销策略的影响。

（六）旅游销售情况预测调研

旅游销售情况预测即对旅游业的大环境、旅游产品的销售量进行长期与短期的预测，从而为长期经营计划及短期经营计划的拟订提供参考。

四、旅游市场调研的类型和过程

（一）旅游市场调研的类型

1.根据调研目的划分

根据调研目的的不同，旅游市场调研可以分为探测性调研、描述性调研和因果关系调研。

探测性调研是指在对旅游企业发生的问题缺乏认识，甚至一无所知的情况下，为了弄清楚问题的性质、产生原因而进行的小规模调研。探测性调研有两种方法：一是收集相关资料进行经验分析；二是向熟悉情况的人士征询意见。

描述性调研是指对旅游市场上存在的客观情况如实加以描述和反映，从中找出各种因素之间的内在联系。

因果关系调研是指为了确定旅游企业各种变动因素间的关系而进行的调研。

2.根据调研时间划分

根据调研时间的不同，旅游市场调研可以分为一次性调研、定期性调研、经常性调研和临时性调研。

（二）旅游市场调研的过程

旅游市场调研的过程见图4-1。

1.明确调研对象、调研问题和目标

旅游市场调研的第一步工作是明确调研对象，确定本次调研应该弄清楚的问题，并据此确立旅游市场调研的目标。确定调研问题是进行旅游市场调研的前提，确定的调研问题是否准确，是旅游市场调研能否成功的重要条件。根据调研目标的不同，旅游企业的调研项目可以分为探索性调研项目、结论性调研项目、描述性调研项目、因果性调研项目、预测性调研项目。

```
┌─────────────────────────────┐
│  明确调研对象、调研问题和目标  │
└─────────────────────────────┘
              ↓
      ┌─────────────────┐
      │   制订调研计划    │
      └─────────────────┘
              ↓
      ┌─────────────────┐
      │  收集相关信息资料  │
      └─────────────────┘
              ↓
  ┌─────────────────────────┐
  │  调研的实施与资料分析、处理  │
  └─────────────────────────┘
              ↓
      ┌─────────────────┐
      │   提交调研报告    │
      └─────────────────┘
```

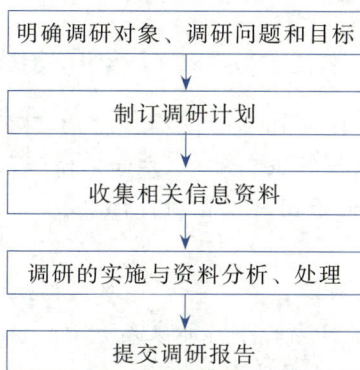

图4-1　旅游市场调研的过程

2.制订调研计划

旅游市场调研计划的内容可以随具体情况的不同而有所变化，但一般都应包括以下几个方面的内容：①摘要；②调研目的；③调研内容和范围；④调研方针与方法；⑤调研进度和经费；⑥附录。

3.收集相关信息资料

收集相关信息资料是旅游市场调研实质性的工作阶段。信息资料包括第一手资料和第二手资料。第一手资料是指为特定目的而收集的原始信息资料；第二手资料是指在某处已经存在并已经为某种目的或发生过的事情编辑起来的资料。

4.调研的实施与资料分析、处理

获取的市场信息，无论是第一手资料还是第二手资料，都必须进行汇总和分析，这样对旅游企业才有实用价值。市场调研人员应首先对资料进行校核，校核后的资料要按内容进行分类、编码，在此基础上，利用统计方法对资料进行必要的分析。

5.提交调研报告

调研报告的格式一般由导言、正文、结论及建议、附件组成。

（1）导言

导言主要是介绍调研项目的基本状况，对调研目的进行简单说明。

（2）正文

正文是调研报告的主体部分，包括概述旅游市场调研的目的、说明调研运用的方法及必要性，以及详细说明调研结果和分析结果。

（3）结论及建议

结论及建议可以采取提出多种方案的形式给出，同时要对每一种方案的可能性及其将给旅游企业带来的收益进行说明，供旅游企业有关人员决策时参考。

（4）附件

附件是用来论证、说明正文有关情况的资料。

此外，调研人员应特别注意对调研过程中的突发事件的处理，如对被调查者恰好不在、被调查者拒绝合作、被调查者做出带有偏见性或不诚实的回答等问题的处理。

案例窗4-1　中国旅游研究院、携程发布《2017年中国出境旅游大数据报告》

中国旅游研究院、携程旅游集团联合发布《中国游客中国名片，消费升级品质旅游——2017年中国出境旅游大数据报告》。双方专家团队基于全年旅游业数据，结合携程3亿会员以及业内规模最大的跟团游、自由行订单数据，对全年出境游情况和游客行为进行了全面监测。

中国旅游研究院院长戴斌表示，在"一带一路"倡议、"旅游年"的推动下，各国间的旅游合作更加紧密，跨越国境的旅行越来越便利。走出国门旅游，更像是"串门儿"，去别人的城市住上几天，换一种生活方式。游客越来越强调对城市生活方式的体验，目的地则成为本地居民与游客共享的生活空间。中国游客就是行走的中国名片，丰富着世界对中国人和中国的认识。

相关数据显示，2017年，中国公民出境旅游人数达13 051万人次，比上年同期增长7.0%。中国已连续多年保持世界第一大出境旅游客源国地位。2017年，我国国际旅游支出达1 152.9亿美元，比上年同期增长5%。

图片：日本风光

我国已成为越来越多国家最大的客源国。据统计，中国已经成为泰国、日本、韩国、越南、柬埔寨、俄罗斯、马尔代夫、印度尼西亚、朝鲜、南非等10个国家的第一大入境旅游客源国，中国游客在这些国家国际游客中的占比最高达30%。中国也是美国、阿联酋、英国、新西兰、菲律宾、斯里兰卡、加拿大等国家的重要客源国。2017年，中国还成为赴南极旅游的第二大客源国。

此外，中国民航局发布的最新统计数据显示，2017年，国际航线旅客量达到5 544.2万人次，增长7.4%。港澳台航线的旅客量达到1 027万人次，增长4.3%；乘坐飞机出境的游客总人数达到6 571.2万人次。从旅客周转量来看，国际航线同比增长14.6%，高出国内航线1.4个百分点。

近五年来，我国国际航线由381条增至784条，国际定期航班通航国家由52个增至61个，通航城市由121个增至167个；国际航空旅客运输量年均增长18.8%。

1.3亿出境游客，这些人是谁？数据表明，女性比男性更爱走出国门。根据携程出境游订单的统计，2019年出境旅游者中，59%是女性，41%是男性，女性比例高出男性18个百分点。

70后和80后依然是出境游的中坚力量，80后占比31%，70后占比17%。越来越多的90后、00后也加入了出境游队伍，占比分别为16%、13%。

出境游，是跟团游还是自由行？我国游客依然热衷跟团游，但自由行增长是大势所趋。以携程组织的数百万出境游客为例，跟团游与自由行各占一半左右。除了跟团游和自由行以外，定制旅游、私家团或者通过旅游平台预订一位当地向导成为中国游客的新选择。

　　随着90后、00后逐渐成为旅游主力军，"说走就走的旅行"不再是口号，而转为一代人的出游习惯。携程"微领队"的调查数据显示，从对自由行年轻人的统计来看，"说走就走"的比例明显增长，一周内出发的人群比例高达29%。

　　哪些城市的居民出境游平均花费最高？携程跟团游、自由行数据显示：2017年，人均花费最高的十大城市分别是：北京、上海、苏州、温州、沈阳、长春、大连、青岛、贵阳、济南。这些城市的居民购买出境跟团游、自由行产品的花费居全国前列。

图片：苏州风光

　　2017年，排名前20位的出境旅游出发城市分别为：上海、北京、成都、广州、深圳、杭州、南京、武汉、天津、西安、长沙、重庆、厦门、昆明、无锡、哈尔滨、沈阳、合肥、福州、郑州。2017年，出境旅游人数增长速度最快的前10名城市分别为：西安、长沙、无锡、太原、武汉、合肥、成都、南京、哈尔滨、昆明。

　　2017年，最受中国游客欢迎的20个目的地国家依次是：泰国、日本、新加坡、越南、印度尼西亚、马来西亚、菲律宾、美国、韩国、马尔代夫、柬埔寨、俄罗斯、阿联酋、意大利、法国、澳大利亚、西班牙、德国、英国、斯里兰卡。2017年，最受中国游客欢迎的9个目的地城市依次是：曼谷、新加坡、大阪、东京、清迈、暹粒、迪拜、罗马、莫斯科。

　　资料来源　中国旅游研究院，携程旅游集团. 中国旅游研究院、携程发布《2017年中国出境旅游大数据报告》[EB/OL].［2018-03-01］. http：//www.ctaweb.org/html/2018-2/2018-2-26-11-57-78366.html.

　　案例分析：出境旅游呈现"消费升级、品质旅游"的特征与趋势。选择升级型、个性化的旅游产品，深度体验目的地的游客占比提升。出国目的也从观光购物转向享受海外优质生活环境和服务。出境旅游已成为衡量中国城市家庭和年轻人幸福度的一大标准。

五、旅游市场预测

（一）旅游市场预测的概念
　　旅游市场预测是指根据既成的市场事实，利用已有的知识、预测技术和经验，对影响市场变化的各种因素进行研究、分析、判断和估计，以掌握市场发展变化的趋势和规律的过程。

（二）旅游市场预测的基本原则
　　1.连贯性原则
　　连贯性原则要求调研人员把事情的来龙去脉弄清楚。
　　2.类推原则
　　类推原则是指合并同类项、同理可推的原则。
　　3.相关性原则
　　相关性原则要求调研人员尽量详细列举出关键点的相关影响因素。

（三）旅游市场预测的内容

1.对生产者的预测

旅游企业各个部门，尤其是对客服务的一线部门，要定期预测下一个阶段的生产能力，如市场生命周期、客房出租率、餐位周转率、员工出勤率、资金周转额、接待量、基本损耗费用、成本与利润、市场占有率等。

2.对消费者的预测

对消费者的预测包括对旅游市场需求量、潜在需求量、人均消费额、顾客的消费习惯、顾客的构成，以及顾客的兴趣、爱好、对产品价格的承受力等的预测。

3.对竞争者的预测

对竞争者的预测是指通过各种合法手段获取竞争对手尽量多的隐性信息。

（四）旅游市场预测的步骤

旅游市场预测的步骤见图4-2。

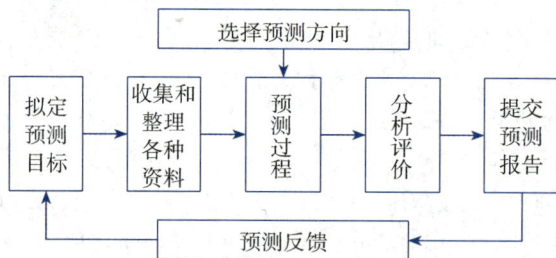

图4-2 旅游市场预测的步骤

（1）拟定预测目标。拟定预测目标的过程：预测要解决什么问题→选择不同的预测对象→编制预算→调配部门力量→保证组织实施。

（2）收集和整理各种资料。注意针对性、准确性、系统性、可比性。

（3）选择预测方向。

（4）预测过程。对数据进行计算、归纳、总结、判断。

（5）分析评价。将做出的预测同旅游企业内外部的现实情况进行比较和分析。

（6）提交预测报告。要求有具体数据的预测值，同时要提出对经营管理的影响。

（7）预测反馈。

做一做

中国旅游业发展趋势分析

背景资料：

2017年，国内旅游人数达50.01亿人次，比上年同期增长12.8%；入出境旅游总人数达2.7亿人次，同比增长3.7%；全年实现旅游总收入5.40万亿元，增长15.1%。

有分析认为，旅游消费外流是对内需的分流，既阻碍了国内旅游消费需求的释放，也给国内一些企业和相关商品市场的发展造成了危害。在中国迫切需要通过提振内需来拉动经济增长的情况下，旅游消费外流对整体经济形势有不利影响。尤其是，旅游消费外流具有联动效应。例如，出境旅游消费会带来住宿、餐饮、购物等方面的消费，因此出境旅游消费会引发连带的消费外流。

有一些学者提出，我国出境游超前发展，造成内需大量"漏出"，建议开征出境旅游消费税。

其实，目前出境游和国内游两个市场之间的替代性并不强。社科院财经战略研究院的专家认为，国内游以短途、自驾自助、休闲观光为主，呈现出游距离近、出游频次多等特征。国内游和出境游目前满足的是不同市场消费群体的需求，或者是同一市场消费群体不同时段的需求。特别是在现行节假日政策下，能够开展出境游的假期有限。

资料来源　吕昱江. 旅游贸易逆差达千亿美元引热议 供求双侧打造旅游消费工程待加力［N］. 中国经济导报，2015-04-21；文化和旅游部数据中心. 2017年全年旅游市场及综合贡献数据报告［EB/OL］. ［2018-02-02］. http://www.ctaweb.org/html/2018-2/2018-2-2-16-21-05573.html.

实训内容：

以小组为单位，利用网络调研资料进行分析、研讨，并针对"出境游会分流国内旅游需求"这一论题分正方和反方进行小组辩论。

实训目标：

1.理解旅游市场调研的定义、特点及内容。

2.能够对出境游和国内游两个市场进行有针对性的分析。

实训组织：

1.以3～4人为一个小组，由组长确定小组分工。

2.小组成员分头查找网络或书籍资料，并准备好辩论资料。

实训记录：

1.出境游是否会分流国内旅游需求？

_____

_____

2.正方观点：

_____

_____

3.反方观点：

_____

_____

效果评价

1.以小组为单位展开辩论，重点考核学生对旅游市场调研的定义、特点及内容的掌握，能够用数据及事实资料说明观点。

2.从小组互评、教师评价两个方面进行评分，见表4-1。

表 4-1   "中国旅游业发展趋势分析"训练项目评价表

项目主题 （分值）	评价指标 （分值）	标　准	小组互评 （30%）	教师评价 （70%）	最后得分 （100%）
中国旅游业 发展趋势分析 （100分）	课堂研讨表现 （40分）	小组研讨组织得当，全员参与，研讨知识、方法、技术运用正确			
	主题阐述 （60分）	阐述的内容具有可行性，效果良好，观点新颖、独特，能把握旅游市场调研的定义、特点及范围			

任务2　旅游市场调研与预测的方法

任务目标

知识目标：掌握旅游市场调研与预测的方法。

能力目标：能够运用旅游市场调研的方法收集旅游市场信息。

素养目标：树立实事求是的工作态度。

任务导入

中国游客文明调查：游客素质进一步提升

中国旅游报社发布了2016年开展的"展示天下奇观·感受美丽中国"国内大型文明旅游活动成果。其中一项有20多万人参加的调查活动的统计数据显示：游客素质有了进一步提升；不文明行为主要体现在环境卫生、公共秩序和文物保护等方面；游客文明旅游认知强于行为，律己行为强于律他行为；游客主要从景区、官方、电商、媒体获得文明旅游信息；习俗宣传是文明旅游建设的重点。

调查报告对下一步文明旅游建设提出了有针对性的措施：一是加大宣传力度，努力实现文明旅游教育全民化；二是提高社会监督水平，努力实现文明旅游制度规范化；三是提高景区从业人员的素质，努力实现文明旅游管理精准化。

本次活动由有奖问卷、签名、数据分析等环节组成。中国旅游报社联合全国26个省（自治区、直辖市）旅游局（委）、上海威瀚商务咨询有限公司重庆分公司（天下奇观平台）、北京零点有数数据科技股份有限公司（原零点研究咨询集团）共同举办。共有225 292人次通过天下奇观平台参加文明旅游有奖问卷活动，零点公司采集数据2 136条。此次问卷活动有力地宣传了文明旅游公约及其他文明旅游的注意事项。活动面向国内展示各省（自治区、直辖市）景区的奇观，宣传祖国美丽河山，引导广大游客热爱祖国，增强文明旅游意识，规范文明旅游行为，养成文明旅游习惯，进而净化旅游环境，提高旅游质量，推动旅游事业发展。

600多家景区积极参与

活动期间，报社联合天下奇观网站作为本次文明旅游专题宣传平台。天下奇观网站免费为全国各地报名景区搭建平台，展播景区视频，发布景区信息，开展文明旅游宣传，帮助景区在平台上自主推广，让各个景区利用平台的特殊功能向游客开展文明旅游温馨提醒活动。漠河北极村景区、台儿庄古城景区、上海野生动物园、宜昌三峡人家风景区等76家景区通过各种形式宣传了本次活动。例如，印发"特别提醒"宣传页在景区派发，在景区大门、路口、要道设置"特别提醒"易拉宝展架，通过景区电子显示屏、景区官网、微博、微信等平台宣传本次活动。

本次活动共有630家景区报名，共展示了556个景区，其中5A级景区71个、4A级景区322个、3A级景区97个、2A级景区19个。所展示的景区都符合奇特、美丽的标准，各具特色，异彩纷呈。这些视频让公众感受到了祖国山河的美，达到了通过展示美丽中国培育公众讲文明的自觉性的目的。

权威调查机构参与问卷调查

中国旅游报社协同北京零点有数数据科技股份有限公司，以文明旅游为主线，在问卷设计、信息采集、数据分析和报告撰写四个层面进行深度合作，问卷试题均经过相关部门审核。运用零点旗下数据移动端交互工具——"答对"App采集数据2 136条，并同天下奇观中的225 292份数据进行整合、分析，形成最终的研究报告。

征得大量文明旅游经典用语

活动期间，公众通过天下奇观官网和天下奇观App参加有奖签名活动。有奖签名活动从2016年9月1日起至10月31日止，共计3 000多名热心群众积极参与，通过审核的签名共2 835张。此次签名活动既渲染了文明旅游的气氛，又宣传了文明旅游的经典用语。

资料来源　王一宁.中国旅游报发布中国游客文明调查结果：游客素质进一步提升［N］.北京晨报，2017-01-19.

问题：

此次中国游客文明调查运用了哪些调研方法？

学一学

一、旅游市场调研的方法

（一）抽样调查

抽样调查是一种非全面调查的方法，即从全部调查研究对象中，抽选一部分单位进行调查，并据以对全部调查研究对象做出估计和推断。

1.抽样调查的原则

抽样调查的原则包括：①有效原则；②可测量原则；③简单原则。

2.抽样调查的基本术语

（1）总体

总体是指根据研究目的确定的研究对象的全体。

（2）个体

个体是指总体中的每一个研究对象，又称单位。

（3）样本

样本是总体的一部分，它是由从总体中按一定程序抽选出来的那部分个体组成的集合。

（4）样本容量

样本中个体的数量称为样本容量。

（5）抽样框

抽样框是指用以代表总体，并从中抽选样本的一个框架。抽样框在抽样调查中处于基础地位，它对于推断总体具有相当重要的作用。对于抽样调查来说，样本的代表性如何，抽样调查最终推算的估计值的真实性如何，首先取决于抽样框的质量。

（6）抽样比

抽样比是指在抽选样本时，所抽取的样本单位数与总体单位数之比。

（7）置信度

置信度也称可靠度，或置信水平、置信系数。由于抽取样本具有随机性，抽样得出的结论总是不确定的，因此可以采用一种概率式的陈述方法，也就是数理统计中的区间估计法，得出估计值与总体参数在一定误差范围内的概率有多大，这个相应的概率就是置信度。

（8）抽样误差

在抽样调查中，通常依据由样本得出的估计值对总体的某个特征进行估计，当两者不一致时，就会产生误差。因为由样本得出的估计值是随着抽选样本的不同而变化的，即使估计值完全正确，它和总体指标之间也会存在差异，这种差异纯粹是由抽样引起的，故称为抽样误差。

（9）偏差

所谓偏差，也称偏误，通常是指在抽样调查中，除抽样误差以外，由其他原因引起的一些偏差。

（10）标准差

标准差是总体各单位标准值与其平均数离差平方的算术平均数的平方根。标准差反映了组内个体间的离散程度。

3.抽样调查的种类

（1）随机抽样

随机抽样即按照保证总体中的每个单位都有同等的机会被抽中的原则抽取样本的方法。它的最大优点是在根据样本资料推论总体时，可以客观测量推论值的可靠程度，从而使这种推论建立在科学的基础上。因此，随机抽样在社会调查和社会研究中的应用比较广泛。常用的随机抽样方法主要有单纯随机抽样、分层抽样、系统抽样、整群抽样、多阶段抽样等。

①单纯随机抽样。单纯随机抽样又称简单随机抽样，这是一种最基本的抽样方法，包

括重复抽样和不重复抽样。在重复抽样中，每次抽中的单位仍放回总体，样本中的单位可能不止一次被抽中。在不重复抽样中，每次抽中的单位不再放回总体，样本中的单位只能被抽中一次。单纯随机抽样的具体做法有：

第一，抽签法。将总体的全部单位逐一做标签，搅拌均匀后进行抽取。

第二，随机数表法。首先将总体的所有单位编号，然后任意规定抽样的起点和抽样的顺序，最后从随机数表中抽取样本单位号码，直到达到所需的样本容量为止。

单纯随机抽样必须有一个完整的抽样框，当总体太大时，制作这样的抽样框工作量巨大，加之影响因素很多，总体名单根本无法得到，因此在大规模社会调查中很少采用单纯随机抽样。

②分层抽样。首先依据一种或几种特征将总体分为若干个子总体，每一个子总体称为一个层；然后从每层中随机抽取一个子样本，这些子样本合起来就是总体的样本。各层样本数的确定方法有三种：

第一，分层定比法，即各层样本数与该层总体数的比值相等。例如，样本容量 n = 50，总体单位总数 N = 500，则 n/N = 0.1，0.1 即为样本比例，每层均按这个比例确定该层样本数。

第二，奈曼法，即各层应抽样本数与该层总体数及其标准差的积成正比。

第三，非比例分配法，即当某个层次包含的个案数在总体中所占比例太小时，为使该层的特征在样本中得到足够的反映，可人为地适当增加该层样本数在总体样本中的比例，但这样做会增加推论的复杂性。

总体中赖以进行分层的变量为分层变量，理想的分层变量是调查中要加以测量的变量或与其高度相关的变量。分层的原则是增加层内的同质性和层间的异质性。常见的分层变量有性别、年龄、受教育程度、职业等。分层抽样在实际抽样调查中使用广泛，在样本容量相同的情况下，分层抽样比单纯随机抽样的精度高，而且管理方便、费用少、效度高。

③系统抽样。系统抽样又称等距抽样，即单纯随机抽样的变种。在系统抽样中，先将总体从 1~N 编号，并计算抽样距离 K（K = N/n，其中，N 为个体总数，n 为样本容量）；然后在 1~K 中抽取一个随机数 k_1，作为样本的第一个单位，接着抽取 $k_1 + K$、$k_1 + 2K$……，直到抽够 n 个单位为止。系统抽样要防止周期性偏差，因为周期性偏差会降低样本的代表性。例如，军队人员名单通常按班排列，10 人一班，班长排第一名，若抽样距离也取 10，则样本或全由士兵组成或全由班长组成。

④整群抽样，又称聚类抽样。首先将总体按照某种标准分群，每个群为一个抽样单位；然后用随机的方法从中抽取若干个群，抽中的样本群中的所有单位都要进行调查。与分层抽样相反，整群抽样的分类原则是使群间异质性小、群内异质性大。分层抽样时各群（层）都有样本，整群抽样时只有部分群有样本。整群抽样时只需要列出入样群的单位，这样可节约大量财力、人力。整群抽样的代表性低于单纯随机抽样。

前四种抽样方法均为一次性直接从总体中抽取样本，故统称为单阶段抽样。

⑤多阶段抽样。多阶段抽样又称多级抽样，即先将抽样过程分为几个阶段，然后结合使用上述方法中的两种或数种。例如，首先用整群抽样从北京市某中等学校中抽出样本学校，其次用整群抽样从样本学校中抽选出样本班级，最后用系统抽样或单纯随机抽样从样本班级的学生中抽出样本学生。当研究总体广泛且分散时，多采用多阶段抽样，以降低调查费用。由于每级抽样都会产生误差，因此经多级抽样产生的样本，误差也会相应增大。

（2）非随机抽样

非随机抽样是指抽样时不遵循随机原则，而是按照研究人员的主观经验或其他条件来抽取样本的一种抽样方法。其适用场合包括：严格的概率抽样几乎无法进行；调查目的仅是对问题的初步探索或提出假设；调查对象不确定或根本无法确定；总体内各单位间的离散程度不大，且调查人员有丰富的调查经验。

4.抽样调查的程序

（1）界定总体

界定总体即明确调查的全部对象及范围，这是抽样调查的前提和基础。

（2）制定抽样框

抽样框可以提供抽样所用被调查对象的详细名单。在没有现成名单的情况下，可由调查人员自己编制。

（3）选择调查样本

首先确定抽样技术（是随机抽样还是非随机抽样），其次确定具体的抽样方法（是分层抽样还是分群抽样），最后确定样本数量。在上述问题都确定后，按要求选择调查样本。

（4）实施调查

对选定的样本运用不同的调查方法逐个进行调查，从而取得第一手资料。

（5）测算结果

测算结果即用样本指标推断总体指标的结果，具体方法包括百分比推算法和平均推算法等。测算结果是抽样调查的最后一个步骤，也是抽样调查的目的所在。

（二）文案调查

文案调查是利用企业内部和外部现有的各种信息、情报，对调查内容进行分析研究的一种调查方法。

1.文案调查的作用

为实地调查奠定基础，明确指明应调查的问题，节省实地调查的费用及时间，协助鉴定实地调查的准确性。

2.文案调查资料的来源

①企业内部档案，包括各项财务报表、销售记录、访问报告、平日剪报、同行资料、照片等。

②外部机构调查资料，包括政府、金融机构的统计调查报告，学术或民间机构发表的市场调查报告。

③外部刊物及索引类资料，包括工商名录等。

④专业书籍及杂志等。

3. 文案调查的程序

（1）确定市场调查的基本目的。

（2）拟订详细的市场调查计划。

（3）展开相关资料的收集。

（4）过滤资料。

（5）各种不同资料间的调整、衔接及融会贯通。

（三）旅行社开展市场调研的具体方法

1. 产品市场调研

收集游客对某一目的地的出游意愿、价格预算，确定某项产品的活动策略及价格。

2. 市场份额调研

收集游客对旅行社品牌的认知、选择习惯以及同行业产品的价格，了解旅行社产品在市场所占份额，从而确定今后的发展战略。

3. 广告调研

收集游客接收旅游信息的途径、习惯以及对信息的关注点，确定应采用何种广告宣传策略。

案例窗4-2　　　　　　《2015年天津旅游客源市场调查报告》首期出炉

天津市旅游局（现改组为天津市文化和旅游局）与南开大学合作，针对北京、天津、石家庄、唐山、沧州、保定、廊坊、秦皇岛8个城市，以调查问卷为途径采集数据，通过运用定量研究、历史分析、比较研究、综合归纳等多种方法对天津以及周边旅游市场进行了科学的分析研究，最终形成了《2015年天津旅游客源市场调查报告》。

该调查在本地与近程客源市场共抽样4 995名居民，从4 945名居民提供的有效反馈中可知，在做家庭旅游计划时，多为家庭第二代夫妇说了算。调查显示，第二代夫妇做决策的占比超过六成，其中丈夫做决策的家庭比例略高于妻子做决策的家庭比例。第一代（老人辈）和第三代（孩子辈）作为旅游决策人的比例均接近两成。从调查中可知，虽然老人辈和孩子辈做决策的比例低于第二代夫妇做决策的比例，但随着人口老龄化趋势的增强，以及核心家庭数量的增加，老人、孩子的出游自主性在不断提高。

据了解，2 896名周边城市居民提供的周末家庭出游或购物游城市，涉及71个国内城市以及26个国外城市。调查结果显示，在河北、北京居民偏好的前10个出游城市中，北京、天津、上海、石家庄、唐山、保定排在前列，其中北京、天津所占比例较高，分别为28.9%、19.6%。不难看出，天津已经成为京津冀地区重要的旅游城市。

在调查中，916名天津市民给出了有效回复。在过去一年中，61.5%的家庭市内出游年度频率为0～2次，11%的家庭一年内从未到家庭所在区、县以外的区域游玩，只有11.4%的家庭市内出游年度频率超过了5次。参与抽样市民的市内活动偏好排序依次是游景点、泡温泉、吃海鲜、滨海游、农家乐、购物、听相声。在本地游中，周末家庭游、短途休闲游占大多数，因此观光、水疗、品美食等活动受到市民的普遍欢迎。

调查数据显示，本地市民最喜爱的前10个景区依次是：盘山、天津佛罗伦萨小镇、天津古文化街、天塔、天津欢乐谷、梨木台、独乐寺、黄崖关长城、周恩来邓颖超纪念馆、天津滨海航母主题公园。因此，主题性景点与自然风景区最受天津市民喜爱。

《2015年天津旅游客源市场调查报告》中还显示，周边居民到天津旅游最热衷的前10个景区包括：天津欢乐谷、五大道、天津古文化街、天津滨海航母主题公园、天津佛罗伦萨小镇、天津之眼、天津海昌极地海洋世界、米立方海世界、天津海河游船、天津热带植物观光园。其中，天津欢乐谷、五大道、天津古文化街、天津滨海航母主题公园最受欢迎，占比分别为35.9%、27.6%、25.8%、25%。从统计结果来看，排名靠前的最受欢迎景区为主题性景点，游客以主题性观光活动为主。

"天天乐道，津津有味"的天津旅游口号强调的是有形与无形的"味道"体验，包括有味道的建筑风貌、有味道的特色小吃（如狗不理包子、海鲜等餐饮文化），还有乐观幽默且有味道的生活气息等。

资料来源 马根.《2015年天津旅游客源市场调查报告》首期出炉 外地游客钟情天津"海文化"[N].渤海早报，2015-03-19.

案例分析：从《2015年天津旅游客源市场调查报告》可知，天津旅游的发展需要优化旅游产品组合，促进旅游产品创新。游客的大尺度空间旅游表现并不突出，拉动重游市场是周边游市场可持续发展的最优途径。吸引北京居民并促成重游的天津旅游产品应具有短日程、高感知文化体验、多元性、性价比高、家庭游等特征。此外，天津旅游的发展还需要立足滨海资源，深化海文化高消费市场；深植草根文化特色，开发定制化的深度游产品。

二、访问面谈的程序

访问面谈是旅游市场调研中最重要、最能直接获取信息的渠道，是旅游市场调研人员最基本的工作形式之一。

（一）约见

一般来说，约见的内容主要包括以下几个方面：

①确定访问对象。

②告知访问事由。在约见访问对象时，必须告诉对方访问的原因、有何事商谈等。

③约定访问时间。约定访问时间也是约见潜在顾客的一项重要内容，若访问时间选择不当，就会给推销洽谈蒙上阴影。

④选择访问地点。选择访问地点的基本原则是方便顾客。

约见的方法一般包括电话约见、信函约见、电函约见、委托约见、广告约见，以及登门约见、名片约见等。

（二）面谈

面谈是一项艺术性、技巧性较强的工作，没有固定不变的模式。随着面谈对象、环境的变化，每一次面谈都有不同的特点和要求。

1.利益与友谊统一

既要为实现自身目标而采取各种策略，又要把达到这一目标建立在不损害他人利益的基础上。

2.获得合作

要保证洽谈的顺利进行，还应确定正确的洽谈方针，即使双方达成一致、互惠互利的方针。

3.和谐的洽谈气氛

和谐的洽谈气氛能为正式洽谈铺平道路。只有洽谈气氛和谐，双方才能开诚布公地交谈。

4.自然适时地切入正题，适当追问

与顾客之间初步建立了和谐友好的洽谈气氛后，双方就可以进入正式洽谈阶段。调研人员应巧妙地把话题转入正题，从而顺利提出面谈内容，并适当进行追问。

5.记录回答内容

在访问期间做记录，使用应答者语言，不要摘录或解释应答者的回答，记录的内容应包括与面谈访问目标有关的一切内容，包括所有追问内容。做记录时应使用应答者的语言，不要摘录或解释应答者的回答。

6.结束访问

友好道别，预约下次会面时间，避免仓促离开。

三、旅游市场预测的方法

（一）定性预测法

定性预测法，也称判断预测法或调研预测法，是指根据预测者个人的知识、经验和主观判断，对企业的未来发展趋势做出估计和判断的一种预测方法。定性预测法对预测者的要求包括：经验丰富、业务水平高、分析判断能力强。定性预测法的具体方法有：

1.管理人员判断法

管理人员判断法，又称管理估计法或经验预测法，是指旅游组织内的管理人员凭借个人经验和直觉，对组织未来的人力资源需求情况进行预测，对组织的发展方向进行判断的方法。管理人员判断法分为自下而上和自上而下两种方式：

①自下而上。由直线部门的经理向自己的上级主管提出用人要求和建议，这一要求只有征得上级主管的同意后方可落实。这种方式适用于短期预测和组织服务比较稳定的情况。

②自上而下。由公司经理先拟出公司总体用人目标和建议，然后由各级部门自行确定用人计划。在组织进行总体调整时采用这种方式尤其方便。

2.消费者购买意向调查法

消费者购买意向调查法，也称买主意向调查法，是指通过一定的调查方式（如抽样调查、典型调查等），选择一部分或全部的潜在购买者，直接向他们了解未来某一时期（即预测期）购买商品的意向，在此基础上对商品需求或销售做出预测的方法。在缺乏历史统计数据的情况下，运用这种方法可以取得数据资料，做出市场预测。消费者购买意向调查法在满足以下三个条件的情况下比较有效：一是购买者的购买意向明确清晰；二是这种意向会转化为顾客购买行为；三是购买者愿意把其意向告诉调查者。

3.专家意见法

专家意见法，也称专家调查法，是指组织各领域的专家运用专业方面的知识和经验，通过直观归纳，对预测对象过去和现在的状况、发展变化过程进行综合分析与研究，从而对预测对象未来的发展趋势及状况做出判断的方法。专家意见法主要包括个人判断法、头脑风暴法和德尔菲法。

个人判断法是指主要依靠个别专家，对预测对象未来的发展趋势及状况做出判断的方法。头脑风暴法是指通过专家间的相互交流，引起"思维共振"，从而产生组合效应，形成宏观智能结构，进行创造性思维的方法。德尔菲法由美国兰德公司于1946年首先应用于预测领域，是指调查人员首先针对所要预测的问题征求专家的意见，并进行整理、归纳、统计，然后匿名反馈给各个专家，再次征求意见，再集中、再反馈，直至得到一致意见的方法。

（二）定量预测法

定量预测法是指根据准确、系统、全面的调查统计资料和经济信息，运用统计方法和数学模型，对企业的发展规模、水平、速度和比例关系进行预测的方法。定量预测法对预测者的要求包括：熟悉查阅统计资料的方法、掌握基本的统计分析方法。定量预测法的具体方法有：

1.时间序列预测法

时间序列，也称时间数列、历史复数或动态数列，是指将某种统计指标的数值，按时间先后顺序排列形成的数列。时间序列预测法就是首先编制时间序列，然后根据时间序列所反映出来的发展过程和趋势进行类推，借以预测下一段时间或以后若干年内可能达到的水平的方法。

时间序列预测法的操作步骤如下：

①收集与整理某种社会现象的历史资料；

②对这些资料进行检查鉴别，并排成数列；

③分析时间序列，从中寻找该社会现象随时间变化而变化的规律，得出一定的模式；

④以此模式预测该社会现象将来的情况。

时间序列分析法是根据过去的变化趋势预测未来的发展，它的前提是假设事物的过去会延续到未来。"事物的过去会延续到未来"这个前提包括两层含义：一是不会发生突然的跳跃变化，是以相对小的步伐前进；二是过去和当前的现象能够反映现在和将来活动的发展变化趋向。因此，在一般情况下，时间序列分析法对于短、近期预测的效果比较显著，但如果延伸到更远的将来，就会有很大的局限性，导致预测值偏离实际较大，进而使决策失误。

2.回归分析预测法（因果预测法）

回归分析预测法是指在分析市场现象的自变量和因变量之间相关关系的基础上，建立变量之间的回归方程，并将回归方程作为预测模型，以此进行预测的方法。回归分析预测法是一种具体的、行之有效的、实用价值很高的市场预测方法，在对市场现象未来的发展状况和水平进行预测时，如果能将影响市场预测对象的主要因素找到，并且能够取得其数量资料，就可以采用回归分析预测法进行预测。回归分析预测法有多种类型，依据相关关系中自变量个数的不同，回归分析预测法可分为一元回归分析预测法和多元回归分析预测法。在一元回归分析预测法中，自变量只有一个；在多元回归分析预测法中，自变量有两个或两个以上。依据自变量和因变量之间相关关系的不同，回归分析预测法可分为线性回归分析预测法和非线性回归分析预测法。

回归分析预测法的操作步骤如下：

第一，根据预测目标，确定自变量和因变量。明确了预测的具体目标，也就确定了因变量。例如，预测具体目标是下一年度的销售量，那么销售量就是因变量。通过市场调查和查阅资料，寻找与预测目标相关的影响因素，即自变量，并从中选出主要的影响因素。

第二，建立回归模型。依据自变量和因变量的历史统计资料进行计算，并在此基础上建立回归方程，即回归分析预测模型。

第三，进行回归分析。回归分析是对具有因果关系的影响因素（自变量）和预测对象（因变量）进行数理统计分析。只有当自变量与因变量确实存在某种关系时，建立的回归方程才有意义。因此，作为自变量的因素与作为因变量的预测对象是否有关、相关程度如何，以及判断这种相关程度的准确性有多大，就成为进行回归分析必须要解决的问题。

第四，检验回归分析预测模型，计算预测误差。回归分析预测模型是否可用于实际预测，取决于对回归分析预测模型的检验和对预测误差的计算。回归分析预测模型只有通过检验，且预测误差较小，才能作为最终预测模型进行预测。

第五，计算并确定预测值。利用回归分析预测模型计算预测值，并对预测值进行综合分析，确定最后的预测值。

做一做

实训项目：
旅游市场预测涉及的主要变量及其划分标准。

实训内容：
以小组为单位，通过查找资料，分析旅游市场预测涉及的主要变量及其划分标准。

实训目标：
掌握旅游市场预测涉及的主要变量及其划分标准。

实训组织：
1.以3～4人为一个小组，由组长确定小组分工。

2.每组指定1个发言人对旅游市场预测涉及的主要变量及其划分标准进行有针对性的阐述。

实训记录（见表4-2）：

表4-2　　　　　　　旅游市场预测涉及的主要变量及其划分标准

主要变量		划分标准
地理因素	地　区	
	城市或标准都市统计区大小	
	人口密度	
	气候	
人文统计因素	年龄	
	性别	
	家庭人数	
	家庭生命周期	
	收入	
	职业	
	受教育程度	
	宗教	
	种族	
	国籍	
	社会阶层	
心理因素	生活方式	
	个性	
行为因素	追求时机	
	追求利益	
	购买率	
	品牌忠诚度	
	准备程度	
	对产品的态度	

效果评价

1. 以小组为单位组织交流、研讨。
2. 每个小组提交1份补充完整的划分标准，结合各组的填写内容，开展研讨。
3. 从小组互评、教师评价两个方面进行评分，见表4-3。

表4-3　"旅游市场预测涉及的主要变量及其划分标准"训练项目评价表

项目主题 （分值）	评价指标 （分值）	标　准	小组互评 （30%）	教师评价 （70%）	最后得分 （100%）
旅游市场预测涉及的主要变量及其划分标准（100分）	课堂研讨表现（40分）	小组研讨组织得当，全员参与，研讨知识、方法、技术运用正确			
	主题阐述（60分）	阐述的内容具有可行性，效果良好，观点新颖、独特，填写得当			

任务3　调查问卷的设计

任务目标

知识目标：掌握调查问卷的结构及调查问题的设计方法。
能力目标：培养学生自主设计调查问卷的能力。
素养目标：树立实事求是的工作态度。

任务导入

全域旅游取得七方面阶段性成果

推进全域旅游是我国新阶段旅游发展战略的再定位，是一场具有深远意义的发展变革。2016—2017年，全域旅游从提出到试点、从实践到提升、从创新到突破取得了七方面阶段性成果。从发展战略上看，全域旅游开创了旅游发展的新路子；从发展定位上看，全域旅游上升为国家战略；从空间布局上看，全域旅游由点到线、由线到面，得到广泛实践；从体制创新上看，全域旅游创造性地探索了"1+3+N"旅游管理新体制，有力地推动了现代旅游治理体系建设取得新突破；从旅游供给上看，全域旅游丰富和提升了旅游产品体系，极大地满足了人民群众对旅游产品的新需求；从公共服务上看，全域旅游在"补短板、抓提升"上取得了明显成效，进一步健全了综合目的地服务体系；从市场促进上看，全域旅游整体营销创新推进，成效显著。

《全域旅游发展报告2017》显示，截至目前，我国共批准了500家全域旅游示范区创建单位，覆盖了全国31个省、自治区、直辖市和新疆生产建设兵团。总面积达180万平方千米，占国土面积的19%；总人口约2.56亿，占全国总人口的20%。此外，我国还批准了海南、宁夏、陕西、贵州、山东、河北、浙江7个省域整体为全域旅游示范区创建单位。

产品建设已经成为全域旅游、融合发展的新亮点和新空间，开放的"旅游+"发展格局初步形成。要素型产品不断提档升级，各地普遍加大了对特色餐饮、主题酒店、旅游民宿、房车营地、休闲绿道、旅游风景道、必购商品、文化体验产品的开发力度，2016—2017年累计投资超1 000亿元。园区型产品开发如火如荼，A级旅游景区、旅游度假区、休闲区、主题乐园、旅游综合体、城市公园、大型实景演出和博物馆、文化馆、科技馆、规划馆、展览馆、纪念馆、动植物园等纷纷成为创建单位产品开发的新选择，在建旅游综合体项目1 500个，2016—2017年累计投资超900亿元。目的地产品日益丰富，美丽乡村、旅游小镇、风情县城、文化街区、宜游名城建设加速推进，在建美丽乡村项目2 500个、特色小镇项目1 100个，2016—2017年累计投资超过2 100亿元。

各地公共服务补短板工作成效显著，全域公共服务体系逐步完善。各创建单位共改建和新建厕所25 769座，其中30%以上的厕所配备了第三卫生间，"厕所革命"覆盖城乡全域。各地共建设旅游停车场4 000余个，在建的旅游风景道达3 000余条，城市绿道达7 500余千米，畅达便捷的交通网络加速构建。各地已建成旅游集散中心2 500余个，整合形成多项新功能，旅游集散咨询服务体系日趋完善。各地已建立旅游政务网、旅游大数据库、动态监控系统、移动旅游App等，智慧旅游建设取得明显进展。综合环境整治力度加大，实现全域旅游发展成果共建共享。

资料来源　王洋，李志刚. 全域旅游取得七方面阶段性成果［N］. 中国旅游报，2017-08-04（1）.

问题：

以所在城市为例，谈谈全域旅游对撬动旅游产业升级的积极成效。

学一学

一、调查问卷的设计原则

调查问卷的设计原则如下：

第一，要得到被调查者的合作，设计的问题应触及被调查者的兴趣点。

第二，问题要明确易懂，利于双方交谈。

第三，要帮助被调查者构思答案。

第四，要防止偏见。

第五，不能刁难被调查者，尽量提便于被调查者回答的问题。

第六，答案要便于数字处理。

二、调查问卷的结构

调查问卷一般由以下五部分组成：

（一）开头

开头主要用来指导被调查者正确填写问卷。

（二）主体

主体是问卷的核心，包括提出相关问题、提供回答方式、获得所需资料。

（三）背景

背景是调查内容的一部分，主要用于了解被调查者的基本情况。

（四）问卷编码

进行问卷编码的目的是便于汇总整理。

（五）备注

备注应注明调查人姓名、调查时间、调查地点等。

三、调查问题的设计方法

（一）开放式问题

开放式问题是指在设计调查问题时，不设计备选答案，让被调查者用自己的语言来回答和解释有关想法的问题类型。调查人员没有对被调查者的回答进行任何限制，而是让其自由回答，这有利于调动被调查者的兴趣，从而得到较为深入的观点和看法。开放式问题的常用形式有：自由回答式、语句完成式、文字联想式、故事完成式。

典型例子如下：

您认为本次旅游安排还有哪些方面需要改进？

在设计开放式问题时，我们还可以采用回想法。这种方法一方面可以了解到旅游消费者对某种旅游产品的印象、记忆程度；另一方面可以了解旅游消费者对行业的知晓范围。

典型例子如下：

请说出您所知道的知名酒店的名称。

（二）封闭式问题

封闭式问题是指调查人员在提出问题的同时，还将问题的一切可能答案或几种主要答案全部列出，让被调查者从中选出一个或多个答案作为自己的回答，而不做答案以外的回答的问题类型。封闭式问题的常用形式有：二项选择式、多项选择式。

1.二项选择式

二项选择式的典型例子如下：

你是希尔顿酒店的 VIP 会员吗？　　是□　　不□

对于二项选择式问题的设计，还可以采用倾向偏差询问法，这种方法常在调查意见、态度的程度时使用。

典型例子如下：

我们社是国内百强旅行社之一，您是否愿意成为我们社的会员，享受更多的优惠政策？

是□　　不□

2.多项选择式

多项选择式的典型例子如下：

您这次来访的主要目的是什么？

游乐□　　会议□　　宴会□　　商务□

（三）混合型问题

混合型问题是封闭式问题与开放式问题的结合，它实质上是一种半封闭、半开放的问题类型。这种问题类型综合了开放式问题和封闭式问题的优点，避免了两者的缺点，具有非常广泛的用途。

混合型问题的典型例子如下：

请问您所知道的知名旅游城市有哪些？

A.北京　　　B.上海　　　C.西安　　　D.桂林　　　E.其他（请注明_____）

从理论上讲，调查问卷中对问题的设置还有很多方法，上述几种方法是较为常见的方法，其他方法多是从这几种方法引申变化而来的。

四、调查问卷数据的处理技巧

（一）校验

①检验所有问卷的完整性。

②检验访问工作的质量。

③检验有效问卷的份数是否符合调研方案要求达到的比例。

（二）输入

调研人员应掌握不同的数据输入方法，并进行输入和统计。

（三）制表

所制表单包括单向表和双向交叉表两类。

（四）数据分析

进行数据分析时，可以采用的方法如下：

①累计百分比法。

②频数分布法。

③平均值法。

④集中趋势法。在统计学中，集中趋势是指一组数据向某一中心值靠拢的程度，它反映了一组数据中心点所在的位置。

案例窗4-3　　　　　　　**旅游从业人员基本情况及培训意愿调查问卷**

尊敬的受访者：

您好！

我们正在进行一项有关旅游从业人员基本情况及培训意愿方面的调查，您所提供的资料将有助于我们向您提供更好的服务，希望能够得到您的支持！您所提供的个人资料我们将为您严格保密。

1.请问您的户籍：

□本地户籍　□外地户籍

2.请问您的性别：

□男　□女

3.请问您的年龄：

□20岁以下　□20~25岁　□26~30岁　□31~35岁

□36~40岁　□41~45岁　□46~50岁　□51~55岁　□56~60岁

4.请问您的文化程度：

□小学　□初中　□高中　□中专　□大专

□大学本科　□研究生

5.请问您的专业：

□旅游　□外语　□管理　□经济

□其他（请注明_____）

6.您来自哪里？

□广东　□湖南　□江西　□福建　□广西　□湖北　□江苏

□浙江　□河北　□河南　□安徽　□上海　□北京　□四川

□云南　□陕西　□香港　□澳门　□其他（请注明_____）

7.您来本地从事旅游工作的途径是：

□学校分配　□自身选择　□单位委派　□兼职实习

8.您在进入旅游行业工作之前是否有工作经验：

□已有旅游行业从业经验　□有在其他行业从业经验　□无任何工作经验

9.您在旅游行业上岗工作之前是否接受过培训：

□接受过岗前培训　□接受过专业对口教育　□无培训

10.您在旅游行业就职期间，曾经接受过：

□单位培训　□旅游系统培训　□自己进修　□以上都没有

11.您在旅游行业的工作年限已有____年，您在现旅游单位的工作时间已有____年，您在旅游行业内已就职过____家旅游企业。

12.您得到各种培训信息的渠道一般是：

□电视　□报纸　□杂志　□网络

□家人、朋友或同事　□单位　□学校

13.您一年内有没有转行的打算？

□有　□无

14.您目前的英语水平为：

□中学水平　□大学英语四级　□大学英语六级

□其他水平（请注明_____）

15.如果有可能，您在选择个人培训时，最注重考虑什么因素？（可多选）

□取得学历证书　□取得资格证书或技能证书　□取得岗位证书

□提高能力　□结识朋友　□其他（请注明_____）

16.在从业过程中，您觉得目前本行业最需要的是哪些方面的培训？

□英语　□其他外语（请注明_____）

□岗位技能（请注明_____）　□旅游基础知识

□相关专业知识（请注明_____）　□其他（请注明_____）

17.您目前的月收入水平为：

□500元以下　　□500～999元　　□1 000～1 999元

□2 000～2 999元　　□3 000～3 999元　　□4 000～4 999元

□5 000～7 999元　　□8 000～9 999元

□10 000～19 999元　　□20 000元及以上

18.如果可以接受培训，您愿意选择什么时间进行培训？

□周末假期　　□春节、劳动节和国庆节　　□行业淡季

□年假　　□晚上或其他业余时间

19.您愿意接受的培训费用标准是：

□500元以下　　□500～999元　　□1 000～1 999元　　□2 000～2 999元

□3 000～3 999元　　□4 000～4 999元　　□5 000～9 999元　　□10 000元及以上

20.您希望的培训时间长度为：

□1周以内　　□1个月以内　　□1～3个月　　□3个月～半年

21.请问您以前从事以下哪种行业？

□政府机关　　□制造业　　□建筑业　　□交通运输、仓储及邮电业

□金融保险业　　□房地产业　　□批发、贸易和零售业　　□餐饮业

□社会服务业　　□农、林、牧、渔业及采掘业　　□文教体育、卫生及艺术

□一直从事旅游业　　□在校学生　　□其他（请注明_____）

22.请问您目前就职或兼职的单位属于下列哪类？请按类别填写获得的岗位资格证书。

□旅游景区　　□旅游酒店　　□旅行社

在旅游景区工作，您获得过哪些岗位资格证书？（请填写）

a) _____　b) _____　c) _____　d) _____

在旅游酒店工作，您获得过哪些岗位资格证书？（请填写）

a) _____　b) _____　c) _____　d) _____

在旅行社工作，您获得过哪些岗位资格证书？（请填写）

a) _____　b) _____　c) _____　d) _____

23.您在未来3～5年内，对自己所做的培训计划侧重于：

□学历方面　　□学识方面　　□能力方面

24.您在目前单位的岗位是：

□高层管理人员（总经理/副总经理/总监）

□中层管理人员（部门经理/副经理）

□主管/管理/专业人员

□普通员工

□兼职员工

再次感谢您的合作与参与！预祝您工作、学习愉快！

案例分析：旅游从业人员基本情况及培训意愿调查问卷中有封闭式问题，也有开放式问题，亦有混合式问题，调查人员可以从多个角度考虑调查内容。

做一做

实训项目：

旅游景区客源市场及游客满意度情况调查。

实训内容：

以小组为单位，通过查找资料，对所在城市的知名景区进行专题问卷设计、调查。

实训目标：

1.培养学生对市场调查问卷的设计能力。

2.培养学生对市场信息的分析能力。

实训组织：

以调查问卷为依据，通过制作PPT分析调查结果，并对景区客源市场的现状及游客满意度等进行有针对性的阐述。

实训记录：

旅游景区客源市场及游客满意度情况调查问卷（示例）

调查员基本信息：

调查时间：　　　　　　　　调查单位详细地址：

调查员姓名：　　　　　　班级：　　　　　　学号：

以下选项可单选或多选，请根据实际调研结果综合分析后填写。

1.您的年龄为（单选）：

□65岁及以上　　　　　□45～64岁　　　　　□25～44岁

□15～24岁　　　　　□14岁及以下

2.您的文化程度为（单选）：

□本科及以上　　　　　□大专　　　　　□中专或高中

□初中　　　　　□小学及以下

3.您的职业为：

□公务员　　　　　□企事业管理人员　□专业技术人员

□服务/销售人员　　□工人　　　　　□农民

□军人　　　　　□离退休人员　　　□学生　　　　□其他

4.您在景区的平均消费额度约为：

□500元以下　　　　　□500～999元　　　□1 000～1 999元

□2 000～2 999元　　　□3 000～3 999元　　□4 000元及以上

5.您前往景区的主要目的是：

□游览/观光　　　　　□休闲/度假　　　　□探亲访友　　　　□商务

□会议　　　　　□文化/体育/科技交流　　　　　□其他

6.您对景区的总体印象是：

□很好　　　　□好　　　　□一般　　　　□差　　　　□很差

7.您是否参加了旅行团：

□是　　　　　　　　　□否

8.您是否到周边其他景点游览：

□否

□是，游览了_____、_____等景点。

9.请您对景区的旅游接待设施进行客观评价（请用5分制表示，5分表示很好，1分表示差）。

评价内容	很好	好	一般	尚可	差
（1）住宿	5	4	3	2	1
（2）交通	5	4	3	2	1
（3）餐饮	5	4	3	2	1
（4）康乐	5	4	3	2	1
（5）购物	5	4	3	2	1
（6）其他设施	5	4	3	2	1

10.请您对景区的资源特色及适宜人群做简要分析：_____

效果评价

1.以小组为单位进行实地调研，得出数据分析报告及PPT。

2.每个小组推荐1名成员陈述调查结果。

3.从小组互评、教师评价两个方面对数据分析、PPT制作情况进行有针对性的评价及评分，见表4-4。

表4-4　　　　"旅游景区客源市场及游客满意度情况调查"训练项目评价表

项目主题（分值）	评价指标（分值）	标　准	小组互评（20%）	教师评价（80%）	最后得分（100%）
旅游景区客源市场及游客满意度情况调查（100分）	课堂研讨表现（20分）	小组研讨组织得当，全员参与，研讨知识、方法、技术运用正确			
	主题阐述（80分）	阐述的内容具有可行性，效果良好，能从调查中挖掘数据依据，数据可信度高，并进行有针对性的分析，PPT制作合理、全面			

■ 本章小结

旅游市场调研是指运用科学的方法和手段，有目的、有系统地收集、记录、整理、分析和总结与旅游市场变化有关的不同旅游者的消费需求以及旅游市场营销活动的信息、资料，旨在帮助旅游经营者识别各种有利的市场机会，准确把握目标市场的规律，从而为旅游经营决策者提供客观决策依据的活动。

音频：听我学4

旅游市场预测是指根据既成的市场事实，利用已有的知识、预测技术和经验，对影响市场变化的各种因素进行研究、分析、判断和估计，以掌握市场发展变化的趋势和规律的过程。

■ 挑战自我

人走茶"热"——重视答复"宾客意见书"

雨花台饭店每日例行收集"宾客意见书"，并将所有意见书上交给主管销售的周副总。一日，周副总发现了一封充满失望和不满的意见书。新疆五环外贸公司的一位陈先生出差期间下榻在雨花台饭店，住店期间饭店服务一直非常周到，陈先生十分满意。然而在离店结账时，总台电脑显示陈先生曾在饭店的歌舞厅消费180元，但事实上，陈先生并未去过饭店的歌舞厅，陈先生坚持要求复查。但复查两次后，电脑都显示陈先生有此消费。无奈之下，陈先生只得付了这笔冤枉钱。陈先生越想越气，临走时在"宾客意见书"中写了一首打油诗："饭店确实豪华，收费确实离谱。从未进过舞厅，还是被剃一刀。"

周副总发现这封意见书后，心生疑窦，于是亲自调查核实，发现原来是舞厅收银员记错了房号。周副总一方面责成处理舞厅收银员的失职行为，另一方面着手联系陈先生，先是在电话里表达了歉意，后又送去了鲜花和正式的致歉信，并将多收的180元如数奉还，从而获得了一个"回头客"。

资料来源 马勇，刘名俭. 旅游市场营销管理［M］. 4版. 大连：东北财经大学出版社，2011.

问题：

请结合案例内容，针对南京雨花台饭店的顾客满意度信息收集谈谈自己的看法。

要求：课外时间独立完成，给出有针对性的答案。

■ 拓展空间

旅游市场营销信息系统

1. 旅游市场营销信息系统的定义及特点

旅游市场营销信息系统是一个由人、机器和程序组成的相互联系的有机整体，用于收集、挑选、分析、评估和分配信息，供营销决策者改进、执行和控制营销计划。

旅游市场营销信息系统具有整体性、目标指向性、运行有序性三大特点。

2. 旅游市场营销信息系统的构成

一个完整的旅游市场营销信息系统由四个子系统构成：内部情报系统、营销情报系统、营销研究系统和营销分析系统（见图4-3）。

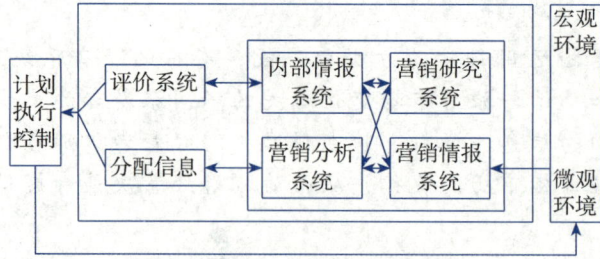

图4-3　旅游市场营销信息系统

3.旅游市场营销信息系统的作用

旅游市场营销信息系统的作用包括：能够在有限的时间内最大限度地收集信息，有利于提高旅游企业对市场的反应能力；能够使信息在最短的时间内得到最大面积的传播，有利于旅游企业采取标准、统一的行动；信息交流与沟通快捷，有利于旅游企业得到长期且准确的预报。

项目五

旅游者购买行为分析

■ 项目概述

　　购买行为是个人、群体或组织挑选、购买、使用和处置产品、服务来满足自身需要和欲望的过程。旅游者购买行为会受到文化、社会、个人、心理等因素的综合影响。分析旅游者购买行为，有利于旅游企业提供有针对性的产品和服务。

任务1 旅游者购买行为概述

任务目标

知识目标：理解旅游者购买行为的定义与特点。

能力目标：提高对旅游者购买行为的认知、分析及把握能力。

素养目标：培养学生换位思考的习惯。

任务导入

"一元旅游"再揭旅游业界痼疾

为了招揽游客，"一元旅游"频频露面。"一元旅游"如同天上掉下来的馅饼，但馅饼背后可能存在陷阱，不仅涉嫌低价倾销，还可能诱骗游客另行购物。《旅游法》第三十五条规定："旅行社不得以不合理的低价组织旅游活动，诱骗旅游者，并通过安排购物或者另行付费旅游项目获取回扣等不正当利益。"因此，"一元旅游"实际上涉嫌违法。《旅游法》已于2013年开始实施，然而一些旅游电商与旅行社依然以超低团费揽客，强迫消费屡禁不止，不文明旅游现象依然突出。

团队旅游市场的现状是，由于门票、住宿、餐饮费用不断上涨，旅游市场的竞争日益白热化，旅行社多采取压低旅游报价的手段吸引客源，然后从降低旅游服务质量、频繁安排购物等环节中补足。多数导游不在旅行社拿工资，或者底薪非常少，他们的收入主要依赖于游客购物、参观自费景点，从中获取佣金、回扣。在这样的大背景下，《旅游法》管不住旅游行业乱象并不难理解。虽然不少地方一直提倡无障碍旅游，但面对购物、拿回扣等敏感问题时，都免不了落入地方保护主义的俗套。导游的低水平服务伤害了民众的旅游热情，透支着旅游市场的潜力。旅行社大幅提高团费，吸引不到客源；沿袭低报价潜规则，增加购物频率，游客又不满意。如何化解这一矛盾已成为行业的焦点。

资料来源 叶祝颐."一元旅游"再揭旅游业界痼疾［N］.中国商报，2015-04-01（P02）.

问题：

1．"一元旅游"揭示的旅游服务及消费者购买行为的痼疾有哪些？

2．谈谈旅行社如何在遵守《旅游法》的背景下，找到服务质量与价格竞争力之间的平衡点，以提高游客购买旅游产品后的服务质量。

学一学

一、旅游者购买行为的定义与特点

（一）旅游者购买行为的定义

在社会生活中，任何人都必须不断消费各种物质生活资料，以满足自身生理和心理的需要。因此，购买行为是人类社会中最具有普遍性的一种行为活动。旅游者购买行为是指旅游者为了满足其旅游需要，在旅游动机的驱使下产生的，以货币换取旅游产品和服务的实际行动。

现代旅游市场营销认为，旅游者是旅游市场营销活动的主体，旅游企业只有以旅游者为导向，才能避免市场营销工作的盲目性。在旅游市场日趋国际化、对游客的争夺空前激烈的今天，赢得旅游者已成为旅游企业得以生存的关键。

（二）旅游者购买行为的特点

1.综合性

与日常购买行为相比，旅游者购买行为更具有综合性。它不是对单项物质产品和服务的购买，而是对餐饮、住宿、交通、游览、娱乐等产品及其他服务的综合性购买。例如，旅游者到达旅游目的地，入住旅游酒店时，并不是单纯地住宿，还要进行餐饮、康乐、会议等各项活动。

2.多样性

尽管每一次购买行为都包括餐饮、住宿、交通、游览及购物等环节，但由于旅游者的动机不同，因此他们会选择不同形式的旅游活动，购买方式也千差万别。不同形式的旅游活动有不同的购买水平、购买范围，每种旅游活动购买的物质产品和服务也大不相同。另外，不同旅游者的旅游动机可能相同，但由于其他主观因素和客观条件的制约，购买行为也不尽相同。例如，中老年旅游者在做出购买行为决策时，多从健康的角度考虑，因此会选择如泡温泉、做理疗等旅游活动。

3.不可重复性

旅游产品是一种综合性的产品，形成旅游产品的旅游吸引物、旅游设施设备以及旅游从业人员提供的服务不能转移到旅游者的居住地进行消费。同时，旅游者购买的只是对旅游产品的使用权，并没有取得对旅游产品的所有权，一旦旅游活动结束，旅游者对旅游产品的使用权将不复存在。因此，旅游者不可能将旅游产品带回居住地反复享用。

4.高档次性

旅游者购买行为的产生主要是为了满足发展和享受的需要，因此，旅游者购买行为必然具有高档次性。在旅游过程中，旅游者对物质产品和服务的要求也必然远远高于对生活必需品的要求。例如，旅游者在异地旅游时往往会出于安全、卫生、舒适，甚至炫耀的考虑而居住高星级的宾馆。

案例窗 5-1　　　　　　　　**"足迹分享"与景区营销**

自从微信朋友圈兴起以来，朋友的"足迹"便通过朋友圈清晰呈现出来。好玩的景点、刺激的项目、特色的商品……这些内容一旦发布出来，常会引发大批朋友点赞，从而为景区、商家带来意想不到的口碑传播效应。

据山东旅游职业学院党委书记、原山东省旅游规划设计院院长陈国忠介绍，针对某个特定景区，最多的时候，曾经有游客在微博上连续发过140张图片。他分享的图片属于小众化的产品，但在无意中为该景区进行了免费推广和营销，并直接引导了其圈里的朋友来消费。当然，这个游客不但是景区产品的传播者，也是监督者。也许他在朋友圈里发了一句对景区不满的评价，他的朋友受他的影响就不会再来了。"在互联网时代，人人都是'媒体评论员'和'市场营销员'。"陈国忠说。可以发现，小众分享欲望正在悄然改变着景区的营销方式。

2015年8月底，山东泰山景区32个主要景点全部实现了免费Wi-Fi全覆盖，成为全国首个正式启用免费Wi-Fi的5A级旅游景区。除了泰山景区，烟台蓬莱阁、枣庄台儿庄等景区也相继实施了免费Wi-Fi覆盖，曲阜"三孔"、济南千佛山等景区的免费Wi-Fi覆盖工程正在建设中。

留给大家足够的时间发微信去传播，是智慧景区用好自媒体线上营销非常关键的一点。"陈国忠说。从泰山免费Wi-Fi试点情况来看，山上随处可见把图片发到微信朋友圈和微博的游客，和亲朋好友分享已经成为大多数游客的习惯。硬件配置的提升固然重要，但景区如果能从游客的角度出发，有针对性地进行宣传推广，在营销过程中提高互动体验部分的比例，将会大大增加游客"足迹分享"的欲望，并且让分享的内容更充实、更有感染力。

资料来源　徐梅. 让"足迹分享"助力景区营销［N］. 中国旅游报，2015-09-21（6）.

案例分析：这种以旅游体验为内容的信息发布可以简单定义为"足迹分享"。互联网呈现出的一个非常典型的特点就是自媒体时代的小众分享欲望，而这种分享欲望会产生两种作用：一种是良好的引导；另一种是明显的排斥。在互联网时代，口碑营销是一把双刃剑，既可以为景区免费宣传，又可能为景区带来负面评价。如何巧妙利用游客的"足迹分享"来达到正面宣传的目的，是景区及旅游城市需要思考的重要问题。

二、旅游者购买行为的"黑箱"模式

旅游者购买行为研究的核心问题是了解旅游者对各种营销刺激的反应，其中最具有代表性的就是"黑箱"模式。所谓"黑箱"，是指那些既不能打开，又不能从外部直接观察其内部状态的系统。

旅游者购买行为的"黑箱"模式见图5-1。

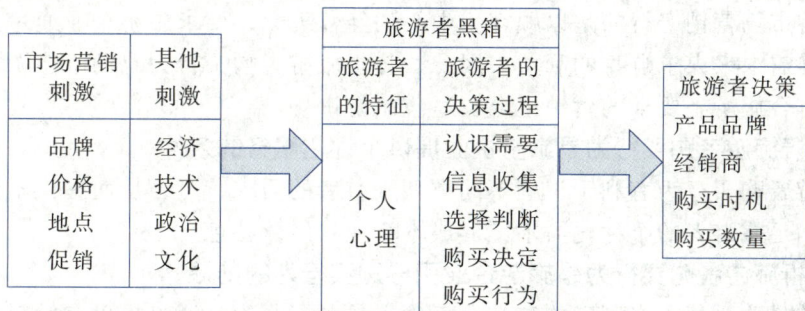

市场营销刺激	其他刺激	旅游者黑箱		旅游者决策
		旅游者的特征	旅游者的决策过程	
品牌 价格 地点 促销	经济 技术 政治 文化	个人心理	认识需要 信息收集 选择判断 购买决定 购买行为	产品品牌 经销商 购买时机 购买数量

图5-1　旅游者购买行为的"黑箱"模式

资料来源　刘长英. 旅游市场营销［M］. 北京：北京大学出版社，2015.

从图5-1可知，旅游者购买行为的刺激因素包括两类：一类是市场营销刺激，即旅游市场上各类旅游产品的品牌、价格、地点、促销等信息对旅游者的刺激；另一类是其他刺激，包括旅游者所处的经济、技术、政治、文化等社会环境的刺激。图5-1还表明，旅游者购买行为的"黑箱"由旅游者的特征和旅游者的决策过程两部分组成，刺激经过"黑箱"后显示的最终结果是旅游者对产品品牌、经销商、购买时机、购买数量的选择。

著名行为学学者科特·勒温（Kurt Lewin）运用下列公式来表示消费者的购买行为：

$$CB = f(p, s, e)$$

式中：CB——消费者的购买行为；

      p——消费者因素；

      s——社会因素；

      e——环境因素。

借鉴科特·勒温的购买行为公式并把这一公式运用到旅游市场营销领域，其含义就是：旅游者购买行为是旅游者因素、社会因素和环境因素共同作用的结果。公式中的旅游者因素包括个人特征和心理特征两方面。其中，个人特征包括旅游者的性别、年龄、职业、经济状况、生活方式、自我观念和个性等因素；心理特征包括动机、感觉、学习过程、信仰、信念与态度等因素。公式中的社会因素和环境因素包括社会阶层、文化与亚文化、团体、家庭等因素。

三、分析旅游者购买行为的意义

在我国，旅游企业将旅游市场营销工作更多地放在了展示旅游目的地资源形象方面，从而忽略了游客的体验与口碑。如果旅游企业只是被动地适应旅游者的需求，必然会付出巨大的成本，旅游企业与旅游者之间应建立一种更主动的关系。旅游企业通过分析旅游者购买行为，可以了解购买行为的特征，从而更好地为本企业服务。分析旅游者购买行为的意义具体表现在以下三个方面：

（一）分析旅游者购买行为是旅游市场营销决策的基础

分析旅游者购买行为是旅游市场营销的重要任务，是旅游企业进行科学营销决策的基础。现代旅游市场营销奉行的是以顾客为中心的经营理念，要求旅游企业通过发现顾客需求、满足顾客需求来谋求自身的利益。因此，分析旅游者购买行为有助于旅游企业找准市场目标，以符合旅游者要求的营销组合去适应旅游市场。

（二）分析旅游者购买行为是旅游企业提供个性化服务的条件

分析旅游者购买行为有利于识别不同类型旅游者的需求特点，从而提供不同的旅游产品和服务，满足旅游者的个性化需求，形成本企业的经营特色。

（三）分析旅游者购买行为是旅游企业引导购买行为的前提

分析旅游者购买行为有利于旅游企业正确引导购买行为，通过提供有针对性的营销刺激，使购买行为朝着有利于旅游企业的方向发展。

做一做

专线产品——"好摄之旅"

背景资料：

随着传统旅游形式的发展和深化，小众旅游群体的出游需求越来越引起旅游企业的关注。通过对长白山及周边地区的深入调研、邀请摄影专家考察，并全方位考虑摄友们的特殊需求后，上海某旅行社精心为摄影爱好者设计出了一条长白山冬季"好摄之旅"专线——长白山西坡、北坡、魔界4日游。该行程涵盖了长白山全部精华摄影点，能够拍摄雪山、雾凇、冰雕、雪雕，天气条件允许时还可以登临长白山主峰，拍摄到冬日的雪域之巅——天池。走西坡——拍摄原始风貌；入魔界——记录雾凇盛景。最值得一提的是"入魔界"，为了保证摄影团能在早晨五点半准时出发，拍到魔界的日出和雾凇，司机要在前一天夜里每隔3小时发动一次车，以保证发动机不被低温冻住。此外，此次"好摄之旅"全程无购物，配备专业向导为摄友们推荐好的拍摄点，并在每个拍摄点停留充足的时间，以便全心创作。

结束白天的拍摄后，晚上的住宿安排在长白山脚下的蓝景温泉酒店，摄友们可以体验身在温泉中、头发结雾凇的奇特感受。餐饮方面，旅行社安排了最地道的东北菜，如猪肉炖粉条、小鸡炖蘑菇、大拉皮等，让摄影爱好者们在近距离拍摄长白山美景的同时，感受到东北风味。摄影行程结束归来，旅行社又举办了"长白山摄影大赛"等活动，取得了较好的反响。此后，该旅行社陆续推出了"好摄之旅"系列产品，并加以推广。

- 好摄之旅·长白山西坡、北坡、魔界4日游
- 好摄之旅·霞浦4日游
- 好摄之旅·罗平油菜花、元阳梯田、建水古城6日游
- 好摄之旅·婺源赏花3日游
- 好摄之旅·青岛婚纱摄影4日自由行（含3 966元达令婚纱摄影套系）
- 好摄之旅·三亚婚纱摄影5日自由行（含4 988元圣瓦伦丁婚纱摄影套系）

实训内容：

以小组为单位，分组对"好摄之旅"旅游产品的开发进行点评，对旅行社提供个性化服务、引导购买行为方面的工作进行重点研讨。

实训目标：

理解旅游者购买行为的定义、特点和意义。

实训组织：

1.查找相关行业资料，对个性化旅游产品是否会拉动旅游需求进行研讨。

2.用调查的数据、资料说明小组的看法，进行小组阐述。

实训记录：

1.个性化旅游产品包括哪些？

_____

2.个性化旅游产品是否会拉动旅游需求？

_____

效果评价

1.以小组为单位进行训练。

2.从小组互评、教师评价两个方面进行评分，见表5-1。

表5-1　　　　　　　　　"专线产品——'好摄之旅'"训练项目评价表

项目主题 （分值）	评价指标 （分值）	标　准	小组互评 （20%）	教师评价 （80%）	最后得分 （100%）
专线产品 ——"好摄 之旅" （100分）	课堂研讨表现 （40分）	小组研讨组织得当，全员参与，研讨知识、方法、技术运用正确			
	主题阐述 （60分）	阐述的内容具有可行性，效果良好，观点新颖、独特，能对旅游消费者购买行为进行针对性分析			

任务2　影响旅游者购买行为的因素

任务目标

知识目标：掌握影响旅游者购买行为的因素。

能力目标：能对影响旅游者购买行为的因素进行分析；能将影响旅游者购买行为的因素运用于营销策划活动中。

素养目标：培养一切以旅游者的需求为中心的思考习惯。

任务导入

王先生：35岁，重庆某船运公司部门经理，月薪8 500元，从小在北方长大。

王太太：32岁，某中学历史老师，月薪4 000元，在重庆长大。

儿子：8岁，上小学二年级。

爷爷：60岁，爱好书画，退伍军人。

一个周末的夜晚，王先生一家在客厅里看电视。当电视画面中出现儿童在迪士尼乐园游玩的场景时，儿子大叫了起来："妈妈，我要去那儿玩。"妈妈平静地回答说："儿子，我跟你说，那个迪士尼乐园在日本，一个很远很远的地方，怎么去玩啊？"儿子来劲了，大声叫道："不行，不行，我要去日本，我要去那儿玩。"

"行，放假了爸爸带你去玩。"爸爸敷衍道。

妻子对丈夫说："你不是每年有一次带薪假期吗？"

"咋啦？"丈夫不解地反问道。

"咱们家房子也买了，儿子现在还小，爸爸有退休工资，日子还算稳定。你看人家老李家，每年都出去玩一次，咱们还是在结婚前出去过几次，现在咱们是不是也该出去看看，让儿子也长长见识。"妻子答道。

"恩。"丈夫做出了回应，但没有说什么。

"暑假快到了，你看能不能把你的带薪假期移到暑假，咱们暑假出去玩一次。"妻子把想说的话说了出来。

"好吧，不过到哪里去玩呢？"丈夫表示赞同。

"这样吧，你查一些资料，看哪里比较好玩。"妻子对丈夫说。

接下来，王先生在上班的同时，特别留意了一些旅游信息，偶尔上网查一些资料。王先生开始查了一些国内著名旅游线路的资料，如九寨沟—黄龙、昆明—大理—丽江—香格里拉、丝绸之路等，这些旅游线路对他有相当大的吸引力。王先生在电视里看过九寨沟的一些画面，那里的水美得可以让人忘记一切；他想去丽江，看看丽江的水、丽江的桥以及当地人安逸祥和的生活方式；他还想到丝绸之路去看看，去追寻张骞的足迹，去领略中华古老而灿烂的文化。王先生想去的地方太多了，一时拿不定主意。王先生想到了妻子，妻子是中学历史老师，喜欢看人文景点，特别是一些历史遗迹。王先生想，还是找一条自然资源和人文资源相结合的旅游线路吧。

问题：

1.哪些因素影响了王先生对旅游产品的选择和购买？是如何影响的？

2.在本案例中，哪些是主要影响因素？哪些是次要影响因素？

学一学

如果旅游从业人员能够了解什么样的因素会影响旅游者的购买行为，就能更好地调整旅游产品、价格、销售渠道及促销策略，从而赢得旅游者的青睐，使旅游者做出购买行为。

旅游者购买行为主要受文化因素、社会因素、个人因素以及心理因素等方面的影响（见表5-2）。

表5-2　　　　　　　　　　　影响旅游者购买行为的因素

文化因素	社会因素	个人因素	心理因素
文化背景 亚文化	社会阶层 相关群体 家庭成员 角色	年龄 职业 生活方式 健康状况 居住地	旅游者需求 动机 学习 态度

一、文化因素

（一）文化背景

文化是某个团体所共有的，是塑造人类行为以及人类留给下一代的一组价值、规范、态度与其他含义的象征。我们诞生在某种文化中，然后不断学习、吸收这种文化，文化对个人有潜移默化的影响。旅游者在不同的社会中成长，会受到不同社会文化的影响，必然会形成不同的价值观念、行为偏好及认识事物的方法等，这些因素决定了旅游者的行为方式，从而也影响了旅游者的购买行为。因此，对旅游者文化背景的了解有助于旅游市场营销人员提高旅游者对其产品的接受程度。旅游企业可以通过有形的旅游产品体现出文化的特征，也可以通过塑造无形的文化环境影响旅游者的购买行为。

（二）亚文化

每一种文化都含有不同的小文化，根据人口特征、地理位置、政治信仰、宗教信仰、国家和伦理背景等，可以将一种文化分成几种亚文化。在亚文化内部，人们的态度、价值观和购买决策更加相似。亚文化的差异可能导致人们在购买什么、怎样购买、何时购买、在哪儿购买等方面产生明显的差异。旅游企业要想获得营销机会，必须了解一种文化，甚至是一种亚文化，才能在其中销售产品。

二、社会因素

（一）社会阶层

根据经济收入、社会地位、受教育程度、声望、价值观等的不同，可以将人们分成不同的社会阶层。不同社会阶层的人在生活方式、购买行为等方面具有不同的特点。由于旅游者的购买行为往往能够显示其社会地位，因此对旅游者而言，处于怎样的社会阶层之中将直接影响其购买行为。旅游者在购买旅游产品时，往往会考虑自己所处社会阶层中其他旅游者的购买选择。所以，旅游企业有必要了解不同社会阶层人士的消费观念，这样才能有效提供满足不同阶层人士需要的旅游产品。

（二）相关群体

人活在世上，总会受到不同群体的影响，如朋友、亲戚、家人、邻居、明星等，这些群体统称为相关群体。相关群体的态度会影响旅游者的态度，进而影响旅游者的购买行为。

其中，家庭成员对购买行为的影响是非常重要的。人一生中的大部分时间是在家庭中度过的，个人的价值观、信念、态度和言谈举止等无不会受到家庭成员的影响。不仅如此，家庭还是一个购买决策单位，家庭购买决策制约和影响着每个家庭成员的购买行为；反过来，家庭成员又会对家庭购买决策施加影响。同时，家庭所处的不同发展阶段也会对一个家庭的购买行为产生重大影响，如无子女的青年家庭往往对旅游十分感兴趣，而刚生小孩的家庭可能较少关注旅游。

（三）角色

每个人在社会上都扮演着不同的角色，同时，在不同的场合，人们的角色也可能不同。角色代表了一定的身份，旅游者的购买行为要与其角色相适应。例如，跟父母出去旅游和跟同学出去旅游，你的购买行为就会不一样。跟父母出去旅游，你可能会依赖父母帮你安排一切；跟同学出去旅游，你就需要独立购买自己想要的旅游产品。

三、个人因素

（一）年龄

不同年龄的旅游者购买的旅游产品会有一定的差别。一般来讲，年轻人喜欢富有刺激性、冒险性，以及体力消耗较大的旅游活动；老年人则倾向于节奏舒缓、舒适并且体力消耗较小的旅游活动。同时，年龄是划分旅游市场的传统标志之一，旅游企业应该根据不同年龄的需求，提供不同的旅游产品。

（二）职业

职业决定了人们的收入和社会地位，不同职业的人群对旅游产品的追求不同，职业的差异也决定了旅游者购买能力的差异。同时，不同职业的人所拥有的闲暇时间也不一样，如教师的闲暇时间较多并且主要集中在寒暑假，旅游企业可根据不同职业的特点，设计出满足不同职业人群需要的旅游产品。

（三）生活方式

生活方式不同，旅游者的购买行为也会不同。例如，平时花钱如流水的人在购买旅游产品的时候可能不会注意价格问题，而平时很节俭的人比较在意旅游产品的价格，喜欢购买便宜又实惠的旅游产品。

（四）健康状况

旅游过程中需要付出一定的体力，旅游者的身体健康状况决定了旅游者能否完成当次旅游活动，因此，旅游者一般会根据自己的健康状况购买适合自己的旅游产品。例如，患有心脏病的人一般不会选择蹦极、过山车等刺激性的旅游产品，他们只能在身体条件允许的范围内选择刺激性小的旅游产品。健康状况不同的旅游者对交通工具、住宿设施及饮食的要求也有很大差异。健康状况有时也会影响到旅游者的心理状况，从而间接影响旅游者的购买行为。

（五）居住地

居住地也是影响旅游者购买行为的重要因素。一方面，居住地的地形、地貌、气候及水文等构成了该地区居民生活经历中的重要部分，这方面的生活经历会促使旅游者寻找地理要素上有差异的目的地。另一方面，居住地的地理位置表明了旅游者距离旅游景点的远近。近距离的旅游目的地由于出行方便、时间和金钱上支出少，因此能够吸引更多的旅游者；远距离的旅游目的地可以给旅游者带来吸引力，但也会带来遥远感，旅游者在时间和金钱上的问题较突出。

四、心理因素

（一）旅游者需求

需求是由于旅游者在心理和生理上缺乏某种东西而产生的。人是有欲望的，总会有各种各样的需求。人首先要产生旅游需求，才可能做出购买行为。马斯洛的需求层次理论将人类的需求从低到高分为五种，分别是：生理需求、安全需求、社交需求、尊重需求和自我实现需求（见图5-2）。

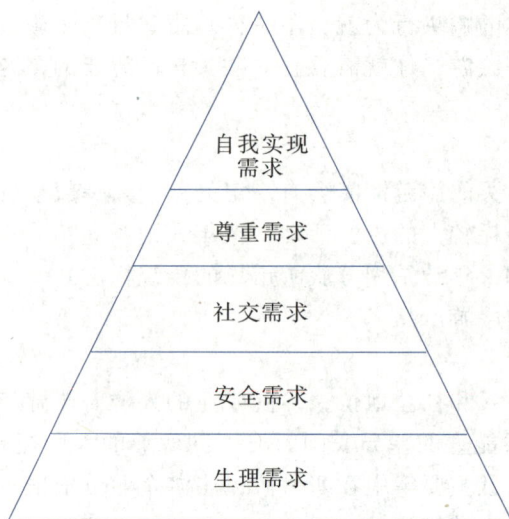

图5-2　马斯洛需求层次理论

马斯洛认为，当低层次的需求得到相对满足后，就会出现高一层次的需求，如此逐步上升。例如，人们对食物的需求属于生理需求，当生理需求得到满足后，人们就会出现安全需求。

微课：游客异议的理论分析

（二）动机

旅游动机的产生以旅游需求的产生为基础，旅游动机是做出购买行为的先导，但并不一定能转化成购买行为。人们总是同时具有多种需求，如果其中某种强烈的需求得不到满足，就会有一种内在动力驱使人们采取行动，这就是所谓的"动机"。一般来说，旅游动机可分为以下五种：

1.身心方面的动机

身心方面的动机主要是指为了缓解身体上的疲劳、排除心理上的压力以及寻求精神上的乐趣而产生的旅游动机。人们在日复一日乏味、繁忙、长时间的工作后，不仅会感到身体疲劳、精神疲惫，心理上也容易产生压抑感，这一切都会损害人们的身心健康，影响人们的正常工作。为了让自己的身体更加健康，人们会寻求放松心情的机会，于是便产生了旅游动机，包括度假、疗养、参加体育活动、参加消遣娱乐活动、观光等。旅游企业可以通过打"健康牌"来吸引旅游者购买。

2.文化方面的动机

人们总是有各种各样的好奇心，为了探索自然和社会奥秘，认识和了解异国他乡的历史、民族文化、风土人情、经济政治、宗教信仰，丰富自己的知识，从而产生了旅游动机。

3.社会方面的动机

社会方面的动机是指为了进行社会交往，保持与社会的经常接触而产生的旅游动机，如探亲访友、旧地重游、开展社交活动、宗教朝圣等。

4.地位和声望方面的动机

人们认为，旅游产品档次的高低，体现了旅游者的社会地位及身份的高低。为了体现个人成就，得到别人的赏识，获得良好的声誉，旅游者往往会通过一定档次的旅游产品来体现自己的地位及身份。属于这类动机的旅游行为有事务旅游、会议旅游、考察旅游以及求学旅游等。

5.经济方面的动机

经济方面的动机是指人们为了达到一定的经济目的而产生的旅游动机，包括贸易、经商、购物等。例如，各国都争着举办奥运会、亚运会等，因为这些会议都可以拉动本国经济的增长。又如，每天都有大量游客去香港旅游，而游客去香港旅游的主要目的是购买物美价廉的商品。

（三）学习

学无止境，人类的大多数行为都是通过学习获得的。通过学习，旅游者可以获得丰富的知识和经验，提高对环境的适应能力。在学习的过程中，旅游者的购买行为也在不断调整和改变。

（四）态度

态度也是影响旅游者购买行为的心理因素之一。所谓态度，是指个体对特定对象所持有的稳定的心理倾向。如果旅游者对某种旅游产品持肯定态度，就会对这种旅游产品"穷追不舍"；如果旅游者对某种旅游产品持否定态度，就可能会采取躲避或拒绝的行动。所以，态度会影响旅游者对旅游产品的判断与评价，影响旅游者的购买意向，进而影响旅游者的购买行为。

做一做

从《人再囧途之泰囧》到《港囧》，跟着电影去旅行

背景资料：

自电影《人再囧途之泰囧》播出以来，2013年的元旦、春节出游便掀起了"泰囧热"。《人再囧途之泰囧》是囧事笑料与风土人情的完美结合，片中80%的场景在泰国拍摄，包括曼谷和清迈，风光极其优美，还体现了丰富多彩的民族风俗，如水上人家、古典舞剧、泰拳等。在最应该发生浪漫事情的地方，片中的徐峥、王宝强、黄渤却经历了奇奇怪怪的事，一个接一个，让人放声大笑，更对片中的旅游景点及风土人情印象深刻。

图片：泰国风光

以一部《人再囧途之泰囧》从内地著名男演员一跃成为华语票房最高导演的徐峥，2015年9月携其新作《港囧》再次寻求跨界转型创新。徐峥结合在港拍摄期间的生活经历精心设计旅游路线，与同程旅游进行战略合作。徐峥表示，希望观众在看完《港囧》之后，能够亲自体验一次非凡香港之旅。

图片：香港风光

资料来源　佚名.跟着电影《泰囧》去旅行［EB/OL］.［2013-01-01］.http://xmwb.xinmin.cn/html/2013-01/01/content_18_1.htm；佚名.《港囧》抢先看　跟徐峥体验非凡香港［EB/OL］.［2015-09-21］.http://travel.163.com/15/0921/18/B42B0K1S00063KE8.html.

实训内容：

以小组为单位，分析两部影片对旅游者购买行为的影响。小组成员分工合作，寻找一例影视旅游营销的经典案例，并截取部分影视片断或制作专题PPT进行分析介绍。

实训目标：

通过对旅游者消费动机的分析，把握旅游者购买决策的影响因素，培养学生的市场营销能力。

实训组织：

1.以3～4人为一个小组，由组长确定小组分工。

2.查找与旅游相关的影视资料，并做好阐述准备。

实训记录：

1.分析两部影片对旅游者购买行为的影响：

_____

_____

2.旅游营销的经典案例：

_____

_____

3.该案例的营销价值分析：

_____

_____

效果评价

1.以小组为单位组织交流、研讨。

2.每个小组推荐1名成员做主题发言，从小组互评、教师评价两个方面进行评分，见表5-3。

表5-3　　"从《人再囧途之泰囧》到《港囧》，跟着电影去旅行"训练项目评价表

项目主题（分值）	评价指标（分值）	标　准	小组互评（20%）	教师评价（80%）	最后得分（100%）
《人再囧途之泰囧》到《港囧》，跟着电影去旅行（100分）	课堂研讨表现（40分）	小组研讨组织得当，全员参与，研讨知识、方法、技术运用正确			
	主题阐述（60分）	阐述的内容具有典型性，效果良好，观点新颖、独特，能挖掘影视旅游的亮点，并能从旅游体验及消费决策的角度阐述影视旅游的推介作用			

任务3　旅游者购买决策的过程

任务目标

知识目标：掌握旅游者购买决策的过程。

能力目标：通过对旅游者购买决策过程的研究，把握旅游者购买行为背后的规律，提高学生的市场营销能力。

素养目标：培养对旅游者购买决策的分析力。

任务导入

从旅游社交网站说起

旅游社交网站相继成立，希望通过social+travel吸引用户。许多网站在做游记、攻略、点评，质量也参差不齐，现阶段的主要目标是积累用户。

旅游社交的基础是旅游，游记、攻略、点评等都是凝聚用户的方式。通过这些方式吸引并留住用户，将旅游这种低频需求转化成频度稍高的需求，为用户提供消费决策支持，是旅游和社交的结合点。所以，携程做了驴评网，同城做了一起游，目的很明确，趁着社交网站的风头正劲，给刚预热的旅游市场推波助澜。同时，希望形成一个闭环，用户在"产生兴趣—选择—购买"这个过程中在企业旗下的网站都能完成，不会流失。

现今的旅游网站在需求满足上仍有许多不尽如人意之处，除了在线预订部分，其他项目仍有较大的改进空间。

1.选择目的地

可能是在某个电视节目或某本书上看过，于是心驰神往，也可能是朋友推荐说那里不错，还可能是正好看到去某地的特价机票。想去的理由很多，如果能结合自己的经济情况、偏好等可衡量的筛选条件，选择会更简单。

2.查阅目的地攻略

攻略的呈现方式多是个人帖，零散不全面。马蜂窝推出的App旅游攻略解决了这个问题，但选用pdf的方式在使用中多有不便。

3.制订旅行计划

去哪儿网推出了自定义旅行攻略，用拖曳的方式将景点添加到自己的计划中，帮助游客自动生成旅行路线，计算旅行花费。一直认为，旅行是一件随心的事，旅途的乐趣在于不经意的路过和发现，按部就班的行程更像到此一游的凭证。最常用的还是纸笔，记录几个想去的地方，然后把地理位置较近的圈在一起。实际上，计划赶不上变化，不在乎到了哪儿，也不在乎有没有按照行程走。那么旅行计划必要吗？嗯，必要。

旅游社交网站在攻略推荐和旅行计划上有先天的优势，特别是基于熟人关系的社区，推荐的信息更有参考价值。对于团队旅游，该网站还有发起活动、安排行程、报名、制作通讯录等常用功能。旅游这类低频的社交活动，不同于微博里的吃喝拉撒、豆瓣里的读书，仅凭内容和氛围想留住用户，难上加难。能让用户用起来，有相同的需求时再回到这里，已经是成功。

4.行程中和行程后

对于自己想做的事，一方面是随手记录和分享，边走边拍照边发图；另一方面是memory，用来回忆旅程中的人和事。理想的状态是不用辛苦地筛选和编辑照片，也不会因为忘了写游记而让这段记忆有所疏漏。但现在的旅游社区更关注的是图片和攻略的质量，这好像是旅游社区和用户行为间不可调和的矛盾，网站不断引导用户上传精美的图片和事无巨细的攻略，试图营造旅游社区美好的氛围，而用户通常分享的可能是用手机拍的路边摊贩，上传的攻略也没有经过细想。

旅游的需求一直在变，曾经的旅行社，现在的自由行，出国也不是什么难事了。除了时间和经济方面的因素，如果互联网产品能解决用户在旅游时遇到的大多数问题，让没有安全感的人不再担心因准备不充分而发生意外，不再为订房、订票、做攻略而忙得焦头烂额，能够充分享受旅游的每时每刻，就会有更多的人愿意在路上，并将旅游当作生活的一部分。到那个时候，旅游网站的美好时代才真正来临。

资料来源　王洛堇. 从旅游社交网站说起［EB/OL］.［2012-03-11］. http://www.wangxuntian.com/%E4%BB%8E%E6%97%85%E6%B8%B8%E7%A4%BE%E4%BA%A4%E7%BD%91%E7%AB%99%E8%AF%B4%E8%B5%B7/.

问题：

网上收集信息的渠道越来越多，但这种收集信息的渠道也有不少问题，那么如何在网上找到自己需要的有用的东西呢？

学一学

旅游者产生想要外出旅游的动机后，就会采取一定的措施，这种将旅游动机转化为购买行为的过程，我们称为旅游者购买决策过程。旅游者购买决策过程是一系列相互关联的购买行为的一个动态表现，从产生购买行为之前一直延续到产生购买行为之后的很长一段时间，贯穿于整个购买行为中。通过对旅游者购买决策过程的分析，旅游销售人员可以了解旅游者在购买过程中的心理特点，从而针对这些特点采取适当的措施，影响旅游者的购买决策过程，促使销售活动顺利进行。

旅游者购买决策的过程一般分为5个步骤：认识需求、收集信息、判断选择、购买决策、购后行为（见图5-3）。

认识需求 → 收集信息 → 判断选择 → 购买决策 → 购后行为

图5-3　旅游者购买决策的过程

一、认识需求

旅游者首先要认识到自己所需要的旅游产品的功能，然后才会选择购买，因此认识需求是旅游者购买决策过程的第一个阶段。

旅游者对旅游的需求可能是由内部因素引起的，如在高强度的工作压力下，身心疲惫而需要外出娱乐、休闲；也有可能是由外部因素引起的，如某个娱乐节目在介绍九寨沟的美景，这时旅游者就会萌发出想要去九寨沟的冲动。由内部因素引起的需求源于旅游者的生理需求，而外部因素包括一切能够激发旅游消费动机的因素。

一般来说，旅游者的旅游需求是以下两个方面共同作用的结果：

一是理想状态与感知状态之间差距的大小。例如，某位游客跟团出游，他希望旅游过程中的饭菜美味精致，但现实中所在那家饭店的饭菜只有美味，却没有做到精致。这时候，理想状态与感知状态之间存在差距，但综合各方面因素进行考虑，这个差距相对来说还是比较小的。同时，由于没有受到其他因素影响，因此这种差距并没有让这位游客产生更换另外一间饭店的想法。

二是需求的相对重要性。虽然现实状态与理想状态之间产生了巨大的差距，但是如果该旅游消费相对于其他消费来说重要性和紧迫性不大，那么游客也不一定会进入下一步决策程序。

对旅游市场营销人员而言，他们必须了解自己的旅游产品可以满足旅游者的哪些内在需求，以及通过哪些外在刺激来引发人们对旅游产品的需求。一项旅游产品能够满足旅游者的需求越多，就越受旅游者的欢迎。在这一阶段，旅游市场营销人员要努力唤起和强化旅游者的需要，并协助旅游者确认需要，从而创造需求。

二、收集信息

旅游者认识到自己的旅游需求后，就会对自己所需要的商品或者服务产生兴趣，从而有意识地去收集与该商品或者服务相关的信息，这时候便会自动进入购买决策的另一个阶段——收集信息。收集信息是旅游者购买决策的调研阶段。当然，对于第二次购买的商品或者服务，旅游者就会自动省略这个阶段，因为在这个阶段，旅游者需要收集的信息在过去已经收集过，并被旅游者掌握。

每个人收集信息的方法是不一样的，一般来说，旅游信息的来源主要有以下四个方面：

（一）旅游市场

旅游者在旅游市场中获得的信息主要包括旅行社销售人员介绍的信息、旅游产品广告信息等。不过，这些信息对旅游者来说，可能会与自己理想中的状态产生一定的差距，旅游者可以选择相信，也可以根据自己的实际经验做出选择。不过，旅游者的旅游信息通常都是在旅游市场中获得的。

（二）相关群体

相关群体主要是指家庭成员、亲友、邻居、同事等。通过相关群体获得的信息都是典型的从外部获得的信息，这些信息掺杂了很多主观感受，信息的准确度不高，但仍然有很多人喜欢从这个渠道获得信息。

（三）公众

公众信息的获取范围比较广，可以是报纸、杂志、广播、电视等大众传播媒介，也可以是网络上有关旅游产品的介绍和评论，还可以是政府或其他组织的评奖。

（四）个人经验

旅游者还可以通过自己的旅游经历、联想获得信息。

旅游信息来源示意图见图5-4。

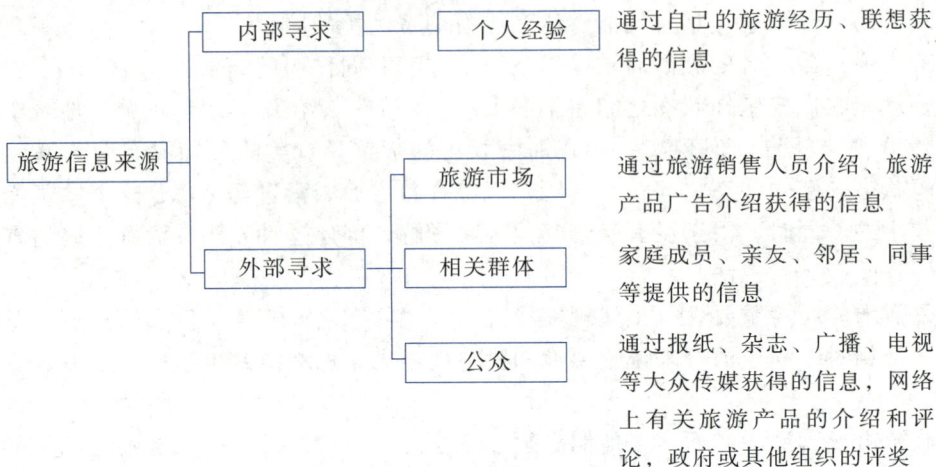

内部寻求	个人经验	通过自己的旅游经历、联想获得的信息
外部寻求	旅游市场	通过旅游销售人员介绍、旅游产品广告介绍获得的信息
	相关群体	家庭成员、亲友、邻居、同事等提供的信息
	公众	通过报纸、杂志、广播、电视等大众传媒获得的信息，网络上有关旅游产品的介绍和评论，政府或其他组织的评奖

旅游信息来源

图5-4　旅游信息来源示意图

总之，不同来源的信息对旅游者购买决策都有不同程度的影响，获得的信息越多，越有利于旅游者做出购买决策。因此，旅游者应根据自身的实际需要正确选择信息来源，以获得更多的信息。

三、判断选择

判断选择是指旅游者通过不同的渠道收集到自己想要的信息后，对信息进行分析、整合、判断，从而形成自己的观念和倾向。旅游者在判断选择的过程中会涉及一系列标准，而这些标准一般由商品的客观属性和旅游者的态度共同产生，称为旅游者对属性的态度。旅游者对属性的态度会对商品的选择产生重大影响，而且旅游者的想法和态度是十分复杂的。例如，对于旅游过程中餐厅的选择，旅游者会从餐厅的价格、菜系、地理位置、就餐环境的舒适度等方面进行考虑，并且每个人考虑的重点都是不一样的。

总体来说，旅游者对旅游产品的属性、价格和优惠、旅游企业的品牌形象和旅游者评估程序有更多的关注。

（一）旅游产品的属性

这是指旅游产品能够满足旅游者某种需要的功能。不同的属性受旅游者关注的程度是不一样的，旅游者关心的是与自己的需求相关联的产品的属性。

（二）价格和优惠

旅游产品的价格是影响旅游者判断选择的一个最基本的评估标准。对于收入较低的旅游者，价格往往是他们选择是否消费的最重要的标准。价格能够影响旅游者对旅游目的地的选择，对交通方式、住宿和餐饮标准的选择等。同时，优惠也会影响旅游者的判断，如果之前去日本双飞8天需要7 999元，而现在只需要5 999元，那么可能会有更多的人选择去日本。

（三）旅游企业的品牌形象

旅游者经常把旅游企业的品牌形象作为衡量旅游产品质量的指标，他们认为品牌形象越好，旅游产品的质量也越好。旅游者愿意将各种旅游品牌综合在一起进行评价，最终选择品牌形象更好、产品质量更优的企业。同时，旅游者对获奖商标、著名企业的青睐度也更高。

（四）旅游者评估程序

对于准备出游的旅游者来说，他会将自己收集到的信息罗列出来，然后选出几个自己感兴趣的旅游目的地，计算出去这些景区的预算，最后根据旅游企业品牌形象的好坏给这些景区进行打分，选择性价比最高的景区作为最终的旅游目的地。

四、购买决策

购买决策即做出购买现实旅游产品的决策，它是旅游者购买决策过程的中心环节。旅游者认识到自己的旅游需求，并对收集到的信息进行评价后，对于评价高的产品就会形成购买意图，但这并不意味着旅游者能够立刻做出购买决策。在这个过程中，旅游者还会受到其他人的态度、意外情况等因素的影响，综合考虑后才会做出购买决策。

（一）其他人的态度

其他人的态度会对旅游者做出购买决策的行为产生影响，而这个影响的强度取决于两个方面：一是旅游者是否认可其他人提出的建议，如果旅游者完全不同意其他人的观点，那么其他人对旅游者的影响就非常小；二是其他人对旅游者的影响力，例如，妻子想要去日本旅游及购物，但是丈夫坚决反对，这时候妻子就极有可能改变或者放弃去日本旅游的意图。

（二）意外情况

购买决策一般是在预期情况下确定的，如果遇到意外情况，购买决策也可能会被更改甚至取消。例如，临时需要加班，或者突然被聘用单位解雇，或者旅游目的地政局不稳定，或者旅游目的地突然发生自然灾害等，都属于意外情况，最终都会迫使旅游者的购买决策发生变化。

五、购后行为

购后行为从表面上来说是指购买旅游产品后的行为。购买行为是购买决策的"反馈"阶段，它不仅意味着本次购买行为的结束，也是下次购买或者不购买行为的开始。如果旅游者认为自己买到了预想中的旅游产品，就会对这次购买的旅游产品产生好感，甚至会再次购买；如果旅游者不满意该旅游产品的服务和质量，接下来就会选择购买其他旅游产品。

旅游者对其购买行为的满意度，是其对旅游产品的期望和旅游产品的可察觉性能的函数，用公式表示如下：

$$S = F(E,P)$$

式中：S——旅游者对其购买行为的满意度；

E——旅游者对旅游产品的期望；

P——旅游产品的可觉察性能。

若 E = P，则旅游者感到满意；

若 E < P，则旅游者感到很满意；

若 E > P，则旅游者觉得不满意。

旅游者对其购买行为的满意度决定了旅游者以后是否会重复购买该旅游产品，以及对该品牌的态度，这些还会影响其他旅游者，形成连锁反应。

做一做

江西风景独好·"两天半"周末旅游线路设计

背景资料：

国务院印发文件，明确提出"鼓励错峰休假和弹性作息"，鼓励有条件的单位在夏季推行"周五下午+周末"的两天半小短假。如果有那么一天，两天半小短假降临在你身上，那么在江西到底该怎么玩？

为此，江西省旅游发展委员会率先响应，于2015年8月20日至9月30日举办"江西风景独好·'两天半'周末旅游线路设计大赛"。

从江西省旅游发展委员会获悉，这次"江西风景独好·'两天半'周末旅游线路设计大赛"吸引了众多业内人员和爱好者的参与，截至2015年9月10日，大赛组委会共收到参赛线路269条，涵盖了"最佳山水""最佳养生""最佳徒步""单景区'两天半'深度体验之旅"等11类线路。

此次大赛恰逢"两天半休假"这一社会热点，因此参与度和传播度都非常高，甚至吸引了上海、浙江和吉林等外地居民的参与。在征集的269条线路中，"最佳山水"旅游线路参赛作品最多，达50条；"最佳红色""最佳摄影""最佳亲子""最佳自驾""最佳养生""最佳乡愁""最佳宗教文化"旅游线路参赛作品均有20~30条。此外，"最佳高铁"和"最佳徒步"等旅游线路也吸引了许多人参赛。

本次参赛线路涉及的景区不仅有庐山、井冈山、三清山和龙虎山等传统著名景区，还有篁岭、庐山西海、富田古村、灵山、大茅山和怪石林等后起之秀，几乎涵盖了江西的主要旅游景区，可谓丰富多彩。

此外，本次参赛的旅游线路更加注重单个或者两个景区的深度体验之旅，让旅游不再停留在"到此一游"，共有18条"单景区'两天半'深度体验之旅"线路在此惊喜涌现。这些深度体验线路的涌现，一方面得益于交通工具（特别是高铁）的快速发展；另一方面得益于江西旅游服务业的日臻发展和完善。

江西省旅游发展委员会相关负责人表示，为了让旅游线路更加贴近市场、贴近游客、贴近需求，本次征集的269条线路将展示在江西省旅游发展委员会的官方微信公众号"江西风景独好"上，由大众投票选出十佳"两天半"周末旅游线路和十佳单景区"两天半"深度体验之旅线路。

据悉，本轮投票环节将评选出入围奖 50 名（每类 10 名），获奖者均可获得丰厚奖金。此外，在大众投票期间，还将每天从微信和微博中随机抽取幸运粉丝，被抽中的粉丝可根据自身喜好选择一条十佳线路免费进行体验。

小资料：江西风景独好·"两天半"周末旅游线路设计大赛获奖名单

资料来源　刘定乐. "两天半"如何玩转江西　十佳线路请你设计［EB/OL］.［2015-08-21］. http：//www.huaxia.com/jx-tw/zjjx/jrjx/2015/08/4530210.html.佚名. 江西引发"两天半"周末旅游线路设计热潮［EB/OL］.［2015-09-16］. http：//jx.ifeng.com/travel/dt/detail_2015_09/16/4351061_0.shtml.

实训内容：

1.以小组为单位，研讨"江西风景独好·'两天半'周末旅游线路设计大赛"的积极意义。

2.教师组织一场针对当地旅游线路的市场营销活动，每个小组运用"旅游者购买决策过程"的知识点，将自己策划的旅游线路推销出去。

实训目标：

通过对旅游者购买决策过程的研究，把握旅游者购买行为背后的规律，提高学生的市场营销能力。

实训组织：

1.查找有关江西的旅游资源，研讨举办"江西风景独好·'两天半'周末旅游线路设计大赛"的积极意义。

2.向班里的同学展示自己小组的旅游线路策划及推广方案。

实训记录：

1."江西风景独好·'两天半'周末旅游线路设计大赛"的积极意义：

_____

_____

2.旅游线路：

_____

_____

3.推广方案：

_____

_____

效果评价

1.以小组为单位组织交流、研讨。

2.每个小组推荐 1 名成员做主题发言，从小组互评、教师评价两个方面进行评分，见表 5-4。

表5-4　　　　"江西风景独好·'两天半'周末旅游线路设计"训练项目评价表

项目主题 （分值）	评价指标 （分值）	标　准	小组互评 （20%）	教师评价 （80%）	最后得分 （100%）
江西风景独好·"两天半"周末旅游线路设计 （100分）	课堂研讨表现 （40分）	小组研讨组织得当，全员参与，研讨知识、方法、技术运用正确			
	主题阐述 （60分）	阐述的内容具有可行性，效果良好，观点新颖、独特，重点考核对"江西风景独好·'两天半'周末旅游线路设计大赛"的积极意义的评价情况、旅游线路策划及推广方案的设计情况			

■ 本章小结

音频：听我学5

　　购买行为是个人、群体或组织挑选、购买、使用和处置产品、服务来满足自身需要和欲望的过程。旅游者购买行为是指旅游者为了满足其旅游需要，在旅游动机的驱使下产生的，以货币换取旅游产品和服务的实际行动。

　　旅游者购买行为研究的核心问题是了解旅游者对各种营销刺激的反应，其中最具有代表性的就是"黑箱"模式。旅游者购买行为的刺激因素包括两类：一类是市场营销刺激，即旅游市场上各类旅游产品的品牌、价格、地点、促销等信息对旅游者的刺激；另一类是其他刺激，包括旅游者所处的经济、技术、政治、文化等社会环境的刺激。分析旅游者购买行为是旅游市场营销决策的基础，是旅游企业提供个性化服务的条件，是旅游企业引导旅游者购买行为的前提。

　　旅游者购买行为受文化因素、社会因素、个人因素、心理因素的影响。其中，文化因素包括文化背景和亚文化；社会因素包括社会阶层、相关群体、家庭成员和角色；个人因素包括年龄、职业、生活方式、健康状况和居住地；心理因素包括旅游者需求、动机、学习和态度。

　　将旅游动机转化为购买行为的过程，我们称为旅游者购买决策过程。旅游者购买决策的过程一般分为5个步骤：认识需求、收集信息、判断选择、购买决策、购后行为。认识需求是旅游者购买决策过程的第一个阶段。旅游者认识到自己的旅游需求后，就会对自己所需要的商品或者服务产生兴趣，从而有意识地去收集与该商品或者服务相关的信息，我们把这个阶段称为收集信息。收集信息是旅游者购买决策的调研阶段。收集信息的渠道主要包括旅游市场、相关群体、公众和个人经验。判断选择是指旅游者通过不同的渠道收集到自己想要的信息后，对信息进行分析、整合、判断，从而形成自己的观念和倾向。购买决策即做出购买现实旅游产品的决策，它是旅游者购买决策过程的中心环节，这个环节还会受到其他人的态度、意外情况等因素的影响。

■ 挑战自我

文明看世界　景美人更美

目前，我国旅游总人次已居世界第一位。相关数据显示，2017年，我国国内旅游人数达50亿人次，入境旅游人数达1.39亿人次，出境旅游人数达1.29亿人次。在越来越多中国人走出国门看世界的大潮中，虽然只有极少数游客存在不文明行为，却严重影响了中国的国家形象。近年来，在各有关部门的联合治理下，中国公民出境游素质稳步提升，中国游客日益展现出文明有礼的大国公民风采。

"不以规矩，不能成方圆。"近年来，我国政府在陆续开放新的出境游目的地、丰富民众出境游选择的同时，也更加重视制定出台规范旅游市场的政策法规。《导游管理办法》《关于促进交通运输与旅游融合发展的若干意见》等文件的实施，有助于进一步明确行业规范。据了解，地方层面也将有相应的条例出台，南京市将于2018年3月实施《南京市旅游条例》，其中明确规定了对8种不文明行为的惩治措施。在出台政策、完善规章制度的基础上，着力加强对政策、规章的宣传，切实保障落实成效。天津、浙江等地公安机关出入境管理部门在《中国公民出国（境）旅游文明行为指南》的基础上，吸收不同国家的法律法规、风俗习惯等内容，印制成内容翔实的宣传资料，在办证窗口免费发放或随出入境证件一并邮寄给申请人，从而取得了良好的文明知识宣传普及效果。

各部门对出境游的管理抓关键、重实效。一是抓重点人群。通过将文明出境游观念贯穿于日常教育、游前把关和游中管制的方式，逐步提升散客文明旅游素养。二是抓重点时段。目前，国内很多景点通过调整高峰和低谷时期景区门票的价格，以及限制高峰时期人流量等措施来避免景区超负荷运转，在提高出游质量的同时也有助于景区的可持续发展。三是抓重点环节。紧紧抓住出境游客必经的护照关、出境关、交通关等环节，加强相关审查和教育引导。

善用信用机制，激励守信、惩戒失信，充分发挥正面榜样作用和反面警示作用，是近年来文明出境游管理的重要方式。在全国旅游行业内征集文明旅游先进事迹，宣传各地开展文明旅游的做法，挖掘"好游客""好导游"的典型事迹进行广泛宣传，弘扬文明旅游正能量。交通管理部门致力于发挥交通运输信用体系的作用，持续推进民航客运、高铁客运"旅客黑名单"制度建设。这一制度将行为不文明、违反有关规定的乘客信息及时纳入个人信用记录，限制其选择高品质的运输服务与公共出行方式，提高了违规、违法的成本。

在文明出境游的治理中，媒体是不可缺少的一环。近年来，各媒体开展网络宣传和场所宣传，重视发挥好中央媒体主渠道、风向标的作用，同时充分发挥百度、腾讯、新浪等重要网络企业在营造风清气正的文化氛围中的重要作用。2017年国庆节期间，以"每个人都是一道亮丽的风景线"为主题制作的一批文明旅游公益广告、《人民日报》推出的"文明出游展风采"专栏、新华社推出的《联合国世界旅游组织秘书长：中国为世界旅游业发展提供了范例》等专访报道，都取得了良好的社会反响。中旅总社针对人们的不文明行为编写了"十大陋习不要有"顺口溜，该顺口溜凭借朗朗上口的韵律在群众中得到广泛传播，传递了文明旅游风尚。

资料来源　张贺，林哲艳. 文明看世界　景美人更美［N］. 人民日报，2018-02-16（06）.

问题：

请结合所在学校的实际情况，利用课外时间，开展一次"大学生文明旅游"公益宣传活动。

拓展空间

以所在城市的某个景区为代表，开展景区概况、景区资源调查，并收集游客在OTA（旅游电子商务网站，如携程网、去哪儿网等）的网络游记、评价文本，进行景区游客消费满意度调查。

要求：查找景区统计数据、文献资料，对景区的现状及旅游资源优势进行分析，重点对门票价格、景区环境、配套设施、交通状况、服务人员的态度、景区文化等方面进行系统调查。同时，结合景区游客消费满意度调查，提出有针对性的改进策略。

项目六

旅游产品策略

■ **项目概述**

　　旅游产品策略是研究旅游市场营销策略的重要基础，其解决的是根据旅游者的需求"创造价值"的焦点问题。随着旅游业的迅速发展，旅游产品的生命周期趋短，更新频率加快。旅游产品策划的对象已不单纯是观光旅游产品，而是多元整合型、体验型旅游产品。旅游者也越来越关注旅游产品的质量、旅游产品的人性化设计。旅游企业应该从旅游者的实际需求出发，设计受市场欢迎的旅游产品，并运用旅游产品生命周期理论，实施旅游产品组合策略、品牌策略。

■ 项目结构

任务1 认识旅游产品的整体性

任务目标

知识目标：掌握产品的整体概念，以及旅游产品的定义、层次。

能力目标：能对核心产品、形式产品、期望产品、附加产品、潜在产品进行划分，并策划相应的旅游产品组合。

素养目标：培养旅游产品策划的创新思维。

任务导入

海南离岛免税"金名片"越擦越亮

2018年9月1日9时50分，位于海棠湾的三亚国际免税城正门前排起了长长的队伍，不少市民和游客一大早便在店外等候营业。不久，大门徐徐打开，免税城内的服饰、箱包、香水、化妆品、手表等专柜前很快人潮涌动。

"今天是免税城4周年庆，优惠力度很大，没想到在三亚旅游期间还能选购物美价优的国际一线品牌产品，这趟值了！"正在排队的山西游客陈冠先说。这里既有国际高端产品，也有海南本土特色工艺品、特色食品，在海棠湾逛免税店已成为他和家人来海南旅游的重要行程。

据不完全统计，店庆当天，三亚国际免税城接待人数逾2.6万人次，购物人数逾1.5万人次，实体店、网上商城免税品营业收入超过5 400万元人民币，同比增长13.2%。

这是离岛免税购物政策效应在海南持续释放的生动缩影。

海南离岛免税购物政策自2011年4月20日起实施，历经多次调整，政策效应不断释放，从而促进了海南旅游业提质增效，为海南经济的发展注入了新的活力。如今，离岛免税购物政策已然成为擦亮海南的一张"金名片"，并助力海南打造国际旅游消费中心。

政策效应持续释放

2009年初，海南向国务院提出离岛免税购物政策申请；2011年，离岛免税购物政策顺利获批。在省委、省政府的推动下，离岛免税购物政策实施协调领导小组成员单位攻坚克难，积极争取支持，最终促成了离岛免税购物政策试点的落地及全面实施。

2012年11月，离岛免税购物政策经历了首次调整。每人每次免税购物限额由原来的5 000元人民币调整至8 000元人民币，增加了美容、保健器材等3类免税商品，并逐步放开了一些商品的单次购物数量。

2015年3月，离岛免税购物政策再度调整，离岛免税品类由21大类增至38大类，满足了游客对进口产品的不同需求。

2016年2月，离岛免税购物政策迎来又一次完善和创新。除了取消非岛内居民旅客购物次数的限制，每人每年累计免税购物限额不超过16 000元人民币外，三亚海棠湾免税店和海口美兰机场免税店还获准开设网上销售窗口。

2017年1月，为进一步促进海南旅游业的发展，国务院批准海南离岛旅客免税购物实施第4次调整，将免税购物对象扩大到乘坐火车离岛旅客。

2018年12月1日，离岛免税购物政策执行新标准：含海南省在内的离岛旅客，每人每年累计免税购物限额增至3万元人民币，不限次；免税清单中增加部分家用医疗器械商品。

"离岛免税购物政策的每一次调整都使免税购物销售额得到20%以上的增长，政策释放效应明显。"省财政厅负责人说。

来自免税店的经营数据更是深度折射出了离岛免税购物政策的巨大吸引力。

"三亚国际免税城的销售业绩随着政策的释放呈现稳定增长。2014年游客接待量达420万人次，销售额达33亿元人民币。2017年游客接待量达551万人次，同比增长23%；销售额达56亿元人民币，同比增长41%。"三亚国际免税城相关负责人说。

促进海南旅游业提质增效

"这已经是我第二次购买免税品选择乘坐火车携运出岛了，真的很方便。"来自广州的游客王女士说，"只要提前一天在网上下单或者在实体店购买免税品，第二天坐车前携带身份证和车票到提货点就可以提上货，还可以享受进入软卧候车室休息和提前上车的服务，我对购物提货流程感到很满意。"

据海口海关统计，2018年1—7月，乘火车离岛旅客提取免税品3.58万件，同比增长23%；销售总额达2 012.66万元人民币，同比增长11.8%。

"海南火车离岛免税购物政策是离岛免税购物政策的重要组成部分，该政策拓宽了离岛旅客免税购物渠道，为旅客提供了更加多元化的服务。"海口美兰机场海关相关负责人说。

自离岛免税购物政策实施以来，已有越来越多的国内外游客来海南观光购物，海南的旅游链得到了充分延伸。免税购物在促进海南旅游业提质增效、拉动内需并影响游客消费结构等方面的作用日益显现。事实证明，海南实施离岛免税购物政策后，岛内的旅游购物实现了从低质低端逐步向时尚高端的转型，旅游产品结构正逐步优化，旅游竞争力明显提高。

"海南离岛免税购物政策丰富了海南旅游产品体系，提高了海南旅游的知名度和影响力、竞争力，创造了更多的就业机会，带动了海南旅游及相关产业的发展。"海南省财政厅负责人说。

助力打造国际旅游消费中心

在对海南旅游要素重要性排名的调查中，免税购物已超越民俗文化和传统美食，成为海南省仅次于自然景观和气候环境的第三大重要旅游资源。

来自海口海关的统计数据显示，自离岛免税购物政策实施以来，销售额、购物人次及销售件数均保持快速增长，2017年离岛免税品销售额已突破80亿元人民币，海口、三亚两家免税店共缴纳中央和地方税收超20亿元人民币，直接创造就业岗位超过3 000个。

与此同时，海南旅游产品不断丰富。海南旅游产品结构由过去的观光为主向观光、购物并举发展，海南旅游从3S变成了4S，除阳光、沙滩、大海又增加了免税购物，从而有效增强了海南旅游对海内外旅客的吸引力。

资料来源　梁振君，林诗婷.海南离岛免税"金名片"越擦越亮［N］.海南日报，2018-09-17（007）.

问题：

1.从游客旅游需求的角度分析，海南旅游产品创新体现在哪些方面？

2.旅行社如何结合离岛免税购物政策，对旧的旅游线路进行"翻新"？

学一学

一、产品的整体概念

按照人们通常的理解，产品是指具有某种物质形态和用途的劳动生产物。这是从生产者的角度去看待产品，主要强调产品的物质形态和用途，因此是狭义的产品概念。现代市场营销学是从消费者的角度理解产品的，因此比传统的产品概念有更广泛的含义。现代市场营销学认为，产品是指能提供给市场，供使用和消费的可满足某种欲望和需要的任何东西，包括实物、劳务、场所、组织、思想等。从这个角度出发，产品应包括以下三个层次（见图6-1）：

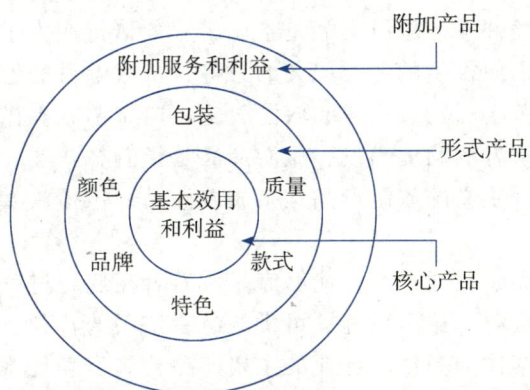

图6-1　产品的构成

（一）核心产品

核心产品是指产品能够向消费者提供的最基本的效用和利益。任何产品都有一定的使用价值，这种使用价值体现了产品的实质，而核心产品就是这种使用价值最主要的载体。人们通过对核心产品的消费，可以获取一定的效用和利益。毫无疑问，核心产品是产品整体概念中最重要的部分，是产品能够进行交换的基础。

（二）形式产品

企业需要将核心产品转变成有形的产品，以便卖给消费者，即满足消费者需要的各种产品形式，如产品的质量、款式、特色、品牌、颜色、包装等，这就是形式产品。可见，形式产品是核心产品的外在表现。在激烈的市场竞争中，消费者主要通过形式产品对各种产品加以比较和认识。

（三）附加产品

附加产品又称延伸产品，是指消费者在购买产品时所得到的附加服务和利益。附加产品是产品的延伸部分，包括提供信贷、免费送货、技术培训、安装维修、售后服务等。在产品供不应求的卖方市场上，企业只注重核心产品，产品照样能卖出去，但随着市场竞争的加剧，形式产品和附加产品在产品整体概念中的地位显得越来越重要。美国市场营销学家莱维特对此这样阐述："未来竞争的关键不在于企业能生产什么产品，而在于其产品所提供的延伸价值，如包装、服务、广告、用户咨询、购买信贷、及时交货和人们用价值来衡量的一切东西。"因此，现代企业必须树立产品的整体概念，充分认识消费者需要的整体性，通过销售具有综合服务能力的整体产品，使消费者多方面的需求得到满足。只有这样，企业才能在激烈的市场竞争中求得生存和发展。

二、旅游产品

（一）旅游产品的定义

旅游产品是旅游市场的核心。旅游产品是一个综合性概念，有广义和狭义之分。本书主要研究广义的旅游产品，即总体层次上的旅游产品（包括吃、住、行、游、购、娱等方面）。广义的旅游产品是从旅游供给或旅游者的角度进行定义的，其中典型的定义主要有：旅游产品是指旅游经营者为了满足旅游者的物质与精神需要，向旅游市场提供的一种特殊产品；在市场经济条件下，旅游产品是指旅游服务诸行业为了满足旅游者在旅途中的生活需要和旅游活动需要而提供的各类服务的总称；从旅游目的地的角度出发，旅游产品是指旅游经营者凭借旅游吸引物、交通和旅游设施，向旅游者提供的用以满足其旅游活动需要的全部服务；从旅游者的角度出发，旅游产品是指游客花费一定的时间、费用、精力所换取的一次旅游经历。狭义的旅游产品是指旅游商品，包括旅游消费品、旅游日用品和旅游纪念品等。

本书认为，旅游产品是指通过交换能够满足旅游者在旅游过程中所需要的产品和服务的总和。它既包括旅游资源、旅游设施、可供旅游者使用的各种物品，也包括各种形式的旅游服务。例如，饭、菜作为餐饮服务业的主要产品，用于满足旅游者吃的需求；宾馆的客房作为一种旅游产品，可以满足旅游者住宿的需求；交通工具可以帮助旅游者实现空间位移，从而满足旅游者对行的需求；旅游景点、旅游商品和娱乐设施能够满足旅游者在游、购、娱等方面的需求。此外，通信、保险、金融、医疗等均可作为一种旅游产品，满足旅游者在旅游过程中的某种需求。因此，只要在旅游市场上形成一种需求，就会相应地产生一种旅游产品去满足这种需求。也就是说，旅游产品除了包括有形的实物产品，还包括无形的服务，在一定程度上甚至可以说，无形的服务更能决定一个旅游企业的成败，无形的服务在旅游产品中所占的比重将会越来越大。

（二）旅游产品的基本特征

在市场营销策划活动中，我们尤其应该关注旅游产品的综合性、无形性和风险性。

1.综合性

从旅游产品的构成来看，旅游产品是由旅游资源、旅游设施、旅游服务等诸多要素组合而成的，其中既有有形部分，也有无形部分，这体现了旅游产品的综合性。

2.无形性

旅游产品的主体内容是旅游服务，旅游服务的购买和消费是看不见、摸不着的，只能通过旅游者的体验来感觉产品质量的好坏，这体现了旅游产品的无形性。

3.风险性

旅游产品是一种较为脆弱的产品，容易受到很多因素的影响，从而造成了旅游产品供给、需求和价格的剧烈变化，进而使其价值和使用价值的实现面临很大的风险，这体现了旅游产品的风险性。

（三）旅游产品的分类

有关旅游产品的分类，除了前文提过的人们普遍采用的分类方法（观光旅游产品、度假旅游产品、专项旅游产品、生态旅游产品），还有多种分类方法。按旅游产品的组成状况分类，有整体旅游产品和单项旅游产品；按旅游产品的形态分类，有团体包价旅游产品、散客包价旅游产品、半包价旅游产品、小包价旅游产品、零包价旅游产品、组合旅游产品、单项服务产品。此外，旅游产品还可以按距离、计价形式、费用来源和旅游方式分类。

案例窗6-1　　　　休闲农业开发——三亚亚龙湾国际玫瑰谷

亚龙湾国际玫瑰谷位于中国海南省三亚市亚龙湾国家旅游度假区内，占地面积达2 755亩，是一个以"美丽·浪漫·爱"为主题，以农田、水库、山林的原生态为主体，以玫瑰花为载体，集玫瑰种植、旅游休闲度假、玫瑰衍生产品加工、玫瑰文化展示于一体的亚洲规模最大的玫瑰谷，是"亚龙湾玫瑰风情产业园"项目的重要组成部分之一。

"亚龙湾玫瑰风情产业园"项目包括"玫瑰种植生产""玫瑰衍生产品加工、研发和商贸""农业休闲观光""浪漫主题度假""玫瑰文化博览观光""玫瑰风情小镇"六大板块。

园区引种、试种玫瑰品种超过2 000种。其中，可提炼玫瑰精油的食用玫瑰和世界上最流行的优良切花品种有16个，包括金奖章、黑魔术、卡罗拉、坦尼克、萨曼莎、梅朗口红、维西利亚、朝云、约会、彩云、红双喜、绯扇、芬达拉等。

主要特色有：千亩玫瑰花田观赏、生产加工体验、玫瑰衍生产品体验、玫瑰文化知识传播、玫瑰主题婚纱摄影和写真、热带花卉观赏、亲子园瓜果蔬菜采摘体验、玫瑰花采摘体验。

休闲推荐：玫瑰生产标准示范；玫瑰文化博览馆；玫瑰精油、玫瑰护肤品、玫瑰鲜花饼、玫瑰花茶等衍生产品体验馆。

资料来源　作者根据相关资料整理。

案例分析：三亚亚龙湾国际玫瑰谷属于专项旅游产品，其以农田、水库、山林的原生态为主体，突出玫瑰文化，打造国际浪漫风情休闲度假地，助推海南走向"世界蜜月岛"，让玫瑰成为未来海南走向世界顶级度假胜地的一张新名片。

（四）旅游产品的五个层次

1.核心产品

核心产品一般是指旅游吸引物和旅游服务，它是旅游者开展旅游活动最主要的对象和内容，也是构成旅游产品最基本的部分。

2.形式产品

形式产品主要包括旅游产品的质量、特色、风格、声誉及组合方式等，是促进旅游产品的核心价值满足旅游者的生理需求或向心理效应转化的部分，是旅游经营者向旅游者提供的实体和劳务的具体内容。

3.期望产品

期望产品是指旅游者在购买产品时期望得到的与产品密切相关的一整套属性和条件。例如，旅游者住进酒店时，希望床单是干净的，毛巾是新的，提供免费Wi-Fi等。

4.附加产品

附加产品是指旅游者购买旅游产品时获得的优惠条件、付款条件及旅游产品的推销方式等，是旅游者进行旅游活动时所得到的各种附加价值的总和。

5.潜在产品

潜在产品是指通过额外优惠获得的好处，它能够给旅游者带来惊喜和愉悦感。

做一做

"乌镇模式"走出古镇保护与发展的中国样本

背景资料：

浙江省2012年第一季度游客满意度调查公布结果显示，乌镇以82.2分的高分居浙江省5A级旅游景区游客满意度综合指数第一位。

调查结果显示，游客对乌镇周边环境、旅游公共服务、旅游住宿及旅游餐饮等方面的评价较好。"这是'乌镇模式'的成果，体现了乌镇景区积极提升旅游服务质量，不断优化景区旅游环境，努力把乌镇打造成集观光、休闲、娱乐、商务、会议于一体的旅游目的地所取得的重大成效。"相关部门负责人说。

1999年5月，桐乡市委、市政府做出了乌镇古镇保护与旅游开发的重大决策，组建了乌镇古镇保护与旅游开发管理委员会。十几年来，政府始终把环境保护与治理放在首位，把外部环境的治理与居住环境条件的改善作为保护的一项重要内容。其中，乌镇第二期保护工程坚持"保护最彻底，功能最完备，环境最优美，管理最科学"的四最目标，实施了三大工程，在保护古镇的同时，实现了原汁原味的中国江南水乡与世界一流休闲体验型度假区的完美结合。

中外游客在古朴的乌镇水阁间，领略中国最后的枕水人家的神秘风采；乌镇居民则在自家几百年的老建筑里，享受着现代化的文明。如今，在几百年的乌镇老建筑里，有了自来水、卫生间、直饮水和宽带网络，古老的历史与现代文明有机融合在一起。

　　乌镇在古镇工作保护中取得的成果不仅获得了中外游客和当地居民的认可，还获得了中外专家的肯定和赞誉。联合国教科文组织亚太地区主任明嘉杨女士认为："乌镇在发展中国家中成功走出了一条能从当地经济社会条件出发，依靠市场运作机制达到保护历史与开发当地旅游和谐发展的新路子，形成了独有的'乌镇模式'"。

　　"乌镇模式"经验于2012年6月1日在比利时文化名城布鲁日举行的"布鲁日古镇保护论坛"上进行交流与推广，乌镇将与世界各国文化古镇共探历史性小城镇的保护与发展。

　　借势世界互联网大会乌镇峰会的召开和永久落户，乌镇逐渐成为全球瞩目之地。在乌镇，互联网不只是"高精尖"的代名词，更是人们日常生活的智慧需求，乌镇互联网医院、浙江大数据交易中心、5G车联网、百度无人驾驶汽车，乌镇人似乎更早驶入了互联网时代的快车道。从长远来看，旅游业在乌镇产业体系中的比重会下降，但走的肯定是高端路线，自成体系。乌镇将把互联网的最新科技成果与旅游相结合，打造新型旅游业。

图片：乌镇风光

　　资料来源　段菁菁."乌镇模式"走出古镇保护与发展的中国样本［EB/OL］.［2012-05-30］. http://news.ifeng.com/gundong/detail_2012_05/30/14922972_0.shtml?_from_ralated；肖欢欢.乌镇"掌舵人"姜玮："乌镇模式"可以复制［EB/OL］.［2018-02-09］. http://www.gzci.gov.cn/201802/09/145151_52082511.htm.

　　实训内容：

　　以小组为单位，通过查找资料，以"乌镇模式"为例，研讨其模式对所在地区旅游业进行旅游产品创新有何借鉴意义，请举例说明。

　　实训目标：

　　理解"乌镇模式"的核心营销价值。

　　实训组织：

　　1.以3~4人为一个小组，由组长确定小组分工，指定1位发言人在老师提问时向全班报告自己小组的结论。

　　2.小组成员分头查找网络或书籍资料，并在小组内分享、讨论，准备好阐述资料。

　　实训记录：

　　1."乌镇模式"有哪些核心内容？

_____

　　2."乌镇模式"对所在地区旅游业进行旅游产品创新有何借鉴意义？

_____

　　3.举例说明：

_____

效果评价

1.以小组为单位组织交流、研讨。

2.每个小组推荐1名成员做主题发言，从小组互评、教师评价两个方面进行评分，见表6-1。

表6-1　　　　"'乌镇模式'走出古镇保护与发展的中国样本"训练项目评价表

项目主题 （分值）	评价指标 （分值）	标　准	小组互评 （20%）	教师评价 （80%）	最后得分 （100%）
"乌镇模式"走出古镇保护与发展的中国样本（100分）	课堂研讨表现（40分）	小组研讨组织得当，全员参与，研讨知识、方法、技术运用正确			
	主题阐述（60分）	阐述的内容具有可行性，效果良好，观点新颖、独特，能依据"乌镇模式"的特点与当地旅游业的特点进行阐述			

任务2　旅游产品生命周期

任务目标

知识目标：理解旅游产品生命周期的概念、特点。

能力目标：学会判别旅游产品的投入期、成长期、成熟期、衰退期。

素养目标：树立旅游产品生命周期的整体营销观念。

任务导入

主题公园如何延长生命周期

图片：上海迪士尼乐园

　　我国虽然已经建成了许多不同类型的主题公园，但其中有不少项目出现了生命周期短的问题。任何产品都有生命周期，主题公园也不例外。

　　上海开建迪士尼乐园，其前景非常值得看好。其中的原因有以下四点：一是有迪士尼这个世界级品牌作保证；二是有上海这个经济发达城市及长江三角洲这个中国第一大经济增长极为客源依托；三是有巨大的度假休闲消费人群；四是有极为便利的交通等基础设施。

　　主题公园延长生命周期的方式主要有两种：一是以迪士尼、环球影城为代表，每一个主题公园都有独特的创意，并且在较短的时间内一次性或分期建设到位，形成足够大的规模和成熟、丰富的产品体系，保持强大的吸引力和竞争力，再通过一定程度的更新，创造适度的新鲜感，增加营销的噱头，从而吸引游客的眼球；二是以深圳欢乐谷等为代表，在较长的时间内，分期开发、滚动开发，通过"建不完的欢乐谷"使新产品次第问世，从而延长产品的生命周期。

与上述相反，国内有些主题公园盲目跟风、一哄而上，由于创意不足、文化表现力差、规模较小、肤浅粗糙，因此其生命周期必然很短，必然难逃"流星"的命运。

主题公园题材雷同的现象在我国旅游主题公园建设的初期比较普遍。就目前而言，题材雷同、主题克隆现象虽然已经有了比较大的改观，但求大、求全的现象依旧存在。"不求唯一，但求第一"仅仅体现在口号上，实际情况很难支撑所谓的"第一"标准。

近年来，主题公园也成为名人故里之争的一个重要载体。除了创造性思维贫乏之外，以文化为表、经济为里的区域竞争白热化是产生这一现象的主要原因。各地争相通过发掘本地的历史、文化资源来建立自信、树立品牌、谋取利益，必然试图通过主题公园的建设来"抢占"文化资源，以取得对文化资源独占的"合理性"，其中不乏恶意竞争、浮躁粗俗的案例。

不仅是题材雷同，中国主题公园更大的问题在于文化主题表现手法的低级化，以及抄袭成风。俞平伯、朱自清曾同游南京秦淮河，然后同题作文，他们却写出了风格迥异的《桨声灯影里的秦淮河》；曹禺的名剧《雷雨》以话剧、电影等多种形式被重拍、翻拍，每一次都震撼了观众。显然，即使题材相同，也并非注定失败。问题是多数主题公园都只有概念，没有独特的创意、独到的表现手法和令人耳目一新的设计，更没有形成精品，所以最终难逃短命的结局。

除此之外，还有一个值得关注的问题：迄今为止，中国的主题公园尚未产生一个具有国际影响力，可以和迪士尼、环球影城相提并论的品牌。相比而言，深圳华侨城集团的欢乐谷已经在深圳、北京、上海、成都、武汉落地，形成了全国性布局，并在亚太地区产生了一定的影响；深圳华强集团的方特欢乐世界也以连锁形式在国内二线城市取得了快速突破。这两者算是国内主题公园的领跑者。

小游戏：主题公园连连看

总之，中国主题公园要想开拓全球市场，还有很长的路要走。

资料来源　刘思敏. 主题公园如何延长生命周期［N］. 中国建设报，2013-02-27.

问题：

以主题公园为例，谈谈景区在旅游产品更新与换代方面如何跟上旅游者需求转变的步伐。

学一学

一、旅游产品生命周期的概念

旅游产品从投放市场开始，到最后被市场淘汰为止的全部过程所经历的时间，称为旅游产品的生命周期。例如，古老的宗教旅游被现代的疗养、度假等新的旅游形式所取代，从古代的士人漫游到现代社会的多种专项旅游，无不体现了旅游产品的生命周期。旅游产品的生命周期包括四个阶段：投入期、成长期、成熟期和衰退期。如果以时间为横坐标，销售额（量）、利润额为纵坐标，则产品的销量、利润等指标表现为一条曲线。

要正确理解产品生命周期的概念，必须注意以下几个问题：

①产品的生命周期不同于产品的使用寿命。产品的使用寿命专指产品的耐用程度，而

产品的生命周期是指产品的市场经济生命，起决定作用的是消费者的需求程度。

②我们研究的产品生命周期，严格地讲，是指产品品种的生命周期。产品种类（如交通、酒店等）、产品品种（如汽车、飞机）、产品品牌（如东方航空公司、中国国际航空公司等）的生命周期各不相同。产品种类的生命周期最长，有些产品种类受许多宏观因素的影响，其周期变化无法预测，几乎可以无期限地延续下去。产品品牌的生命周期很不规律，企业可以长期使用，也可经常变化，同种产品在不同的企业中，其生命周期会有很大差别。产品品种的生命周期最典型，其发展变化过程有一定的规律可循。

③产品的生命周期只是一种理论上的描述。产品生命周期的四个阶段，实际上是按一个产品在市场上的正常发展规律来划分的。产品在市场上的状况受很多因素的影响，许多产品并未按产品生命周期的正常规律发展。有的产品一经上市就急速成长，但很快就进入衰退期，生命周期曲线陡峭而短促；有的产品进入成熟期或衰退期后，又再次出现一个增长期（如饭店在进入衰退期后，经过重新装修，还会赢得市场的青睐，重新进入一个增长期）。

图6-2显示了产品生命周期的不同形态。图6-2（1）说明，当产品进入衰退期时，由于采取了改进措施，产品又进入了一个新的生命周期，但它比前一个生命周期持续的时间短；图6-2（2）说明，某种产品在其生命周期不断延伸的过程中，其销量和利润都在不断递增；图6-2（3）说明，有些产品只有成长期和衰退期，在市场上快速成长，急剧衰退，这主要是一些时尚流行商品；图6-2（4）说明，有些产品从投入市场到成熟需要经历一个十分漫长的过程，这主要是受购买力的制约；图6-2（5）说明，某种产品在进入成熟期后，销量逐步稳定在一定的水平上。这些不同的表现形态，并不是对产品生命周期理论的否定；相反，它们都可以用产品生命周期理论做出恰当的解释。所以，对大多数产品来说，生命周期理论是完全适用的。

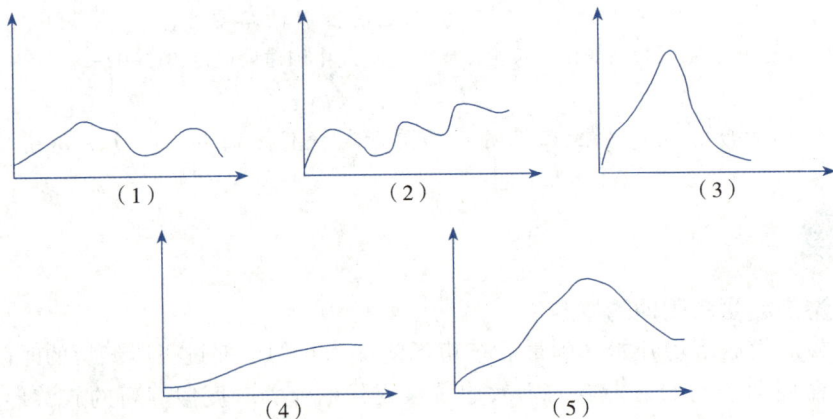

图6-2　产品生命周期的不同形态示意图

④产品生命周期各阶段的判定是很困难的，并没有一个统一的标准，也没有定量分析模型，基本上属于定性分析判断，其分析依据便是产品生命周期各阶段的特点，因此这种判断带有很大的主观随意性。市场营销人员很难识别出目前的产品属于生命周期的什么阶

段，也不能肯定什么时候可以转到下一个阶段。对产品生命周期的判断通常有以下几种方法：

第一，经验判断法。这是指市场营销人员凭借丰富的市场经验，依据产品进入市场后销售额的变化情况，来判断产品处于生命周期的哪个阶段的方法。

第二，销售增长率比值法。这是一种借助经济指标进行分析的方法，即横坐标为时间，用 Δx 表示时间的改变量；纵坐标为销量，用 Δy 表示销量的改变量，用 $\Delta y/\Delta x$ 的值判断产品所处的生命周期阶段。

如果 $0 < \Delta y/\Delta x < 1\%$，则产品处于投入期；

如果 $\Delta y/\Delta x > 10\%$，则产品处于成长期；

如果 $1\% < \Delta y/\Delta x < 10\%$，则产品处于成熟期；

如果 $\Delta y/\Delta x < 0$，则产品处于衰退期。

第三，类比法。这是指根据先期进入市场的同类产品的生命周期发展过程，做出类比推理和判断的方法。

第四，社会普及程度判断法。这是指根据一定市场范围内的社会普及程度判断该产品在该地区市场上所处的生命周期阶段的方法。一般而言，产品普及率小于5%为投入期，5%～50%为成长期，50%～90%为成熟期，90%以上为衰退期。

二、旅游产品生命周期各阶段的特点及营销策略

（一）投入期

1.投入期的特点

处于投入期的旅游产品，如新推出的旅游线路、新开业的酒店、新增加的餐饮产品或种类等，由于刚刚进入市场，消费者对其还缺乏了解，因此销量较低。例如，改革开放之初西餐的推出，由于消费者对西餐的就餐方式及礼仪不甚了解，怕闹出笑话，因此不敢光顾。同时，投入期产品的开发费用较高，又需要投入一定的促销费用，因此旅游产品的成本较高，从而导致旅游企业利润较低甚至亏损。此外，在投入期，由于产品的市场前景还不明朗，因此竞争者很少或者竞争者还不屑于加入。

2.营销策略

在投入期，市场风险很大，能否顺利度过这一时期，关系到旅游企业的生死存亡。因此，旅游企业应采取有针对性的营销策略，以使产品快速通过投入期，营销策略的核心应围绕一个"快"字。具体策略如下：加强对产品的介绍和宣传，即加大促销力度，使消费者熟悉、信赖并购买企业所推出的新产品；利用企业已有的声誉或已有的品牌知名度，提携新产品；加强渠道建设，选择得力的中间商，制定有吸引力的中间商政策，在产品的推广过程中取得中间商的支持与协助；施以有效的刺激手段诱使消费者使用，如免费体验等。

（二）成长期

1.成长期的特点

在成长期，产品销量大幅度上升，利润额飞速增长，成本逐步下降，呈现出光明的市

场前景。由于有利可图，竞争者也开始加入。

2.营销策略

在成长期，旅游企业的营销目标有两点：一是继续维持较高的销售增长速度；二是逐步扩大市场占有率。在这一阶段，旅游企业的营销策略应突出一个"好"字。具体策略如下：

（1）提高质量

提高旅游产品质量及服务质量，进一步改进旅游产品的功能，增加旅游产品的品种，提供更多能够满足旅游者需要的服务项目。

（2）努力开拓新市场

除了维持并增加已有市场的老顾客以外，还要采用适当的营销策略，扩大市场区域范围，进一步做好市场细分，以争取更多的消费者。

（3）提高知名度

促销宣传的重点应由介绍旅游产品转为树立旅游产品形象，宣传旅游产品特色，提高旅游产品及旅游企业的知名度，创立名牌，增强旅游者对旅游企业和旅游产品的信任感。

（4）适当调整价格

在销量不断增加、成本不断下降的基础上，可适当降低价格，以吸引对价格敏感的消费者，同时抑制竞争；对前期价格较低的产品和服务，可适当提高价格，以提升产品形象。

（三）成熟期

1.成熟期的特点

在成熟期，市场基本达到饱和，旅游产品拥有很高的市场占有率，是旅游产品销售的主要阶段，因此这一时期产品的销量最高且相对稳定，但增长速度放慢，一般年销售增长速度为1%~5%，企业利润也达到了最高点。这一时期的竞争也最激烈，达到了白热化的程度，但后期，在竞争中实力不济者开始退出市场。

2.营销策略

成熟期是旅游企业获利的黄金时期，旅游企业应尽可能地延长成熟期，确保已有的市场占有率和有利的竞争地位。因此，该阶段的营销策略应突出一个"长"字。具体策略如下：

（1）开拓市场

开拓市场一般有深度和广度两种途径。从深度上开拓市场，主要是开辟新的细分市场，寻找新顾客，或增加现有旅游者对旅游产品的消费量，争取竞争者的顾客。从广度上开拓市场，主要是拓展市场的空间区域。

（2）改革产品和服务

①产品质量改革。旅游企业应提供符合市场需要的旅游产品，在吃、住、行、游、购、娱等方面全方位满足旅游者的需要；加强基础设施与配套设施的建设，加强环境的治理和整顿，给旅游者提供一个清新整洁的旅游环境。

②服务质量改革。旅游企业应规范服务技巧，注重员工培训，提高员工素质，增强旅

游接待服务标准化建设，增设尽可能多的服务项目，让旅游者满意。

③加强旅游新产品的研制和开发。在这一阶段，由于市场已经饱和，销售增长率趋缓甚至开始下降，而日益变化的旅游市场需求又使得旅游企业无法预知衰退期何时到来，因此旅游企业应使用差异化营销策略，加大新产品的研发力度，满足细分市场的需求，从而达到延长旅游产品成熟期的目的。

（3）改革市场营销组合

旅游企业可以变换市场营销组合中的一个或几个变量来刺激市场需求，如调整产品价格；加强渠道建设，适当调整中间商政策，调动中间商的积极性，开辟多种销售渠道，增加销售网点；改变促销组合方式，加大促销投入力度。同时，旅游企业应注意到竞争对手对这种变化的反应，防止竞争对手反戈一击或模仿，造成竞争格局改变，对企业自身不利。

（四）衰退期

1.衰退期的特点

在衰退期，产品在市场上已经"超龄"、老化，正逐步被市场所淘汰，主要表现为：产品销量开始下降，成本费用开始上升，企业利润明显下降，竞争格局已明朗，胜负已成定局。

2.营销策略

由于消费者的兴趣转移，因此这类产品的销售量开始下降，经营成本上升，维持衰退期的产品通常有很大的市场风险，可能要付出高昂的代价。维持衰退期的产品不仅会使旅游企业的利润受到损失，还会消耗旅游企业的时间和精力，甚至会使旅游企业在声誉上受到一定的影响。旅游企业能否及时、有效地调整营销策略，关系到企业的生死存亡。在这一阶段，旅游企业的营销策略应突出一个"转"字。具体策略如下：

（1）持续营销策略

持续营销策略即继续沿用以往的营销策略，针对原来的目标市场，使用相同的渠道、定价策略和促销手段，直到该产品完全退出市场为止。

（2）集中性营销策略

集中性营销策略即把企业的资金和资源集中在最有利的细分市场和销售渠道上，尽可能取得更大的利润，这样也有利于缩短其他衰退期产品退出市场的时间。

（3）榨取营销策略

榨取营销策略即企业并不放弃衰退期产品，而是尽可能地降低生产成本和各种费用。这样，虽然产品的销量下降了，但通过大幅度降低成本，企业仍能获得一定的利润。

（4）放弃营销策略

对于毫无希望的衰退期产品，企业应立即放弃经营，但应考虑是完全放弃还是逐步放弃，以及放弃的时机。

案例窗6-2 老景区的新活力

时间：2014年2月4日。

路线：成都城区—眉山黑龙滩景区—成都黄龙溪古镇。

2014年2月4日，踏着立春的阳光，我们新春走基层小分队前往天府新区两大旅游功能区。从成都出发，沿成自泸高速驶往黑龙滩景区，路旁田野里的油菜花渐次吐蕊，春的新意扑面而来，而"新意"也是我们小分队在采访途中最深的感受。

上午10点，我们很快抵达了黑龙滩景区首个建成投入使用的休闲度假区——长岛国际旅游度假区。停车场上停满的私家车着实让我们感到意外，更意外的是初五、初六酒店已经没有客房。

黑龙滩景区管委会工作人员黄耀告诉记者，低端纯观光型的旅游产品已不能满足游客的需要，主打休闲度假的长岛国际旅游度假区已经成为春节旅游的新兴目的地，这也给黑龙滩景区带来了新的发展活力。

放松休闲成为假日里游客到黑龙滩景区的主要目的。在景区我们看到，不少游客举家到这里享受节日的悠闲，听音乐、看书、游泳、垂钓……不紧不慢地享受假期。

下午2点，我们驶往采访的下一站——黄龙溪古镇。人潮如织是意料之中的事，转过两条小巷，却突然安静下来。2013年1月30日，成都黄龙溪古镇二期工程"上河衢"正式开街，"一半街巷一半水，纵水宽歌慢生活"的休闲对游客来说是一种崭新的玩法。

记者跟随游客步入上河衢，发现新意更多地体现在业态上：新开的书吧内游客正安静阅读，咖啡茶艺里游客悠闲品茗，主题酒吧里传来阵阵舒缓的音乐……22家主打休闲的商家，让不少多次来黄龙溪古镇的游客体会到了另一种风情。"来了好几次黄龙溪了，还是第一次在这里过夜，看书，听歌，喝点酒，再找家客栈住一晚，过节嘛就不赶时间了，慢慢享受生活。"游客王思莹对记者说。

主打休闲度假招牌，丰富的休闲度假产品，让天府新区两大老牌旅游景区在春节焕发出了前所未有的新活力，赚足人气。

资料来源 胡龙友，刘星，阳帆，等. 老景区的新活力［N］. 四川日报，2014-02-07（5）.

案例分析：在旅游市场竞争日趋激烈的大背景下，老景区只有注重整合资源、深挖文化，聚焦基础设施建设、旅游人才培养和公共服务，才能焕发新活力。

做一做

泰山风景区的发展困境

背景资料：

泰山是第一批国家级重点风景名胜区，自古以中华圣山的形象给人以厚重的历史感和神圣感，尤其是在华北平原这一少有山岳风景的地区，泰山一柱擎天显得尤为突出，因此泰山景区拥有巨大的客源市场。此外，泰山还积极加强同周边景区的合作，发挥优势开拓市场。2010年，泰安市精心策划，

图片：泰山风光

构建以泰山游为龙头、以城市游为龙体、以周边游为龙爪、以水浒游为龙尾的龙之旅格局，给泰山旅游赢得了更加广阔的市场。随着泰山旅游的快速发展，泰安市还将开发重点转向天外村、桃花峪及周围山岳景区的建设，同时加快对泰山人文旅游资源的开发，如泰山国际登山节、方特欢乐世界等，使得泰山的旅游形式更加丰富多彩，泰山旅游的吸引力得到迅速提升。

泰山以观光旅游产品为主，缺乏对旅游资源的深层次、系统开发。尽管泰山景区在开发人造景观、丰富旅游项目上花了大力气，但总体上看，游客滞留天数少、重游率低的现象并没有从根本上得到改观。同时，周边旅游替代产品的开发与推广使得泰山旅游面临着游客分流的情况。每到旅游旺季，整个泰山景区人满为患，泰山御道游客人均占用面积约0.9平方米，远远低于山岳旅游人均8平方米的适宜标准。景区容量饱和带来的不仅仅是资源环境的破坏，而且可能使景区声誉受损，进而对旅游地的生存与发展产生威胁。

资料来源 葛成唯，李涛.关于旅游目的地生命周期与深度发展研究——以泰山景区为例［J］. 现代商业，2013（9）.

实训内容：

以小组为单位，通过查找资料，以旅游产品生命周期理论为依据，谈谈作为世界自然与文化双重遗产的泰山景区如何保持旅游发展的持续生命力。

实训目标：

1.掌握旅游产品生命周期的特征。

2.学会运用旅游产品生命周期理论对旅游产品进行有针对性的分析。

实训组织：

1.以3～4人为一个小组，由组长确定小组分工，指定1位发言人在老师提问时向全班报告自己小组的结论。

2.小组成员分头查找网络或书籍资料，并在小组内分享、讨论，准备好阐述资料。

实训记录：

1.旅游产品生命周期包括哪几个阶段？

_____

_____

2.以旅游产品生命周期理论为依据，谈谈作为世界自然与文化双重遗产的泰山景区如何保持旅游发展的持续生命力：

_____

_____

3.有何具体建议？

_____

_____

效果评价

1.以小组为单位组织交流、研讨。

2.每个小组推荐1名成员做主题发言，从小组互评、教师评价两个方面进行评分，见表6-2。

表6-2 　　　　　　　　　　　　　"泰山风景区的发展困境"训练项目评价表

项目主题（分值）	评价指标（分值）	标　准	小组互评（20%）	教师评价（80%）	最后得分（100%）
泰山风景区的发展困境（100分）	课堂研讨表现（40分）	小组研讨组织得当，全员参与，研讨知识、方法、技术运用正确			
	主题阐述（60分）	阐述的内容具有可行性，效果良好，观点新颖、独特，能根据旅游产品生命周期理论对旅游景区的发展与营销进行合理阐述			

任务3　旅游产品组合策略

任务目标

知识目标：了解旅游产品组合的概念；熟悉旅游产品组合决策的步骤。

能力目标：能够针对旅游企业的外部、内部环境及现有产品，制定旅游产品组合策略。

素养目标：培养旅游市场研判习惯、危机意识。

任务导入

福建：借"旅游+"打好升级组合拳

2016年上半年，福建省景区接待游客量增速较快，纳入统计监测的368家景区累计接待游客量达10 458.13万人次，同比增长21.4%；监测的224家非A级旅游景区接待游客量同比增长33.0%。据悉，这与福建省借力"旅游+"打景区升级"组合拳"是分不开的。

"旅游+农业"助力乡村旅游

作家北村返乡创办"北村自然生活馆"，并在线上售卖家乡土特产——世界五大名鸡之一的"河田鸡"的消息不胫而走，吸引了国内众多媒体争相报道。北村的家乡、美丽的山城福建长汀的旅游业也因此获益，知名度大幅提升。

长期生活在北京从事文学创作的北村，对福建的好山好水及原生态客家美食难以忘怀。"回来只为了家乡的记忆，为了把家乡舌尖上的记忆推介出去，让越来越多的人了解'客家首府·大美长汀'乡村旅游资源。"对于返乡开店，北村这样解释初衷。

《福建省"十三五"旅游业发展专项规划》提出，要在打造"生态美"的基础上取得明显突破，按照布局美、环境美、建筑美、生活美的要求打造一批美丽乡村示范村，因地制宜发展乡村旅游。为了进一步规范对福建省乡村旅游经营单位的管理，提升管理水平和服务质量，2016年以来，福建省重新启动了乡村旅游星级经营单位评定工作，并组织专家依据新的标准对经过初评后推荐上报的乡村旅游经营活动主体进行评定，对达到标准的乡村旅游经营单位正式批复星级。

这一新规激发了各地发展乡村旅游的积极性，如安溪举办的"弘扬农耕文化 发展乡村旅游"文化旅游节、惠安小岞举办的"千年古韵味·岞港惠女情"乡村旅游文化节、一都"山歌小镇"旅游文化节、福鼎市第五届乡村旅游文化节等，各种乡村旅游节庆不断涌现且日渐成熟。

福州乡村游模式正在从发展初期的以观光为主，向以观光要素和休闲要素为主的乡村度假转变；旅游消费正在由短时性向持续性转变。2016年上半年，福州全市主要乡村旅游景点接待的国内游客中，以休闲度假为主要目的的游客占比已提升至51.8%。

"旅游+工业"变身新景区

永春老醋厂是福建评出的首批观光工厂，通过"旅游+工业"，老工厂华丽转身新景区。据不完全统计，永春老醋厂年接待游客达到10余万人次。

据悉，随着福建旅游业的不断发展，不少企业纷纷结合自身特色产业基础，建设了一批各具特色的观光工厂，开启了"旅游+工业"的新模式。观光工厂的出现，为丰富旅游产品、拉动旅游消费、提升旅游经济总量开辟了广阔的空间，为工业企业的转型升级提供了新的路径和选择。

2015年7月，福建省出台了《福建省观光工厂建设与服务规范》，2015年底又评选出首批33家观光工厂，其中既包括福建老字号，又有福建省代表性龙头企业，还有红木家具、雕刻艺术等福建省特色产业的企业单位，种类十分丰富。

泉州作为工业大市，观光工厂市场潜力巨大。2015年，福建省评出的首批33家观光工厂中，泉州以上榜13家的业绩领跑各区、市。近年来，泉州高度重视旅游与相关产业的融合发展，借力旅游探索传统产业发展新路径，依托民营经济和众多知名品牌企业的优势，充分发挥"一地一特"的产业优势，积极引导工业与旅游业擦出新"火花"，推动一批企业建立观光区域、体验区域，形成了一批富有特色的观光工厂。

位于安溪龙门的八马休闲文化园是发展较为迅速的观光工厂之一。在这里，游客既可以参观茶叶生产过程，也可以亲身体验采茶、制茶、泡茶的乐趣，更有茶艺展示、斗茶等极具特色的表演，让游客充分感受到了茶文化的魅力；在七匹狼打造的观光工厂——七匹狼中国男装博物馆中，游客可以欣赏到近千件精美展品，感受新奇的男装世界；在古龙酱文化园，游客不仅能观赏"酱缸兵马俑"，还能亲自制作酱产品。

据了解，第一批"福建省观光工厂"命名后，各地申报参评观光工厂的企业数量翻番，涉及食品、纺织、玩具、茶叶、陶瓷、生态农业、酒业等行业。

"旅游+网络"提升服务品质

位于环岛路的厦门胡里山炮台是全国重点文物保护单位、国家4A级旅游景区。胡里山炮台自然环境优美，历史文化底蕴深厚，是厦门市智慧景区的试点单位。

"这两年，景区提出了智慧景区建设'1+N'体系新思路（1为全景指挥平台），先后完成了全景指挥平台、视频监控系统、入侵报警系统、Wi-Fi覆盖、多媒体信息发布平台、电子票务系统的搭建；电商、微信、电子票务系统线上销售等平台也将在2016年'十一'国庆节前完成相关工作。"景区产业发展事业部总监张尊介绍。

届时，游客可以通过官网、微信、OTA电商平台购买胡里山炮台景区电子门票，可以实现刷二维码和身份证等方式便捷入园；进入景区后，游客可以自动连接Wi-Fi，同时可以自主选择微信、导览设备进行景区各景点的导览；通过景区内全方位覆盖的1 000M宽带，游客可以流畅上网，购买旅游纪念品、预订酒店等。

资料来源　汪平，李金枝.福建：借"旅游+"打好升级组合拳［EB/OL］．［2016-09-12］. http：//m. haiwainet.cn/middle/3541841/2016/0912/content_30317293_1.html.

问题：

结合上述案例，谈谈福建是如何进行"旅游+"，做好产品创新组合与升级的。

学一学

一、旅游产品组合的概念

旅游产品组合是指旅游企业通过对不同规格、不同档次和不同类型的旅游产品进行科学的整合，使旅游产品的结构更趋合理，更能适应市场需求，从而以最小的投入尽可能地占领更广阔的市场，实现旅游企业的最佳经济效益。

旅游产品组合应以最有效地利用资源、最大限度地满足市场需要和最有利于竞争为原则。常见的旅游产品组合有四种类型：①全面全线型组合，即针对旅游市场的所有旅游需要提供的旅游产品组合，包括各种类型的旅游线路；②市场专业型组合，即向某一特定的市场提供其所需要的产品；③产品专业型组合，即只经营一种类型的旅游产品来满足多个目标市场的同一类需求；④特殊产品专业型组合，即针对不同目标市场的需求提供不同的旅游产品组合。

二、旅游产品组合决策的步骤

（一）分析旅游企业的外部环境

进行旅游产品组合决策，首先要对旅游企业所处的外部环境进行分析，收集企业外部环境中对企业有利的市场机会和对企业构成威胁的不利因素，从而帮助旅游企业做出正确的产品组合决策。

（二）分析旅游企业的内部资源

旅游企业对内部资源进行分析的主要目的是，通过对自身能力范围的分析，确切标示出企业能够提供的旅游产品的种类，从而为企业设计有效的旅游产品组合创造条件。如果没有对内部资源进行分析，旅游企业可能对自身的能力没有一个准确的认识，高估或低估企业资源都会导致企业做出错误的决策。例如，某地一家经营状况非常好的经济型酒店，在一阵上规模、上档次的风潮中，盲目扩大规模，提升档次和价位，结果导致企业资金链断裂，企业正常经营受到影响，客源下降，危机重重。

（三）分析现有产品及业务

对现有产品及业务进行分析是旅游产品组合决策的重要内容。通过分析现有产品及业务，旅游企业可以对各项产品进行分类和评估，然后根据其经营效果的好坏，决定对其投入的比例。对盈利的或有市场前景的旅游产品追加投入；对亏损的或没有发展希望的旅游产品维持或减少投入，以便使旅游企业的资源得到合理配置。分析现有产品及业务的方法主要有：三因素分析法、美国波士顿矩阵法、通用电器公司法等。这里我们重点介绍三因素分析法。

三因素分析法是指用销售增长率、市场占有率和利润率三个因素，对各类产品进行分析和评价的方法。其做法是：首先将三个因素作为三个向量，建立三维坐标，这样就得到了一个立体空间位置；然后将企业的各种产品或业务根据三因素进行量化判断，在这个三维空间中找到合适的位置，从而决定其发展策略。

假如某旅游企业有A、B、C、D四类产品，利用三因素分析法对它们分析如下（见图6-3）：

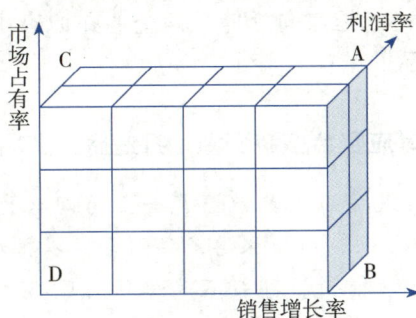

图6-3　三因素分析法

1.A产品

A产品具有较高的销售增长率和较高的市场占有率，在市场上显现出了蓬勃的生命力。因为该产品已经具有较高的销售增长率，所以应避免以牺牲市场占有率去换取更大利润的做法，同时应加大对该产品的投资力度。

2.B产品

B产品具有较高的销售增长率和较低的市场占有率，基本上属于成长期的产品。在维持并不断提高其销售增长率的同时，B产品也会发展成为A产品那样的高利润来源产品。相反，如果B产品的销售增长率停滞不前甚至下降，则应慎重考虑其发展策略。

3.C产品

C产品具有较低的销售增长率和较高的市场占有率，基本上属于成熟期的产品。C产品由于拥有较高的市场份额，能为企业带来大量的现金收益，因此旅游企业应采取多种营销手段维持市场占有率并慎重投资。

4.D产品

D产品具有较低的销售增长率和较低的市场占有率，属于衰退期产品，旅游企业应考虑放弃。

（四）制定产品组合策略

1.扩大产品组合策略

扩大产品组合策略有两种方式：一是扩大产品组合的宽度，即增加产品线，如某酒店集团建立了酒店管理咨询机构；二是增加产品组合的深度，即增加产品项目，如某酒店的康乐产品线在原有的美容美发和歌舞厅的基础上又增加了健身房。

2.缩小产品组合策略

缩小产品组合策略有两种方式：一是缩小产品组合的宽度，即淘汰或放弃处于衰退期的过时产品、没有发展潜力及盈利能力差的产品；二是降低产品组合的深度，即企业出于求精、求专的考虑，有意放弃某些产品线或产品项目。

3.完善产品组合策略

完善产品组合策略有三种方式：一是向上延伸，即在原有中、低档产品和服务的基础上，推出高档产品和服务，以期提高企业形象，增加销量；二是向下延伸，即在原有高档产品和服务的基础上，推出中、低档产品和服务，以占领这部分市场，为更多的消费者服务，但要注意避免负面影响；三是双向延伸，即企业在原有中档产品的基础上，发展高、低档产品和服务，以完善产品的结构。

案例窗6-3　　　　两岸应整合旅游资源　打造旅游产品组合

台湾著名学者邱毅在第九届海峡旅游博览会上为闽台构建海峡旅游圈支着儿。他建议，将两岸旅游资源联合起来，打造旅游产品组合，以推动闽台旅游业的共同发展。

谈到闽台旅游合作的发展前景，邱毅不改犀利的风格，直言自己虽不是旅游专业人士，却是营销专业人士。"福建和台湾一脉相承，并且符合形成旅游合作区的各项条件，包括地理位置相近、交通便利，有高度重叠的人文习俗和文化；同时，闽台两地的旅游资源丰富多元并且形成互补。因此，福建和台湾构建海峡旅游圈的可行性是最大的。"

图片：厦门风光

邱毅认为，两岸在以文化故事为背景搭建起海峡旅游平台后，可将旅游资源联合起来推出旅游产品组合，以创造更高的绩效和利润。如果把福州的鼓岭与台湾的鹿港、福建的土楼与台湾苗栗的土楼、厦门的胡里山炮台与台湾基隆的狮球岭炮台、福建武夷山大红袍与台湾冻顶乌龙茶等结合起来，联合推出相应的旅游产品，将非常有创意，并且具有很强的市场竞争能力。

资料来源　佳祺，朱乐.邱毅：两岸应整合旅游资源　打造旅游产品组合［EB/OL］．［2013-09-10］．http：//www.vos.com.cn/news/2013/09/10/cms770383article.shtml.

案例分析：旅游不仅是推产品、讲故事，更是对人的研究。因此，开发适合不同受众群体的组合旅游产品非常重要。

做一做

广东河源五大旅游品牌在福建广受好评

背景资料：

为加大旅游宣传促销力度，开拓福建漳州市、三明市旅游客源市场，加强旅游交流与合作，河源市旅游局联合深圳市文体旅游局于2015年8月25日至27日组团赴漳州市、三明市举行河源旅游推介会。河源市以及漳州市、三明市旅游部门相关领导出席推介活动，一起交流分享旅游发展经验，福建漳州市、三明市100多家旅行社参加了活动。

此次旅游推介会由河源市旅游局与深圳市文体旅游局共同主办，两市"强强联手，共同出击"，引起了福建省旅游行业的广泛关注，无论是在漳州还是在三明，都有近200人参加推介会。在推介活动中，主办方既采用了传统推介方式，如展架展示、视频播放、送宣传资料、推介讲话等，也结合了新的推介方式，如游客可通过扫描关注"万绿河源"旅游微信宣传平台参加抽奖，从而将旅游与视频、图片、活动融合成一个整体，多方面展现了深、河两地的旅游资源、旅游产品和特色旅游线路，重点推介了河源市"客家古邑、万绿河源、温泉之都、恐龙故乡、红色经典"五大旅游品牌，受到了当地旅游企业的好评。

河源市旅游局在推介会上表示，河源、漳州、三明都有着森林覆盖率高、环境优美等特点，希望三地能在客源互送、线路互推、信息共享以及联合营销、优惠政策等方面开展更深入的合作，积极加强品牌推广，开拓旅游市场，为三地游客打造经典旅游产品，共同推进旅游的大发展。

值得一提的是，在推介会上，河源市重点推广的旅游路线并不局限于一个城市，而是与广州、深圳加强合作，将福建到广州、深圳的旅游路线延伸至河源，打造成精品线路，以提高河源的旅游影响力。此次推介会加强了参会旅行社、新闻媒体之间的交流与互动，强化了不同地区之间的旅游合作，宣传推介取得显著成效。参会旅行社纷纷表示，今后将加强对深、河两地旅游资源的推广，并表示尽快组团成行。

小视频：飞阅大美河源旅游风光片

资料来源　河源市旅游局. 河源五大旅游品牌在福建广受好评［EB/OL］.［2015-09-02］. http://www.gdta.gov.cn/gzdt/dsdt/25657.html.

实训内容：

请用旅游产品组合的相关知识，谈谈同样具有客家文化背景的广东省梅州市、江西省赣州市的旅游产品，如何与河源市的客家旅游产品进行交流与互动。

实训目标：

1.掌握制定旅游产品组合策略的方法。

2.学会运用旅游产品组合策略对旅游产品进行有针对性的分析。

实训组织：

1.以3～4人为一个小组，由组长确定小组分工，指定1位发言人在老师提问时向全班报告自己小组的结论。

2.小组成员分头查找网络或书籍资料，并在小组内分享、讨论，准备好阐述资料。

实训记录：

1.广东河源五大旅游品牌包括哪些？

_____

_____

2.广东省梅州市、江西省赣州市的客家旅游产品，如何与河源市的客家旅游产品进行交流与互动？

_____

_____

3.有何具体建议？

_____

_____

效果评价

1.以小组为单位组织交流、研讨。

2.每个小组推荐1名成员做主题发言，从小组互评、教师评价两个方面进行评分，见表6-3。

表6-3　　　　"广东河源五大旅游品牌在福建广受好评" 训练项目评价表

项目主题 （分值）	评价指标 （分值）	标　准	小组互评 （20%）	教师评价 （80%）	最后得分 （100%）
广东河源五大 旅游品牌在福建 广受好评 （100分）	课堂研讨表现 （40分）	小组研讨组织得当，全员参与，研讨知识、方法、技术运用正确			
	主题阐述 （60分）	阐述的内容具有可行性，效果良好，观点新颖、独特，能根据两市旅游产品的特点与河源进行优势互补			

任务4　旅游产品品牌策略

任务目标

知识目标：掌握旅游产品家族品牌策略、他人品牌策略的基本内容。

能力目标：能对家族品牌策略、他人品牌策略进行有针对性的分析。

素养目标：树立品牌价值理念。

任务导入

黄山风景区品牌建设成效突出　向世界旅游精品迈进

图片：黄山风光

　　黄山风景区是世界文化与自然双重遗产、世界地质公园、国家5A级旅游景区、国家级风景名胜区。多年来，黄山风景区在发展、保护、管理等方面，不断改革、探索、创新，不仅把"牌"打出去，而且正朝着创建"安徽旅游龙头、中国一流景区、世界旅游精品"的"强牌"之路迈进，成效显著。

　　黄山风景区确立了"科学规划、统一管理、严格保护、永续利用"的工作方针，坚持走可持续发展之路。在景区管理上，通过实行标准化来实现精细管理与保护。

　　目前，黄山风景区的系统管理共提炼出12个子系统，包括规划管理系统、生态植被保护系统、环卫保洁系统、数字管理系统、旅游管理系统、经营管理系统等。支撑这12个子系统的是规划四级报批、水网高山覆盖、垃圾洗涤下山等36个支点。

　　与此同时，为了把保护黄山、发展旅游与周边农民的切身利益联系起来，黄山风景区管委会投入了近百万元资助周边村镇调整产业结构，兴办乡镇企业。

　　黄山风景区还投入了近百万元为周边农民建水库、修路、架桥、改善医疗和办学条件等。昔日黄山脚下的山村汤口，现已发展成为著名的旅游镇，80%的农民走上了富裕道路。

　　资料来源　佚名.黄山风景区品牌建设成效突出　向世界旅游精品迈进［EB/OL］.［2010-10-23］. http：//www.wangchao.net.cn/lvyou/detail_353224.html.

问题：

以黄山为例，谈谈黄山对国内同类型旅游景区品牌塑造的可借鉴之处。

学一学

如今，旅游者已经不仅仅局限于单纯的旅游观光，而是更加注重自身在旅游过程中的参与性，这种参与性的实质就是追求旅游体验的过程。旅游产品品牌的建设，首先要注重旅游产品或服务的文化性，充分挖掘目的地文化的内涵；其次要注重寻求旅游产品区别于其他品牌的独特性；最后要注重服务中的文化内涵，提高旅游从业人员的文化涵养。旅游产品品牌策略的内涵非常丰富，下面我们重点介绍家族品牌策略、他人品牌策略的内容。

一、家族品牌策略

企业自主拥有所有权的品牌称为家族品牌。企业生产或经营的产品或服务全部使用家族品牌的策略，称为家族品牌策略。同时，企业还要决定其产品或服务是分别使用不同的品牌名称，还是统一使用一个或几个品牌名称，因此家族品牌策略还包括以下几种：

（一）统一品牌策略

统一品牌策略即企业的所有产品均使用统一的品牌进入市场。

该策略的优点是：可以节省大量的广告宣传促销费用；有利于推出新产品，新产品可凭借原有品牌的优势，顺利进入市场并得到消费者的认可；有助于企业创名牌，企业集中宣传一个品牌，更容易提高品牌的知名度。

该策略的不足之处是：如果各个产品或服务间的质量参差不齐，就会影响整个品牌的声誉，有时还会限制企业的多元化发展。

该策略的适用条件是：只有当品牌知名度较高时，品牌才具有"介绍和提携"的功能；各产品线之间，无论质量或形象，都需要有较强的一致性。

（二）个别品牌策略

个别品牌策略即企业各种不同的产品或服务分别使用不同的品牌名称进入市场。例如，万豪国际集团拥有万豪、万丽、丽思·卡尔顿等众多品牌，其中，万豪是全面服务酒店，万丽是优质酒店，丽思·卡尔顿是豪华级酒店，不同的品牌代表了不同级别及功能的产品。使用个别品牌策略，既能给企业带来利益，也能给企业带来风险，企业应根据内部和外部的环境因素加以选择和运用。

该策略的优点是：针对不同旅游产品和目标市场的特点，使用不同的品牌，可以更好地满足消费者的需要，给消费者带来多种利益；避免了市场上一种产品或服务营销失败给其他产品带来负面影响；有利于旅游企业搞多元化经营；能使消费者认为企业在不断创新，规模大，实力强。

该策略的不足之处是：企业需要花费较高的宣传促销费用；同类产品使用不同的品牌，可能会导致品牌间的竞争，使企业的总体销量无法提高。

该策略的适用条件是：企业规模大，实力雄厚，能承受较高的宣传促销费用；企业产品或服务的类型较多，规格档次各不相同，各有不同的目标市场。

（三）统一品牌和个别品牌并用策略

统一品牌和个别品牌并用策略即在产品的个别品牌前或后冠以统一品牌（通常为成功品牌）。使用这一策略，既可以利用声誉远播的统一品牌来宣传产品，又突出了个体间的差异，便于消费者识别。例如，在北京，假日酒店旗下的品牌有丽都假日、金都假日、长峰假日等。

案例窗6-4　　　　　　　　　　**华侨城集团**

1985年伊始，华侨城集团从深圳湾畔的一片滩涂起步，坚持市场导向，构想出了一条以人为本的可持续发展之路，成为一个跨区域、跨行业经营的大型国有企业集团，培育了旅游及相关文化产业经营、房地产及酒店开发经营、电子及配套包装产品制造三项国内领先的主营业务。2009年11月，华侨城集团主营业务实现整体上市。至此，分别位居行业前列的几大核心主业和优质资源得到充分整合，经营机制创新又迈上了一个新的台阶，企业高速运转的引擎中又注入了新的动力和活力。华侨城集团旗下拥有康佳、锦绣中华、世界之窗、欢乐谷、波托菲诺、华侨城大酒店、威尼斯酒店、城市客栈等一系列著名企业和产品品牌。

旅游业是华侨城集团最具社会影响力的主营业务。2006年，华侨城旅游度假区被评为"全国文明风景旅游区"，这是中国旅游界的最高荣誉；2007年，华侨城旅游度假区又被评为"首批国家5A级旅游景区"。如今，华侨城集团已经成为年入园人数达千万人次以上的全球旅游景区集团八强之一，也是跻身世界主题公园集团前八强的唯一亚洲企业。2007年7月，深圳东部华侨城项目建成试营业，并获得中国首家"国家生态旅游示范区"荣誉称号。同时，华侨城集团还成功实现了中国第一个主题公园连锁品牌——欢乐谷的南、北、西、东跨区域开发和运营，显示了华侨城集团在创新发展中的智慧。

华侨城集团不仅创新造就了主题公园运营模式的典范，还良好地运作了华侨城旅游地产及文化旅游景区演艺项目。华侨城旅游地产先后建成世界之窗、锦绣中华、中华民俗村、欢乐谷四个颇具特色和影响力的主题公园，将过去的荒滩野岭变成了具有极高知名度和美誉度的旅游城，为自己创造出了区域性旅游资源优势，再以此为依托，开发出了高质量的旅游主题房地产。

图片：华侨城风光

华侨城集团由旅游起步，旅游"带靓"环境，环境带旺地产，地产促进华侨城集团全面发展，是旅游与房地产良性互动的典型案例。华侨城集团旗下的文化旅游景区演艺项目，如《中华百艺盛会》《蓝太阳》《绿宝石》《东方霓裳》《龙凤舞中华》《创世纪》《跨世纪》《千古风流》《欢乐无极》《E秀》《天禅》《金面王朝》《天地浪漫》《天机》等，均赢得了中外游客的赞誉。精美的服饰制作、精心的歌舞编导、新颖的舞美手段和高科技的舞台效果，造就了旅游文化演艺鲜明的艺术特色和突出的艺术成就。

资料来源　作者根据相关资料整理。

案例分析：华侨城集团的成功，需要开发者及运营者具有勇敢思辨的探索精神和千锤百炼的实干作风。

二、他人品牌策略

他人品牌按所有者的不同，可分为制造商品牌和中间商品牌。我国旅游企业的品牌大多属于制造商品牌。由于我国中间商的分类和国外有所不同，因此我国的中间商品牌较少，这应该引起各旅游中间商的重视，注意发展自己的品牌，突出自己的优势。美国有位营销学家曾预言，除了实力雄厚的著名品牌外，制造商品牌将逐步被中间商品牌所取代。

他人品牌策略的核心在于品牌的归属，即企业用属于其他企业所有的品牌发展自己的产品和服务。他人品牌策略可以使企业利用他人品牌的知名度促进本企业产品形象、地位的提升。企业可通过与著名企业合资、联营、连锁等方式取得他人品牌的使用权。

做一做

实景演出《印象·刘三姐》

背景资料：

《印象·刘三姐》是中国漓江山水剧场的核心工程，由中国著名导演张艺谋、王潮歌、樊跃任总导演，国家一级编剧梅帅元任总策划、制作人，历经五年半的努力制作而成。它集漓江山水风情、广西少数民族文化及中国精英艺术家创作之大成，是全国第一部全新概念的山水实景演出。

方圆两公里的漓江水域、十二座背景山峰、广袤无际的天穹，构成了迄今为止世界上最大的山水剧场——《印象·刘三姐》。

《印象·刘三姐》体现了一种淋漓尽致的豪华气派。传统演出是在剧院有限的空间里进行的，这场演出则以自然造化为实景舞台，放眼望去，漓江的水、桂林的山，都化为中心舞台，给人以超然的感受。传统的舞台演出是人的创作，而"山水实景演出"是人与上帝共同的创作。

山峰的隐现、水镜的倒影、烟雨的点缀、竹林的轻吟、月光的披洒随时都会加入演出，成为最美妙的插曲。晴天的漓江，清风倒影特别迷人；烟雨漓江，给人们的却是另外一种美的享受。

歌圩几乎全部被绿色覆盖，里面种植着茶树、凤尾竹等，加上所植草皮，绿化率达到了90%以上。其中，灯光、音响系统均采用隐蔽式设计，与环境融为一体，水上舞台全部采用竹排搭建，不演出时可以全部拆散、隐蔽，不会对漓江水体及河床造成影响。

观众席依地势而建，梯田造型，180度全景视觉，可观赏江上2公里范围内的景物及演出，既与环境协调，也考虑到了行洪的安全。另外，在100多亩的建设用地上，鼓楼、风雨桥以及贵宾观众席等建筑散发着浓郁的民族特色。据建设单位介绍，整个工程不用一颗铁钉，令人叹为观止。

演员阵容强大，由600多名经过特殊训练的演员构成；演出服装多姿多彩，根据不同的场景选用了壮族、瑶族、苗族等不同少数民族的服装。整个演出时间约60分钟。

用张艺谋的话说，"它是一场秀"，它秀的是桂林山水，秀的是民俗风情，秀出了天人合一的境界。它运用目前国内规模最大的环境艺术灯光工程、独特的烟雾效果工程及隐藏式的音响，展现出了"红色、绿色、蓝色、金色、银色"五大主题，将刘三姐的山歌、民族风情、漓江渔火、山水圣地等元素进行创新组合，还原于自然，给人以强烈的视觉及听觉冲击，达到了如诗如梦的效果。世界旅游组织推荐说："今天，不管我们从世界上任何角落来到桂林，不管交通费用有多贵，看一场《印象·刘三姐》都是值得的！"相信观赏这台世界上独一无二的山水实景演出的确能让你感受到前所未有的震撼。

图片：《印象·刘三姐》

资料来源 佚名. 印象·刘三姐：全世界第一步全新概念的山水实景演出［EB/OL］.［2015-04-14］. https://wenku.baidu.com/view/bf24ce31e518964bce847c46.html.

实训内容：

以小组为单位，通过查找资料，结合旅游产品品牌的相关知识，研讨以桂林漓江真山实水为背景的《印象·刘三姐》与文化演艺结合后，打造了哪些独特的旅游产品品牌。

实训目标：

1.了解旅游产品品牌策略。

2.理解旅游产品品牌塑造的重要性。

实训组织：

1.以3~4人为一个小组，由组长确定小组分工，指定1位发言人在老师提问时向全班报告自己小组的结论。

2.小组成员分头查找网络或书籍资料，并在小组内分享、讨论，准备好阐述资料。

实训记录：

1.旅游产品品牌策略有哪些？

_____

2.《印象·刘三姐》与文化演艺结合后，打造了哪些独特的旅游产品品牌？

_____

3.举办旅游演艺的其他城市有哪些？举例说明。

_____

效果评价

1.以小组为单位组织交流、研讨。

2.每个小组推荐1名成员做主题发言，从小组互评、教师评价两个方面进行评分，见表6-4。

表6-4　　　　　　　　"实景演出《印象·刘三姐》"训练项目评价表

项目主题 （分值）	评价指标 （分值）	标　准	小组互评 （20%）	教师评价 （80%）	最后得分 （100%）
实景演出 《印象·刘三姐》 （100分）	课堂研讨表现 （40分）	小组研讨组织得当，全员参与、研讨知识、方法、技术运用正确			
	主题阐述 （60分）	阐述的内容具有可行性，效果良好，观点新颖、独特			

■ 本章小结

　　旅游产品包括核心产品、形式产品、期望产品、附加产品和潜在产品五个层次。

　　旅游产品从投放市场开始，到最后被市场淘汰为止的全部过程所经历的时间，称为旅游产品的生命周期。旅游产品的生命周期包括投入期、成长期、成熟期和衰退期四个阶段，各个阶段均有不同的特点，旅游企业应据此制定相应的营销策略。随着新市场、新需求的不断涌现，旅游产品的生命周期具有越来越短的趋势，因此新产品的开发应该成为旅游企业营销计划中不可缺少的一部分。

音频：听我学6

　　旅游产品组合是指旅游企业通过对不同规格、不同档次和不同类型的旅游产品进行科学的整合，使旅游产品的结构更趋合理，更能适应市场需求，从而以最小的投入尽可能地占领更广阔的市场，实现旅游企业的最佳经济效益。旅游产品组合策略包括扩大产品组合策略、缩小产品组合策略、完善产品组合策略。

　　品牌作为一种无形资产，已成为企业在竞争中取胜的关键，旅游企业应重视旅游产品的品牌建设。旅游产品品牌策略的内涵非常丰富，主要包括家族品牌策略、他人品牌策略。

■ 挑战自我

北京海洋馆：魅力商务空间

　　在海洋馆这样让小朋友欢呼雀跃的场所举办公司会议似乎有些让人"耸听"，实际上，北京海洋馆正是通过对会议功能的开发才使自己声名远播。

　　1999年3月开业的北京海洋馆也曾经历过许多主题场馆"一年红火，两年冷清"的尴尬，在同业竞争中，门票收入曾难抵巨大的日常维护开支。

　　2001年，新的总经理上任，并将酒店经营理念融入海洋馆。单馆规模堪称"亚洲之最"的北京海洋馆拥有1 000多种、5万余尾海洋生物，当然不能停留在"养鱼卖票"的初级经营阶段。

　　北京海洋馆第一个大手笔项目是2001年底策划的"超乎想象的圣诞夜"，结果有3 000多名中外游客在瑰丽奇特的人造雪景和海洋鱼类的欢腾中度过了难忘的一夜。这一大型活动的成功提高了北京海洋馆的知名度，此后，千人以上的公司会议不断在这里举办。

由于拥有星级酒店或大型会议中心所不具备的特色，所以北京一些会议公司或公关公司已经"盯"上了北京海洋馆，在大型公关活动集中举办的年末，北京海洋馆甚至可以"待价而沽"。北京海洋馆涉足会议会展领域，改变了一些大公司多年来固有的会议形式，虽然北京海洋馆的场地价格相当于五星级酒店的会议价格，但仍然赢得了不少回头客。

北京海洋馆实际上并没有专门的大型会议场所，也没有高级的同传设备及专门的VIP接待室。举办会议的场所除了可容纳3 000人的海洋剧场外，就是因地制宜选择在海底环游馆、鲨鱼馆、触摸池或雨林奇观。再有就是专门将一个仓库改成多功能室，墙面四白落地，简朴得惊人。

"在海洋生物的陪伴下，可以瞬间拉近人们彼此间的距离。"许多公司的年会选择在这里举办，老总们脱去了西装，与普通员工一起以休闲的心态共同体会海洋之美，一些新奇的活动更可以创造出轻松融洽的气氛。

然而，北京海洋馆的管理者非常清楚，作为海洋馆，会议只是点缀，海洋科普才是主题。在举办的各种活动中，北京海洋馆始终围绕和穿插着"海洋、环保、生态"这个主题，即使是在"简陋的"多功能厅，也不忘挂上海洋珍稀鱼类照片。

资料来源　佚名.旅游市场营销策划案例集［EB/OL］.［2011-03-01］. http：//wenku.baidu.com/view/960f281fa76e58fafab003fd.html.

问题：

试用有关知识点分析北京海洋馆这一产品的发展策略。如果你是北京海洋馆的总经理，你如何策划这一产品的发展前景？

要求：课外时间独立完成，给出有针对性的答案。

■ 拓展空间

1.以当地一家有代表性的旅游景区为蓝本，分析其产品组合状况，并为其制定或完善产品组合策略。

2.自从深圳世界之窗等主题公园取得成功之后，我国有些城市先后对其进行了克隆，部分景区由于只是简单的复制，没有创新，因此远远没有深圳世界之窗那样火爆，与预期目标相差甚远。加之部分地区的主题公园位置偏僻，除了刚开业的几个月火爆一阵以外，至今大部分时间业绩一般。请运用相关知识，结合某主题公园的情况，运用SWOT分析法，谈谈旅游产品品牌该如何建设与创新。

项目七

旅游产品价格策略

■ **项目概述**

　　旅游产品价格策略是旅游市场营销组合策略的重要组成部分。价格是旅游市场营销组合中十分敏感又难以控制的因素。一般来说，当新产品投放市场或者旧产品改造之后重新投放市场时，旅游企业都要对其制定出合理的价格。因为旅游产品的价格直接关系到消费者对产品的接受程度，也影响着企业利润的多少，所以旅游产品价格的制定非常重要。

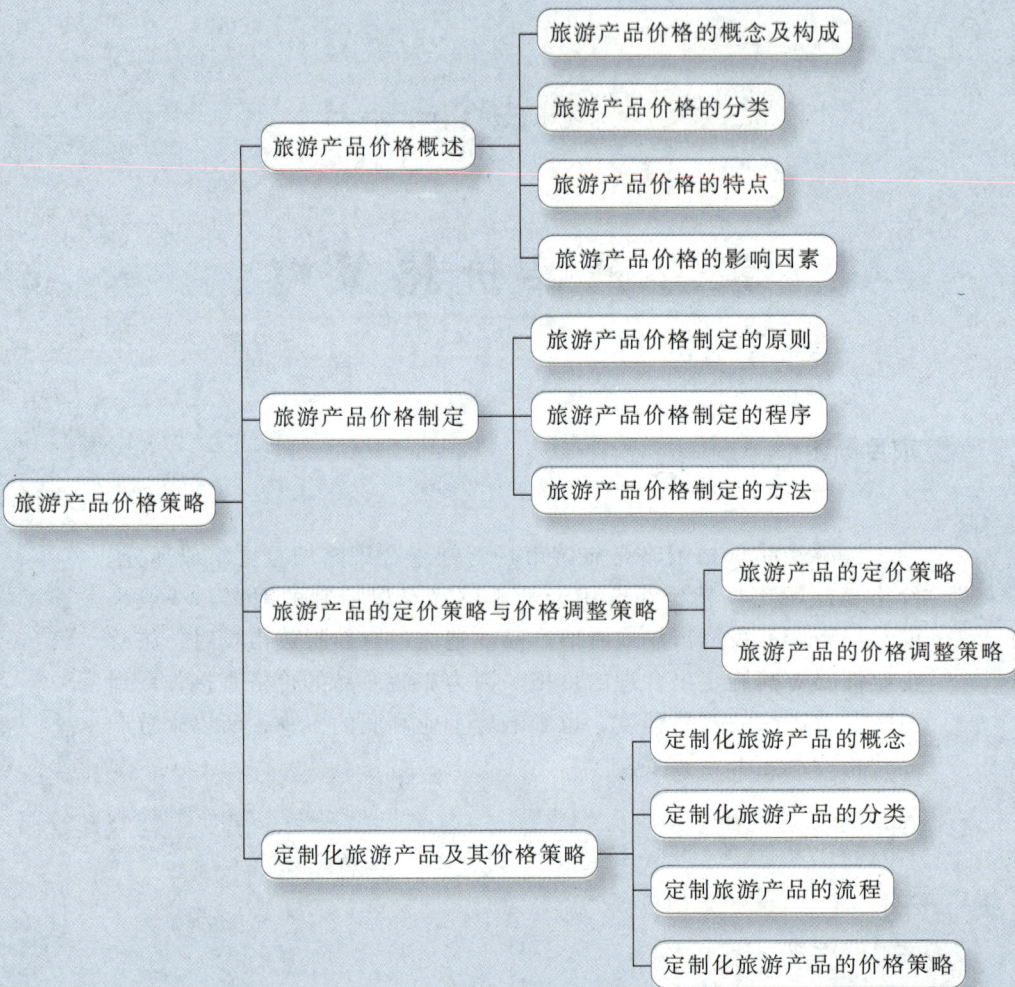

任务1　旅游产品价格概述

任务目标

知识目标：理解旅游产品价格的概念、分类和特点；掌握旅游产品价格的影响因素。

能力目标：能对旅游产品价格进行合理的分类；能定量分析旅游产品价格的影响因素。

素养目标：培养洞悉全局的思考习惯。

任务导入

泰国游"零团费"将被拉黑

针对中国游客赴泰国旅游过程中经常出现的"零团费"问题，中华人民共和国驻泰王国大使馆已经把中国游客多次投诉的旅行社名单转交给了泰国旅游管理部门，希望通过惩处一两个旅行社，对"零团费"的做法起到警示作用，以促进赴泰游的健康可持续发展。

所谓"零团费"，是指一些旅行社在组团时向中国游客声称，参团不需要提前付团费。实际上，游客在游览过程中往往被强制要求购买昂贵的珠宝、皮革制品等旅游商品，或支付特殊餐费等所谓的"自费项目"，游客得到的服务较差，居住酒店的条件也很差。

由于地理位置邻近和签证方便等原因，泰国一直是中国人出境游的热门目的地。"零团费"问题对中国游客赴泰游的健康发展有很大的负面影响，会导致中国游客的投诉率增加，在安全方面也存在隐患。中泰两国有关部门将对被游客多次投诉仍未及时改正的旅行社加大惩处力度，包括考虑将其列入黑名单。2016年，泰国政府展开了大规模的"旅游大洗牌"行动，整顿了大量低价游。泰国旅游部门预计，2018年泰国将接待3 800万人次的游客，其中来自中国的游客将达到1 000万人次。

资料来源　李颖，杨云燕.泰国游"零团费"将被拉黑　中方将向泰方提供名单［EB/OL］.［2015-05-26］. http://world.huanqiu.com/hot/2015-05/6525575.html.

问题：

泰国游"零团费"的定价策略是什么？有什么负面作用？分析"零团费"在《旅游法》实施之后依然存在的根本原因。

学一学

一、旅游产品价格的概念及构成

旅游产品价格是指旅游者为了满足旅游活动的需要所购买的旅游产品的价格，是旅游产品价值的货币表现形式。旅游产品价格主要由单项旅游产品价格和线路旅游产品价格构成。

（一）单项旅游产品价格

单项旅游产品是指旅游者在旅游活动中涉及的住宿、餐饮、交通、娱乐、购物等产品中的某一项产品的价格，包括导游服务收费、接送游客服务收费、行李服务收费、订房服务收费、订餐服务收费、订票服务收费，以及代办其他各项服务的收费等。这类价格一般针对散客要求的单项服务。

（二）线路旅游产品价格

线路旅游产品价格是指旅行社组织游客游览期间，安排的各项旅游活动价格的总和，既包括旅行社安排活动代付的"吃、住、行、游、购、娱"费用，也包括旅行社的综合服务费。针对包价旅游的客人，这种价格又称为旅游包价。线路旅游产品价格可分为标准、经济、豪华三个等级。为了合理定价并拉开不同等级间的差价，每个等级还可分为10人以上旅行团队、6~9人、2~5人和1人四个档次，并对每个档次分别制定不同的价格标准。标准等级是按照中等和中上等消费水平的游客对旅游服务的一般要求划定的。经济等级是按照消费水平较低的游客对旅游服务的基本要求划定的。豪华等级是按照消费水平较高的游客对旅游服务的要求划定的。

二、旅游产品价格的分类

（一）按旅游者购买旅游产品的方式划分

1.全包价

全包价，又称统包价，是指旅游者通过旅行社组织，按照旅行社推出的某条旅游线路的价格一次性支付所有货币，就可参加旅行团进行整个旅游活动的一种包价形式。旅行社全包价由以下11项内容构成：

（1）房费

房费即全程旅行的住宿费，它由基本房费和房差费构成。

基本房费由计划旅行地各饭店既定的客房日租单价之和组成。

房差费包括：

①自然单间房差费，即由于旅行团人数、性别构成的不同，而可能引起实用房间数超过预订房间数所发生的房差费。

②客房时差费，即由于客人离店退房时间不同而发生的房差费。

③夜房差费，即由于旅行团在晚餐后到翌日凌晨4时前抵达饭店，并占用客房而发生的房差费。

（2）餐费

餐费即旅行餐饮费，它由基本餐费和地方风味餐差构成。

基本餐费由计划旅行时间内游客每天用餐收费标准之和构成。

地方风味餐差是指地接旅行社宴请游客品尝地方风味的费用。地方风味餐的标费通常由当地基本餐费加上标准风味餐差构成。

（3）交通费

交通费即旅行交通费，它由旅游出发地到旅游目的地之间往返的交通费和到达旅行目的地之后游览参观时的交通费构成。一般包括航空机票费、火车票费、长途汽车费和游览包车费等。

（4）门票费

门票费即游览参观点的门票费，它包括各收费景点的门票费，乘坐景点内的电瓶车、索道等运载工具的费用，电梯费等。当前，我国旅行社推出的全包价，一般只包括各景点的首道门票费，而不包括景点内小景点的门票费和乘坐电瓶车、索道的费用等。

（5）翻译导游费

翻译导游费是指翻译、导游的差旅费和劳务费。翻译导游费的收费标准根据旅行团的人数确定，人数越少，收费标准越高，反之则越低。翻译导游费由全程陪同费加上地方陪同费构成。

全程陪同费，也称全陪费，它由全陪翻译导游差旅费加上劳务费构成。全陪翻译导游差旅费按照国内一般公务人员差旅费标准计算，包括全陪翻译导游赴首站至终站陪同期间及返程的全部交通费、住宿费、陪餐费（不含宴会）和差旅补助费。

地方陪同费，也称地陪费，它主要是指地方陪同导游劳务费。这部分费用也是按照旅行团人数确定收费标准。我国各旅游相关单位一般都对导游实行免费接待，因此其交通费、住宿费和陪餐费成本会相应减少。

（6）领队减免费

领队减免费是指为了鼓励旅行团团长或领队带领团队而发生的费用。例如，我国旅行社往往对10人以上团体级或大包价旅行团的领队，按照一定的标准减免领队全部或部分旅游费用，并把这部分费用人均摊入包价成本，称为领队减免费。当前，国际通行惯例是对16人以上旅行团，实行满16免1的价格优惠，我国大多数旅游接待单位对10人以上旅行团，实行满10免1的价格优惠。

（7）管理费

管理费是根据有关管理规定而发生的管理费用。这些费用由地方管理费、总社管理费构成，并且按照每人每天平均收费计入成本。

（8）附加费

附加费是指上述计划费用以外的，旅行团在游览期间临时发生的费用，包括汽车超公里费、游船（游艇）临时加收的服务费，以及各游览参观点由于种种原因临时加收的费用。这部分费用也应按照一定的标准进行计算，并按照每人每天平均收费计入成本。

（9）综合服务费

综合服务费即旅行社的综合毛利，它由组团旅行社和地接旅行社手续费构成。这部分费用按照旅行团人数等级和质量标准进行计算，通常与旅行团的人数成反比，与旅行团的服务规格成正比。

（10）不可预见费

不可预见费是指由于种种不可预见的原因而临时发生的费用，主要包括由非旅行社直接责任引起的旅行社违约损失赔偿费，以及其他难以预料而又必须支付的费用。这部分费用也要按照一定的标准计算，并摊入成本。由于不是每个旅行团都能用上不可预见费，因此这部分费用的计算尺度比较难以掌握。目前，多数旅行社还没有把这项费用正式列为成本项目，只是在其他成本项目的收费中考虑了这方面的因素。

（11）保险费

保险费即游客旅行保险费。

旅行社全包价=上述11项费用+税金及附加。

2.半包价

半包价是指在全包价的基础上，扣除中、晚餐费用的一种包价形式。其目的是降低旅游线路的直观价格水平，提高旅游产品的竞争能力，同时也可以更好地满足旅游者在用餐方面的不同要求。

3.小包价

小包价又称可选择性旅游价格，由非选择部分价格和可选择部分价格组成。非选择部分价格包括接送、住宿和早餐的费用，由旅游者在旅游前预付。可选择部分价格包括导游、风味餐、节目欣赏和游览参观等的费用，由旅游者自由选择。

4.零包价

零包价是一种独特的价格形态，多见于发达国家。参加这种旅游的游客必须随团前往和离开旅游目的地，但在旅游目的地的活动完全由旅游者自己安排。旅游者参加零包价旅游的好处在于，可以获得团体机票价格的优惠。需要注意的是，零包价与零团费是两个不同的概念。

5.单项委托服务价格

单项委托服务价格又称委托代办业务收费，它是旅行社根据旅游者的具体要求而提供的各种有偿服务收费。旅游者需求的多样性决定了旅行社单项委托服务内容的广泛性。单项委托服务价格主要包括：导游服务收费、接送游客服务收费、行李服务收费、订房服务收费、订餐服务收费、订票服务收费、代办签证以及代办其他各项服务收费等。

（二）按旅游活动涉及的范围划分

1.国际旅游价格

国际旅游价格是指从客源国（或地区）到目的国（或地区）之间的往返交通费、旅游产品价格、本国及外国旅行社的相应费用及利润。

2.国内旅游价格

国内旅游价格是向本国旅游者标明的价格。

由于不同国家的经济发展水平不一样，不同国籍的旅游者的购买力在客观上存在差异，因此，区分国际旅游价格与国内旅游价格不仅符合旅游经济活动的实际情况，而且有助于经济相对落后的国家或地区吸收更多的外汇。

（三）按旅游者对旅游产品的需求程度划分

1.基本旅游价格

基本旅游价格是指旅游者在旅游活动中必须消费的旅游产品价格。

基本旅游产品能够为旅游者的旅游活动提供基本服务，如果缺少这种服务，则旅游者的旅游活动将无法进行，因此合理确定基本旅游价格极为重要。

2.非基本旅游价格

非基本旅游价格是指旅游者在旅游活动中非必须消费的旅游产品价格。

非基本旅游产品虽然不直接影响旅游活动的进行，但由于不同旅游者的需求存在差别，因此制定合理的非基本旅游价格，可以在一定程度上满足更多旅游者的需求，从而提高旅游企业的收入。

（四）从旅游企业的营销角度划分

1. 旅游差价

（1）旅游差价的概念

旅游差价是指同种旅游产品由于不同地区、不同时间、不同环节、不同质量而引起的一定幅度的价格变化或价格差额。

（2）旅游差价的类别

由于旅游业的综合性和季节性较强，同时也受到旅行社之间价格竞争的影响，因此旅游差价的出现是一种常态。通常，旅游差价主要有地区差价、季节差价、批零差价、质量差价等具体表现形式。

①地区差价。地区差价是指同种旅游产品由于所在地区的不同而产生的价格差额。例如，冷热点旅游地区之间存在差价，这种差价对于促进不同地区旅游业的发展起到了积极作用。

②季节差价。季节差价是指同种旅游产品由于时间不同而产生的价格差额。例如，淡旺季差价可以有效调节淡旺季的供求关系，促进旅游产品价值的实现。

③批零差价。批零差价是指同种旅游产品批发价格与零售价格的差额。批零差价有两种形式：一种是批发商和零售商之间的批零差价；另一种是旅行社和旅游产品经营者之间的批零差价。

④质量差价。质量差价是指同种旅游产品由于质量不同而产生的价格差额。例如，饭店按星级设定房价，飞机按座位等级分别定价等。

2. 旅游优惠价

（1）旅游优惠价的概念

旅游优惠价是指旅游产品供给者在明码公布的价格的基础上，给予一定比例的折扣或优惠的价格。例如，旅行社周年庆时的打折优惠。

（2）旅游优惠价的类别

随着市场竞争的加剧，旅行社为了在市场中保持竞争优势，会进行一系列的市场促销活动，这样就出现了旅游优惠价这种特殊形式。

一般来说，旅游优惠价主要有四种形式：

①同业优惠，即对同行业者实行的价格优惠。

②销售量优惠，即根据消费者的购买数量实行的价格优惠。

③老客户优惠，即对经常购买本企业产品的客户实行的价格优惠。

④特殊群体优惠，即对军人、教师、学生、本地市民、残疾人士等特殊群体实行的价格优惠。

三、旅游产品价格的特点

（一）综合性与协调性

旅游产品能够满足旅游者食、住、行、游、购、娱等多方面的需求，因此旅游产品价格必然是旅游活动中食、住、行、游、购、娱等价格的综合表现。同时，由于旅游产品的供给方分属于不同的行业与部门，必须对这些行业与部门进行科学协调，使它们的产品相互补充、有机搭配，因此旅游产品价格又具有协调性。

（二）一次性与多次性

在旅游产品中，餐厅的食品、旅游纪念品等，是使用权与所有权均出售，其价格是一次性的；而旅游景点、旅游交通和客房等，均只出售使用权，不出售所有权，在不同时间的价格有所不同，其价格是多次性的。因此，旅游产品价格实质上是一次性与多次性相统一的价格。

（三）波动性与高附加值性

由于旅游需求会受到诸多不可预测因素的影响，因此旅游者的旅游需求及旅游动机也是千变万化的，但旅游供给又相对稳定，于是这种供求之间的矛盾就会造成相同的旅游产品在不同的时间里价格差异较大，从而使旅游产品价格具有较大的波动性。从某种程度上讲，旅游活动就是旅游者获得一次独特心理感受的过程。旅游产品的档次越高，旅游者需要支付的费用也越高，其中便蕴含了较高的附加值。

（四）垄断性与市场性

每个国家或地区的旅游资源都不可能是完全相同的，也就是说，每一种旅游产品都有其个性，这就决定了旅游产品价格具有一定的垄断性，它表现为在特定的时间和特定的空间范围内，旅游产品的价格远远高于其价值，高于凝结于其中的社会必要劳动时间。同时，旅游产品必须接受旅游者的检验，随着旅游者需求条件的改变，旅游产品价格必须进行相应的调整，这又使得旅游产品价格具有市场性，即随着市场供求的变化而变化。

案例窗7-1　　　　　　　**"史上最豪华旅游团"报价50万元**

2010年4月29日，携程旅行网、台湾易游网、香港永安旅游三方强强联手，同时推出顶级旅游团"环游世界60天"，报价50万元。这是国内首次真正意义上的环游世界行程，包括大洋洲、南美洲、欧洲、非洲、亚洲、南极洲、北极圈，并成功攻克了行程规划、组织、预订、协调过程中的复杂难题，安排了16段国际航线商务舱、15段区域航线经济舱和2段邮轮，以及游艇、直升机、登山火车等全方位海、陆、空交通服务，参观的都是各大洲最具代表性的景点，入住的都是全世界顶级的酒店，还提供专业的管家和专家式游览、管理服务。"环游世界60天"顶级行程开售后9分钟内，就报满了计划的20人名额。

由于报名情况超过预期，为了尽量满足客人的需求，主办方增加了机位，名额由计划的20人增加到29人，分为两个团出行。这些客人的定金（每人10万元）全部交付后，主办方开始确认和安排航班、地接社等资源，正式启动这个"史上最豪华旅游团"行程，并准备于2011年初起航。2011年4月21日，"环游世界60天"顶级行程顺利完成在各大洲的游历，回到国内。

资料来源　佚名.旅行社管理之产品定价策略案例分析［EB/OL］.［2014-01-03］.http：//www.docin.com/p-749886906.html.

案例分析：此次"环游世界60天"顶级旅游团成功地为中国高端旅游消费者提供了环游世界服务，在行程范围、豪华程度以及组团形式等方面，都创造了中国旅游市场的新纪录。携程旅行网因此提高了品牌影响力，提升了出境旅游服务水平，彰显了以创新精神和优质服务为本的在线旅游服务商形象。

四、旅游产品价格的影响因素

从旅行社的角度来看，旅游产品价格的影响因素分为可控因素和不可控因素两大类。

（一）可控因素

1.旅游产品的成本

成本是影响旅游产品价格最直接的因素，它决定了旅游产品在市场中运营的最低价格。在旅游包价中，单项产品成本的变化对整体产品价格的影响很大，具有成本优势的旅行社往往可以制定出具有吸引力的价格。例如，一些旅行社由于自己合股投资建设了景区，因此可以获得更低的门票价格，其旅游线路的成本就随之降低，从而能够获得同等条件下更低的旅游包价，这也是近年来旅游资源不断整合、旅游集团不断出现的直接原因。

2.旅游产品的定位

产品定位的目的是向目标消费者传递一种产品形象，而价格是产品形象的直接体现。例如，某家旅行社的某条旅游线路如果定位为高端产品，那么宣传时也要向消费者传递一种高品位的产品形象，而其不菲的价格就向目标市场传递了这样的信息。

3.旅游产品的特色

俗话说："人无我有，人有我优，人优我特。"具有特色的旅游产品肯定会吸引更多旅游者的注意，那么这类旅游产品的价格通常要比同类旅游产品的价格高。

4.旅行社的营销目标

旅游产品价格必须服从旅行社的营销目标。如果旅行社以扩大市场占有率为目标，就会以低价策略进入市场；如果旅行社以取得最大利润为目标，就会以高价策略进入市场。

（二）不可控因素

1.目标消费者的购买能力

假如某条旅游线路能引起目标消费者的购买欲望，但如果价格超出了目标消费者的购买能力范围，那么目标消费者自然不会购买。

2.旅游市场的供求关系

在旅游旺季，旅游产品往往供不应求，此时，旅游产品价格必然也相应提高。

3.汇率变动

汇率就是两种不同货币之间的比价，即一国货币单位用另一国货币单位表示的价格。西方国家普遍实行浮动汇率制；发展中国家大多数实行钉住汇率制。我国自2005年7月21日起开始实行以市场供求为基础、参考一篮子货币进行调节、有管理的浮动汇率制度。汇率变动对出境和入境旅游产品价格具有明显的影响。

4.替代品价格

在旅游产品的各个组成部分中，具有相同功能的组成部分之间是一种互相替代的关系，因此替代品价格也会影响旅游产品价格。例如，旅游产品与高档消费品之间也是一种互相替代的关系。

5.国家政策及法律

任何国家都有自己的经济政策，一般来说，政府对旅游产品价格进行直接干预主要有以下两种情况：一是为了保护旅游者的利益，通过法律规定旅游产品的最高限价，如政府在广交会期间对酒店价格的限制；二是为了保护和扶持旅游企业、限制恶性削价竞争而制定最低保护价。

6.重大突发事件

重大突发事件对旅游产品价格的影响是重大的。例如，发生在2008年5月12日14时28分04秒的汶川大地震，使得四川旅游业在一段时间内受到极大的影响，旅游产品价格大幅度削减。又如，巴厘岛爆炸事件、非典疫情等重大突发事件对旅行社乃至整个旅游行业的打击也是极大的，曾经导致旅游市场一度低迷，旅游产品价格也久久不能抬头。

做一做

游艇旅游产品价格的影响因素

背景资料：

游艇旅游，即海上绿道旅游，其价格变动不但会直接影响游艇旅游业自身的消费和投资水平，也会通过替代效应、收入效应和财富效应影响其他商品和服务的消费。相关报告指出，预计到2020年，中国游艇数量将增加至10万艘，游艇交易额将达500亿元以上。对此，珠三角、长三角、环渤海城市群纷纷将游艇业作为重要产业列入发展日程。

《广东省滨海旅游发展规划（2011—2020年）》中提出，广东要打造以广州、深圳、珠海为核心，以汕头、湛江、中山、东莞、江门、阳江、茂名、惠州、汕尾等游艇俱乐部群为支撑的滨海游艇旅游黄金海岸带；建成广州南沙、生物岛、珠海平沙和深圳大鹏湾4个游艇基地。由此，广东或将成为国内游艇产业第一大省。

未来，广大市民可以自己开游艇去旅游或者租游艇旅游，也可以坐几十元的游船旅游。此举将进一步推动游艇产业发展壮大。广东省拟定的10条海上绿道旅游试航线路如下：

1.中国近代历史文化游：广州市区—黄埔—东莞虎门—中山

途经景区：大元帅府、黄埔军校旧址、南海神庙、长洲岛旅游区、虎门鸦片战争博物馆、海战博物馆、中山故居。

2.岭南水乡游：广州南沙—中山—珠海外伶仃岛

途经景区：南沙湿地、百万葵园、岭南水乡、南朗红树林、外伶仃岛。

3.主题公园欢乐游：深圳大梅沙—蛇口—珠海—横琴岛

途经景区：明思克航母世界、东部华侨城、欢乐海岸、圆明新园、长隆海洋王国。

4.温泉养生康体游：中山—珠海斗门—江门新会

途经景区：锦绣海湾温泉城、珠海御温泉、珠海海泉湾、古兜温泉度假村。

5.滨海高端休闲游：汕尾红海湾—惠州巽寮湾—深圳大梅沙—中山神湾盛世游艇会—江门上川岛

途经景区：汕尾红海湾、惠州巽寮湾旅游度假区、深圳大梅沙度假区、中山神湾盛世游艇会、上川岛飞沙滩旅游度假区。

6.蓝色海洋浪漫游

线路1：湛江—茂名放鸡岛—阳江海陵岛。

途经景区：湛江五岛一湾、惠州放鸡岛旅游度假区、阳江海陵岛旅游度假区、南海一号。

线路2：廉江—遂溪—雷州—徐闻。

途经景区：廉江高桥红树林、遂溪江洪仙群岛、雷州赤豆寮岛、雷州天成台旅游度假村、徐闻大汉三墩旅游区、白沙湾旅游度假区。

7.潮汕文化民俗游：潮州—汕头南澳岛—揭阳—汕尾红海湾

途经景区：潮州明代所城（金狮湾、绿岛山庄）、汕头南澳岛、揭阳惠来、汕尾红海湾。

8.内河绿色画廊休闲游：肇庆德庆—云浮云安—佛山三水—顺德—番禺

途经景区：德庆—云安—肇庆百里画廊、肇庆七星岩、三水荷花世界—长鹿农庄、宝墨园。

9.岭南历史文化山水风光游：广州—佛山—清远—韶关

途经景区：广州、佛山三水、清远北江、飞霞风景名胜区、飞来峡水利枢纽风景区、英德宝晶宫旅游度假区、曲江马坝人、乳源大峡谷、韶关—仁化丹霞山。

10.东江绿色生态游：东莞—惠州—河源

途经景区：虎门鸦片战争博物馆、惠州西湖、罗浮山、龙源温泉度假区、万绿湖。

游艇旅游一直被误认为全都是高端奢侈品。对于豪华游艇、超级游艇，这确实是奢华的，政府部门要求征收奢侈品消费税，但对于小型游艇、帆船、钓鱼艇等，税费是否合理，将直接影响游艇旅游大众消费市场的发展。所以，分析游艇旅游产品价格的影响因素并进行合理定价，具有重要的现实意义。

资料来源　彭国华.广东将成游艇产业龙头［N］.南方日报，2013-12-14（A10）；佚名.广东将力推游艇业发展：拟10条游艇海上绿道［EB/OL］.［2012-08-08］. http://travel.163.com/12/0808/11/88COQ97400064KQ2.html.

实训内容：

根据广东省海上绿道旅游产品线路规划的背景资料，分析影响游艇旅游产品价格的主要因素，并从10条线路中挑选1条，帮忙制订该线路的游艇旅游宣传方案（文本或PPT）。

实训目标：

1.掌握旅游产品价格的影响因素。

2.学会以游客的体验诉求为出发点，宣传旅游产品。

实训组织：

1.组成3个或4个小组，每个小组花5～10分钟，确定本小组认为最可能影响游艇旅游产品价格的因素，然后挑选1条线路进行方案策划。

2.指定1位小组成员将所提出的各种方案写下来，并合作完成方案稿。

实训记录：

1.影响游艇旅游产品价格的主要因素是什么？

2.游艇旅游产品宣传方案：
_____

_____

3.宣传方案的营销创新点：
_____

_____

效果评价

1.以小组为单位发表观点，并提交宣传方案。

2.每个小组推荐1名成员做主题发言，阐述小组观点及宣传方案，并给本组打分。

3.每个小组在阐述过程中，其他小组及主讲教师对其进行专题评价，见表7-1。

表7-1　　　　　　　　　　　**"游艇旅游产品价格的影响因素"训练项目评价表**

项目主题 （分值）	评价指标 （分值）	标　准	小组自评 （20%）	小组互评 （30%）	教师评价 （50%）	最后得分 （100%）
游艇旅游 产品价格的 影响因素 （100分）	知识运用 （20分）	理解游艇旅游产品的基本概念、特征；掌握游艇旅游产品价格的影响因素				
	技能掌握 （30分）	能对游艇旅游产品的特点进行分析；能把握游艇旅游市场运行的规律				
	职业核心 能力表现 （20分）	培养旅游市场营销的创新思维				
	职业道德 修养 （10分）	乐于奉献的精神、团队精神、责任良知				
	成果展示 （20分）	宣传方案具有可操作性、效果良好，创意新颖、独特				

4.教师与学生依据最后得分情况，确定最优宣传方案。

任务2　旅游产品价格制定

任务目标

知识目标：了解旅游产品价格制定的原则，熟悉旅游产品价格制定的基本程序，掌握旅游产品价格制定的方法。

能力目标：能有效制定旅游产品价格。

素养目标：培养旅游产品价格制定的创新思维。

任务导入

全球最佳航空公司——新加坡航空

新加坡航空公司在2018年度Skytrax全球航空公司评选中荣获"全球最佳航空公司"大奖。此外，新加坡航空还在"全球最佳头等舱"、"亚洲最佳航空公司"和"最佳头等舱座椅"三个奖项类别中荣膺榜首。

在颁奖仪式上，新加坡航空首席执行官吴俊鹏表示："全球航空公司大奖是根据乘客直接反馈评选而出的。我们深知，在当前竞争激烈的全球市场中，他们其实有许多航空公司可以选择。乘客的认可将进一步激励我们提升新航品牌承诺的三大支柱——卓越的服务、优质的产品和便捷的航线网络链接，以确保我们能够保持竞争优势，持续满足并超越客户的期望。"

自成立以来，新加坡航空便将高水平的产品与优良的飞行服务结合起来，从而赢得了"航空界创新服务领导者"的美誉。2017年11月2日，新加坡航空推出了新的客舱设计，最引人瞩目的仍然是头等舱，12个套间变成了6个，房间变得更宽敞，有一张独立的床，还有一张真皮沙发、两个独立的盥洗室，以及衣柜、32英寸的显示屏。除了头等舱套房之外，新加坡航空还有78个商务舱座位和44个优选经济舱位。商务舱每个舱段的第一排中间双人座都可以变身为全平躺的双人床。在优选经济舱，乘客可以以相对低廉的价格，享受绝对VIP级别的待遇。

动画：航空服务

资料来源 佚名.新加坡航空荣获Skytrax 2018年度"全球最佳航空公司"大奖［EB/OL］.［2018-07-18］.http://travel.sina.com.cn/flights/news/2018-07-18/detail-ihfnsvza0074732.shtml；罗松松.新加坡航空推出全新A380客舱设计 在"床"上下了不少功夫［EB/OL］.［2017-11-04］.http://www.sohu.com/a/202228127_168553.

问题：

根据上述案例分析新航之"新"。

学一学

一、旅游产品价格制定的原则

在旅游企业中，特别是私营旅游企业中，一般先由最高决策者或者决策层确立总的价格制定目标和原则，再由具体部门的人员按定价目标和原则制定出不同的产品价格，最后报给最高决策者或者决策层审批确定。旅游产品价格制定的原则主要有以下几条：

（一）利润最大化原则

在市场经济中，企业进行生产经营活动的直接目的是最大化获取利润。但利润最大化并不等同于制定最高的价格，而是要在一定的市场周期内制定各种不同的符合市场需求的价格。旅游企业应该将追求利润最大化作为一个长期目标，不可盲目追求当前利益，导致定价不合理。

（二）销售量及市场份额最大化原则

旅游企业要达到一定的盈利目标，就必须使自身的产品在市场中达到一定的销售量或市场占有率。在销售量提高的同时，市场份额自然也会相应提高。但旅游企业在制定产品价格时不能盲目追求销售量及市场份额最大化，因为这样容易出现盈利微薄且价格恶性竞争的局面。

（三）应付行业竞争原则

对旅行社来讲，应付行业竞争往往是制定及调整价格的重要原则。大型旅行社或者行业领袖在应付行业竞争时，有很多方式可以选择，而中小旅行社由于自身实力所限，能够采取的应付行业竞争的方式很少。

（四）产品质量保证原则

不管旅游企业如何追求利润和应付行业竞争，有一条根本原则就是，旅游产品必须有质量保证，绝不能以牺牲产品质量来降低市场价格，从而形成价格恶性竞争。当旅游企业长期良好地运营时，高质量的产品和服务往往会给企业带来长期平均成本的降低，最终形成更为突出的竞争优势。

二、旅游产品价格制定的程序

旅游产品价格的制定不能盲目进行，而应在综合考虑目标市场消费能力、单个产品成本、市场环境等各种因素的前提下有步骤地进行。一般而言，旅游产品价格制定可以按以下五个步骤进行：

（一）判断目标市场的消费能力

由于目标市场的购买力是有限的，并且需求处于变化状态，因此对目标市场的消费能力进行判断，可以为旅游产品价格上限的设定提供依据。如果制定的旅游产品价格高于目标消费者的购买能力，消费者就会无力购买，购买行为就无法发生，销售目标也就不可能实现了。

（二）估算旅游产品成本

估算旅游产品成本是为了给旅游产品确定一个价格下限，旅游产品价格只有处在价格上限与下限之内，旅游企业与目标消费者的需求才能同时获得满足，从而实现交易。

（三）分析市场环境

在不同的市场环境下，旅游产品的价格不同。在设定旅游产品价格的下限之后，旅游企业还不能立即确定市场价格，还应了解市场环境，如竞争对手的价格水平和政府的限价措施等。市场环境分析还包括分析企业面临的各种外界机会和威胁，这些机会和威胁不但在营销方面，还在资金运转等方面对旅游产品价格产生影响。

（四）选择定价策略

制定旅游产品价格的策略主要有心理定价策略、促销定价策略及新产品定价策略等。旅游企业必须根据不同的关键因素并结合自身的经营目标来选择不同的定价策略。例如，旅行社线路的价格经常以吉利数字6或8为尾数，这样更容易让消费者接受。

（五）确定定价方法

以上四个步骤完成之后，就是确定定价方法，定价方法主要有成本导向定价法、需求导向定价法及竞争导向定价法。

案例窗7-2　　　对特殊旅游产品定价策略失当，北京旅行社错失F1商机

F1上海站比赛于2004年9月26日盛装落幕，10余万来自国内外的观众涌到上海。其中，北京的游客，没将自助散客计算在内，至少也有2 000人。但遗憾的是，北京的旅行社没能成功地组出一个F1赛事旅游团来，这让人大跌眼镜。

F1上海站比赛的观赛票在中国总共销售了15万张，在开赛前一个月就已全部售完，从300多元的站票到最高近3万元的贵宾围场票，分别由上海的多家机构负责分销，其中包括上海春秋国旅。上海春秋国旅在北京的全资子公司——北京春秋国旅向总社申请了1 027张票，这是北京分到的散票量。

北京春秋国旅介绍，1 027张票在8月底就已经售完，北京春秋国旅想向总社追加时才发现，上海总社的票都不够卖，无法追加。北京春秋国旅卖这1 027张票可以得到3%~18%的回佣。卖票赚了多少钱，北京春秋国旅并没有透露，只是告诉记者，卖满1 000万元才能得到18%的回佣，卖满100万元只有3%的回佣。按每张票最高3 700元计算，北京春秋国旅的门票销售额最多也才380万元，能得到的回佣不过区区几万元。

此前在7月，北京春秋国旅曾向媒体表示，要借助票源优势，对该社从北京出发的华东5日游添加F1赛场参观以及观赛项目，打造成"F1观光游"。而事实上，北京春秋国旅基本上没有组织游客进行"F1观光游"，走的还是普通的华东5日游。问其原因，北京春秋国旅只表示"说来话长"。

记者向中青旅、国旅、港中旅等其他北京旅行社了解的情况也不乐观。各社负责人纷纷表示，由于没有获得门票的代销权，缺乏首要的成团因素——观赛票，且向春秋国旅买票再卖成本更高，加上F1有一定的专业性，因此其根本没有过要开发F1相关旅游产品的想法。虽然北京拥有庞大的F1迷群体，但北京旅行社在相关旅游产品和配套服务的开发和运作上却是一片空白，原因主要有以下几点：

1.上海当地的交通问题

本来以为可以像以前一样采用普通包车，每位游客每天20元即可，后来却发现上海临时规定，每辆包车都需要购买专用通行证，每天场外400元、场内600元，而且不同的车之间不能转用。如果用出租车，则只能停在离赛场3 000米的地方，游客只能步行。所以，多出来的成本让旅行社措手不及。

2.酒店房价问题

普通三星级酒店的标间在平时每天只要150元人民币，而F1期间临时疯长到700~1 000元人民币，五星级酒店如新锦江大酒店，更是从260美元涨到600美元。对于需要提前向客人报价的旅行社来说，实在是跟不上变化。

3.游客消费心理问题

真正有钱的、专业的车迷不会选择跟旅行社去看F1，他们会自己选好住宿和交通，不会在意价格。还有相当一部分人是公司买单，也不通过旅行社。

综合而言，旅行社需要在基础报价上加 2 000 元才能保本，如原来的华东 5 日游报价需要从 1 800 元涨到 3 800 元，这是令普通游客无法承受也无法理解的。此外，还有机票折扣变化和当地临时政策变化，都令北京的旅行社晕头转向，所以旅行社没有对 F1 专项旅游产品进行宣传和包装。

负责 F1 专项操作的上海春秋国旅负责人却有不同的说法。据上海方面介绍，北京很多大客户如 HP、中石化、中国联通，都是直接向上海春秋国旅买票的，每家动辄几百张，所以从北京专门前来观看 F1 的人至少有 2 000 人，还不包括一些自助散客。与北京春秋国旅的无所收获相比，其总社上海春秋国旅却大赚了一笔，售票超过 1.2 万张，销售额达到 1 000 多万元，销售额在上海众多分销商中排第一位。按 18% 的回佣率计算，上海春秋国旅卖票就赚了近 200 万元。此外，上海春秋国旅还接待了几千人的 F1 专项旅游，这条旅游线路以普通华东 5 日游的报价为基础报价，游客再随意添加不同等级的票。由于 F1 期间各项成本均有提高，因此华东 5 日游的报价翻了 2～3 倍。

资料来源　杨珺.设计特殊产品能力弱，北京旅行社错失 F1 商机［N］. 京华时报，2004-09-30（B52）.

案例分析：旅行社在进行产品定价时，需要考虑旅游消费者心理、市场条件等因素，以免因操作不当而错失市场机会。

三、旅游产品价格制定的方法

前文讲过，确定定价方法是旅游产品价格制定的最后一个步骤，更是一个具体到量的步骤。下面我们具体介绍一下旅游产品价格制定的方法。

（一）成本导向定价法

成本导向定价法就是以成本为中心和出发点的定价方法，即在产品成本之上再加一定数量或一定比例的收益量，最终形成产品的价格。成本导向定价法又可分为两种，即成本加成定价法和目标收益定价法。

1.成本加成定价法

成本加成定价法是指在产品成本之上再加适当的加成百分比进行定价的方法。其计算公式为：

单位产品价格=单位成本×（1+加成率）

其中，加成率是指预期利润占单位产品成本的百分比，时间不同、地点不同、环境不同，加成率也不同。

2.目标收益定价法

目标收益定价法力求为企业带来适当的利润，以弥补投资成本。采用目标收益定价法，首先要确定目标收益率及目标利润，然后预测总成本（固定成本加变动成本）并预测销售量，最后才能确定产品的价格。其计算公式为：

单位产品价格=（总成本+目标利润）÷预期销售量

目标收益定价法适合旅游产品在市场上占有率很高的大型旅游企业或旅游产品具有垄断性的旅游企业采用。

（二）需求导向定价法

需求导向定价法强调依据消费者对产品价值的认知和对产品的需求程度来制定价格，而不是以生产成本为中心制定价格。需求导向定价法又可分为两种，即理解价值定价法和差别定价法。

1.理解价值定价法

理解价值定价法是指以旅游者对产品价值的理解和认知程度为依据制定旅游产品价格的方法。

理解价值定价法的主要依据是：

第一，旅游产品和服务能给旅游者的利益回报。

第二，旅游产品和服务的品牌形象。

第三，旅游产品和服务的独特性。

2.差别定价法

差别定价法也叫需求差异定价法，是指针对不同的顾客，或者在不同的时间和地点，依据基本价格给旅游产品制定不同价格的方法。

差别定价法在具体实施时，主要有以下四种方法：

第一，针对不同的消费群体，制定不同的价格。

第二，针对样式不同的同种产品，制定不同的价格。

第三，在不同的地理位置，制定不同的价格。

第四，在不同的季节和时间，制定不同的价格。

（三）竞争导向定价法

竞争导向定价法是指根据竞争状况的变化来确定和调整价格的方法。竞争导向定价法又可分为两种，即率先定价法和随行就市定价法。

1.率先定价法

率先定价法是指旅游企业根据市场竞争环境，率先制定出符合市场行情的旅游产品价格，以吸引游客而争取主动权的定价方法。

率先定价法的适用范围：实力雄厚或产品有特色的旅游企业。

率先定价法的优点：能在激烈竞争的市场环境中获得较大的收益，居于主导地位。

2.随行就市定价法

随行就市定价法又称流行水准定价法，是指根据旅游市场中同类产品的平均价格水平，或以竞争对手的价格为基础制定价格的方法。

旅游企业不论采用率先定价法还是随行就市定价法，都必须认真进行市场调查研究，并在此基础上全面分析竞争对手、竞争环境和企业自身条件等各方面的情况，不能盲目跟随定价。

旅行社因其行业特殊性，在制定旅游产品价格时还应注意以下几点：首先，整体报价中每一个单项产品的价格都不能高过该单项产品对游客的报价。其次，应综合考虑单团规模，不可忽视陪同人员费用。最后，应综合考虑旅游供给的局部短缺与过剩给旅游产品成本带来的影响。

做一做

2元"旅游券"陷阱

背景资料：

王女士夫妇近期想去港澳旅游，选择某网站上热销的一款旅游券，只需2元钱就可以买到价值3 980元的港澳4天3夜双人游产品。王女士拨打旅游券上的电话咨询，对方说"此类销售受香港特别行政区政府支持"，所以价格便宜，除此之外，每人还要交170元导游费和50元口岸手续费。因为是优惠券，所以不会签订旅游合同。看着网上400多条成交记录，王女士毫不犹豫地下单并报了名。同行的人都是以旅游券的方式参团的，4天行程下来，王女士夫妇被导游带着天天在购物店转，最终买了2万多元的钻石、手表，回来经鉴定都是假货。想要投诉，一查询才知道，旅游券上的"××旅行社"和联系电话都是假的。

旅游质量监督管理所工作人员介绍，以此类旅游券方式经营属于恶性价格竞争，是旅游行政管理部门严厉打击的违法违规行为。商家宣称的"此类销售受香港特别行政区政府支持"的广告不实，香港特别行政区政府对此并不知情。

旅行社以互联网形式经营旅行社业务的，其网站首页应当载明旅行社的名称、法定代表人、许可证编号和业务经营范围。旅游者在网上购买旅游产品时，应留意相关信息并核实。

旅游者购买旅游产品，包括通过网络购买旅游产品，要与旅行社签订旅游合同，约定住宿、车辆、餐饮等标准，载明由旅行社安排的购物次数、购物场所名称、每次最长停留时间以及需要旅游者另行付费的游览项目及价格。

旅游者在购物时，应要求商家开具发票，标明购买商品的名称、数量、单价，并加盖商家发票专用章或财务章，旅游者收到发票后要仔细核实并妥善保存。

旅游者参加旅游活动时，应当对旅游产品的品质、旅游服务质量和价格进行综合考虑，不要单纯追求低价，否则自身利益将会受到损害。

资料来源　佚名. 在线旅游价格战的背后更多是降低服务品质［EB/OL］.［2015-03-11］. http：//tech.sina.com.cn/i/2015-03-11/doc-icczmvun6639485.shtml.

实训内容：

以小组为单位，通过查找资料，以成本导向定价法为依据，研讨为何不能对"2元钱就可以买到价值3 980元的港澳4天3夜双人游产品"心存侥幸。

实训目标：

1.熟悉成本导向定价法。

2.掌握旅游产品价格制定的方法。

实训组织：

1.以3～4人为一个小组，由组长确定小组分工，指定1位发言人在老师提问时向全班报告自己小组的结论。

2.小组成员分头查找网络或书籍资料，并在小组内分享、讨论，准备好阐述资料。

实训记录：

1.简述成本导向定价法：

_____

_____

2.为何不能对"2元钱就可以买到价值3 980元的港澳4天3夜双人游产品"心存侥幸？

_____

_____

3.请以成本导向定价法为依据，对其价格进行有针对性的剖析。

_____

_____

_____

效果评价

1.以小组为单位组织交流、研讨。

2.每个小组推荐1名成员做主题发言，从小组互评、教师评价两个方面进行评分，见表7-2。

表7-2　　　　　　　　　"2元'旅游券'陷阱"训练项目评价表

项目主题 （分值）	评价指标 （分值）	标　准	小组互评 （20%）	教师评价 （80%）	最后得分 （100%）
2元"旅游券"陷阱（100分）	课堂研讨表现 （40分）	小组研讨组织得当，全员参与，研讨知识、方法、技术运用正确			
	主题阐述 （60分）	阐述的内容具有可行性，效果良好，观点新颖、独特，能把握成本导向定价法			

任务3　旅游产品的定价策略与价格调整策略

任务目标

知识目标：掌握旅游产品的定价策略与价格调整策略。

能力目标：培养学生掌握产品定价所需的市场调查能力、资料整理分析能力、价格方案设计能力、定量分析能力、价格策略的运用能力。

素养目标：培养公平、公正、诚实、守信的职业态度。

任务导入

天价"超豪华游"可以走多远？

澳大利亚旅游局推出天价"超豪华游"度假套餐，以吸引来自中国的最富有阶层到澳大利亚亲历"用钱买不到"的旅游度假体验。这个定价每人7万澳元的22天游旨在展示澳大利亚的自然环境、都市生活及文化底蕴。

澳大利亚旅游局承诺这个高端旅游套餐将带着中国富豪走入澳大利亚每个州和领地，下榻最舒适、豪华的酒店，品尝澳大利亚美食、美酒，体验最具澳大利亚特色的景致。

澳大利亚旅游局总经理坦承这个"超豪华游"是该部门制定的中国2020战略的一部分，其主要目的是吸引中国媒体和富翁们的广泛关注。澳大利亚旅游局预测，到2020年，中国到澳大利亚旅游的人数每年可能高达100多万人次，中国游客在澳大利亚的年度总花销可望达到130亿澳元。

资料来源 方腾. 澳旅游局针对中国推出超豪华度假游 人均7万澳元〔EB/OL〕.〔2014-10-31〕. http：//news.163.com/14/1031/15/A9T67DS100014SEH.html.

问题：

1.高价旅游产品定价的内在影响因素是什么？

2.高价旅游产品的市场前景如何？

学一学

一、旅游产品的定价策略

（一）心理定价策略

心理定价策略是指刺激和迎合消费者购买旅游产品的心理动机的一种定价策略。它包括尾数定价策略、声望定价策略、价格线定价策略等。

1.尾数定价策略

（1）奇零定价策略

奇零定价策略即以一个零头尾数结尾的非整数价格来定价。这种定价策略能够给消费者一种便宜的感觉。

（2）整数定价策略

整数定价策略即采用合零凑整的方法来定价。这种定价策略可以满足旅游者显示自己的地位、声望、财富等心理需要。

2.声望定价策略

声望定价策略是指根据旅游产品在消费者心中的威望，制定较高价格的一种定价策略。名优旅游产品最适宜采用这种定价策略，因为消费者有崇尚名牌的心理，往往以价格判断质量，认为高价代表高质量。

实施声望定价策略的条件包括：其一，旅游企业有较高的声誉，其旅游产品必须是优质产品，并且能够不断改进；其二，价格不能超过旅游者心理和经济上的承受力。

3.价格线定价策略

价格线定价策略是指针对不同档次的产品制定不同价格的定价策略。价格线非常明确地向目标市场表达了产品档次的差别，在制定价格线时，应充分考虑几种价格水平之间的配合情况。

实施价格线定价策略应注意：其一，档次划分要适当；其二，价格差别既不能过大，也不能过小。

（二）促销定价策略

促销定价策略是一种促销导向的定价策略，是指为了达到促销目的，对产品暂定低价，或暂以不同的方式向顾客让利的策略。定价时要考虑企业促销活动的需要，使价格与促销活动相互协调。

1.招徕定价策略

旅游企业在自己的产品结构中，把某些产品的价格有意定得很低，给予特价优惠，以接近成本甚至低于成本，并加大宣传力度，目的是使消费者在购买这种产品的同时购买其他产品，以扩大销售，使总利润上升。这种策略容易使顾客对产品的档次产生怀疑，并形成一个低档产品的印象。

2.专门事件定价策略

在遇到重要的节假日时，旅游企业可以借机进行特价促销。一般来说，在旅游淡季采用这种策略更为适宜。

（三）新产品定价策略

1.撇脂定价策略

撇脂定价策略是一种高价策略，是指新产品在上市初期，定价较高，以便在较短的时间内获得最大利润的一种定价策略。这种定价策略的优点十分明显：首先，可以在短时间内取得较大利润；其次，有较大的降价空间；再次，可提高产品的身价；最后，可以限制竞争者的加入。这种定价策略的不足主要是因价格较高，销路难以扩大。

撇脂定价策略的适用条件如下：第一，独特性较强、不易被模仿的新产品；第二，有足够多的顾客能接受这种高价并愿意购买；第三，竞争者在短期内不易打入该产品的市场。

2.市场渗透策略

市场渗透策略与撇脂定价策略截然相反，是指将新产品以低价格投放市场的一种定价策略。其目的是迅速占领市场，取得较高的市场份额。这种定价策略的优点是较易打开产品销路，扩大销售量。这种定价策略的不足是投资回收期较长，价格变化余地小。

市场渗透策略的适用条件如下：第一，目标市场必须对价格敏感；第二，特点不突出的新产品；第三，生产和销售成本必须能随销量的扩大而降低。

3.满意价格策略

满意价格策略也称适宜定价策略，是一种折中的定价策略，它介于撇脂定价策略和市场渗透策略之间。它既能保证企业在初期获得一定的利润，又能为消费者接受。这种定价策略的优点是价格较稳定，通常可获得一定的利润，避免了不必要的竞争。这种定价策略的不足是保守、被动，缺乏适应性。

案例窗7-3　　　　　　　　　　**亚马逊的定价策略**

在消费者的观念中，亚马逊一直以价格优势闻名，但一家名为Boomerang的公司发布的研究结果显示，亚马逊的定价策略并不是做到比竞争对手的价格低一点而已。这家公司由亚马逊前员工Guru Hariharan创立，其首先利用软件记录购物网站的价格信息，然后将价格变化自动推荐给客户。这些变化通常基于客户设定的价格匹配规则，以期调整商品的价格，提高销量或利润率。

这项研究发现了亚马逊一些有趣的价格战术。

首先，亚马逊的价格并不是全网最低的。对于从业者来说，这并不令人惊讶，但是可能会让顾客感到吃惊。

根据分析，亚马逊会筛选出网站上最受欢迎的产品，并且会不断调整其价格，以在竞争中获得优势地位。Boomerang记录了亚马逊网站上一款极受欢迎的三星电视机的价格，这款售价350美元的电视机在黑色星期五的6个月前价格一直在下降，在黑色星期五的时候，价格直降到了250美元，远低于竞争者的价格。

其次，人们通常会连同新电视一起买有线光缆，在节假日的时候，亚马逊把光缆的价格提高了33%。因为光缆并不是受欢迎的产品类型，它们在购物者的消费感知中不会产生很大的影响。亚马逊很可能通过这些东西来赚取利润，因为消费者不会像买大件那样仔细比价。

在另一个例子中，亚马逊销售的一款畅销路由器的价格比沃尔玛低了20%，但对于不怎么受欢迎的路由器，其售价却比沃尔玛高30%。这个例子再一次证实了亚马逊知道哪些东西才会对消费者的购物观产生更大影响。

亚马逊的产品并不会在任何时候都是最低价，但是亚马逊长期地让那些高浏览率和畅销的产品保持稍低的价格，这会让人们产生一种错觉，即亚马逊所有的东西都是最低价的，甚至比沃尔玛还要便宜。

这项研究是Boomerang公司发布的白皮书里的一部分，在这项关于电子商务的研究中，其通过构建价格的数值模型来描述消费者的消费感知度，称为"消费感知指数"。这个指数旨在分析究竟细微的价格调整，能让亚马逊这样的商家在销售中获得什么样的有利地位。

Boomerang公司还发现，亚马逊会在促销季进行大规模调整，在节假日甚至进行了100亿次价格调整，其他商家则是每隔3个月调整一次。

资料来源　谭成好.亚马逊如何让你误认为它总是价格最低？［EB/OL］.［2015-01-15］. http://www.leiphone.com/news/201501/nbXfNvEhelUjDrB5.html.

案例分析：价格战从未间断，一个具有竞争力的价格是企业抢夺客源的重要因素。亚马逊的定价策略受到平台佣金、产品品质、采购成本、市场供需、预期利润、品牌形象定位、资金周转、竞争对手的价格等诸多因素的影响，是综合运用心理定价策略和促销定价策略的典范。

二、旅游产品的价格调整策略

（一）折扣价格策略

折扣价格策略是指根据不同的交易方式、数量、时间及条件，在基本价格的基础上加上适当的折扣形成实际售价的一种定价策略。折扣价格策略的目的是通过让价稳定老顾客、吸引新顾客，从而加快资金周转。

折扣价格策略的主要形式有：

1.数量折扣策略

数量折扣策略是指旅游企业为了鼓励旅游中间商或旅游者大批量购买，根据购买数量的多少给予不同折扣的策略，它主要包括两种形式：一是一次性数量折扣，即当旅游产品的购买数量或金额达到规定的要求时，可得到的折扣优惠；二是累计数量折扣，即根据一定时期内累计的购买总量给予的折扣优惠，这种折扣形式常见于酒店与其他企业之间。

2.现金折扣策略

现金折扣策略是指旅游企业为了鼓励旅游者早付款或者采用指定的付款方式，而给予快速付款或按指定方式付款的旅游者一定价格折扣的策略，它主要包括以下折扣方式：

（1）预订折扣

为了鼓励旅游者提前预订并交纳预付款，旅游企业可以给予一定的折扣。

（2）时间折扣

为了鼓励旅游者较早付款或在规定的日期付款，旅游企业可以给予一定的折扣。

（3）付款方式折扣

由于刷卡等结账方式会带来相应的手续费，因此很多旅游企业鼓励旅游者采用现金结账，这样就可以给旅游者相应的价格折扣。

3.功能折扣策略

功能折扣策略是指旅游企业给旅游中间商或同行业者一定的价格优惠的策略。由于不同的销售渠道具有不同的功能，带来的销售利益也不同，因此旅游企业给予的服务和价格折扣也不尽相同。

4.季节折扣策略

季节折扣策略是指旅游企业给予那些在淡季购买旅游产品的旅游者一定的价格优惠的策略。季节折扣策略可以使旅游企业保持全年经营的相对稳定性，使淡旺季的销售额相对平衡。

（二）价格变更策略

当旅游企业的发展状况不佳，或者面临各种竞争状况又别无他法时，旅游企业应主动进行价格变更，同时要对价格变更后的市场状况和消费者的反应进行分析。

旅游企业进行价格变更，一般分为主动降价和主动提价两种形式。

1.主动降价

主动降价的原因主要有：第一，旅游企业可能面临着生产和服务能力过剩的状况；第二，面临着日趋激烈的竞争，旅游企业的市场份额大幅下降；第三，旅游企业为了开拓新市场，通过削价的方式来扩大市场份额；第四，旅游企业决策者预计削价会扩大销售。

主动降价有可能带来的问题有：第一，降低价格也未必会增加旅游企业的总销售量；第二，降价之后，成本所占的比例会增大；第三，可能引起旅游企业间的价格战；第四，不容易恢复原先的价格。

2.主动提价

主动提价的原因主要有：第一，产品成本增加，旅游企业出于减少成本压力的考虑；第二，通货膨胀，旅游企业出于减少损失的考虑；第三，产品供不应求，出于遏制过度消费的考虑；第四，利用旅游者的消费心理，创造优质效应。

主动提价要把握好市场时机，主要的时机有：第一，旅游产品在市场上处于优势地位；第二，旅游产品进入成长期；第三，季节性旅游产品进入销售旺季；第四，竞争对手的旅游产品提价。

3.旅游者对旅游产品价格变动的反应

一定范围内的价格变动是可以被旅游者接受的；如果提价幅度超过可接受价格的上限，就会引起旅游者的不满，使旅游者产生抵触情绪而不愿购买该旅游产品；如果降价幅度低于下限，就会使旅游者对旅游产品产生种种疑虑，也会对实际购买行为产生抑制作用。

在旅游产品的知名度因广告而提高、旅游者的可支配收入增加、通货膨胀等条件下，旅游者可接受的价格上限会提高；在旅游者对旅游产品的质量有明确认识、收入减少、价格连续下跌等条件下，旅游者可接受的价格下限会降低。

当某种旅游产品降价时，旅游者可能这样理解：旅游产品将会因样式陈旧、质量低劣而被淘汰；旅游企业遇到财务困难，很快将会停产或转产；旅游产品的价格还要进一步下降；旅游产品的成本降低了。

当某种旅游产品提价时，旅游者可能这样理解：很多人购买这种旅游产品，我也应赶快购买，以免价格继续上涨；提价意味着旅游产品质量的改进；旅游企业将高价作为一种策略，以树立名牌形象；旅游企业想取得更多利润；各种商品价格都在上涨，提价很正常。

做一做

实训项目：

旅游线路定价。

实训内容：

1.组织学生参加当地某旅行社对某条新线路的定价全过程，学习旅游产品定价的具体操作程序，掌握旅游产品定价的常用方法。

2.参与旅行社对已有线路价格的调整过程，学习和掌握价格变更策略，学会将价格策略用于促销的技巧。

3.通过对旅游产品定价有关知识的学习和实训，尝试对某条新推出的旅游线路进行定价。

实训目标：

1.帮助学生了解和掌握开展产品定价的程序和方法。

2.训练学生掌握产品定价所需的市场调查能力、资料整理分析能力、价格方案设计能力、定量分析能力、价格策略运用能力；培养学生撰写策划报告的能力和技巧。

实训组织：

以3～4人为一个小组，参加当地某旅行社对某条新线路的定价全过程，以及该旅行社对已有线路价格的调整过程，尝试对某条新推出的旅游线路进行定价，并在小组内分享、讨论，指定专人进行阐述。

实训记录：

1.旅行社名称及基本情况：

_____

_____

2.新线路产品情况、定价方法、价格策略、促销技巧：

_____

_____

3.已有线路产品情况、价格策略、促销技巧：

_____

_____

4.某条新推出的旅游线路的定价过程：

_____

_____

效果评价

1.分组实地调研，完成训练任务。

2.每个小组推荐1名成员做主题发言，说明旅游线路定价的实例，阐述小组成员参与完成情况，并给本组打分。

3.每个小组在阐述过程中，其他小组及主讲教师对其进行专题评价，见表7-3。

4.教师与学生依据最后得分情况，确定最优陈述方案。

表7-3 "旅游线路定价"训练项目评价表

项目主题 （分值）	评价指标 （分值）	标 准	小组自评 （20%）	小组互评 （30%）	老师评分 （50%）	最后得分 （100%）
旅游线路 定价 （100分）	知识运用 （20分）	理解旅游产品定价的程序和方法				
	技能掌握 （30分）	掌握旅游产品定价所需的市场调查能力、资料整理分析能力、价格方案设计能力、定量分析能力、价格策略运用能力				
	职业核心 能力表现 （20分）	培养旅游产品价格方案设计的创新思维				
	职业道德 修养 （10分）	乐于奉献的精神、团队精神、责任良知				
	成果展示 （20分）	策划方案具有可操作性，效果良好，创意新颖、独特				

任务4 定制化旅游产品及其价格策略

任务目标

知识目标：掌握定制化旅游产品的概念、分类，熟悉定制旅游产品的流程，掌握定制化旅游产品的价格策略。

能力目标：能根据定制化旅游产品的价格策略来设计定价方案。

素养目标：培养定制化旅游产品市场营销的创新思维。

任务导入

定制旅游：奢华不是"我"的代名词

旅行社提前设定好线路等游客上门报名，游客按标准交齐团费，然后跟团一起出游——对于大多数游客而言，跟团旅游就像到商场购买服装，碰到喜欢的式样，即便颜色、大小等不太中意，也只好将就。

当个性化需求在跟团游中难以得到满足、自助游又太折腾或太费事时，私人定制旅游便在国内一些大城市悄然兴起。然而，刚被人知晓的定制旅游却似乎成为除了爱马仕、古驰等之外的另一种奢华象征。现有的定制路线中包括乘坐私人飞机去法国最知名的葡萄酒庄品酒，吃一顿米其林餐厅的大餐，泡在马尔代夫学潜水直到考取一张潜水证……难道，无奢华就表示非定制吗？

多位从事国内私人定制旅游的人士告诉记者：私人定制旅游并非高不可攀，绝对是自已说了算。

1.自助"拼"：一单定制旅游"套餐"

成立于2008年7月的森海行，在网络定制市场上拥有极高的点击率。"我们的服务并不体现在高消费上，而是要提供个性化的服务。森海　会员集中在北京、上海等大城市，基本上都是企业家等高收入人群，也有一些月薪在7 000元左右的普通白领。"森海行旅游网相关负责人介绍说。

森海行旅游网相关负责人向记者介绍："譬如一位到北京旅游的广州客人，他可以在森海行旅游网自助选择机票价位、时间，是否需要接机，酒店价位和位置。如果是亲子游，森海行还提供儿童剧、话剧门票的订购服务；如果孩子只有两岁，需要保姆，森海行同样能够提供宝贝陪护服务。"

记者登录森海行旅游网体验了一下去北京的定制旅游，发现每个服务项目在网页上都已经明码标价，并且这一价格是旅行社团购价，比自己去旅行社购买还要实惠、便利。简单地说，你要做的就是在森海行旅游网上自主、自助选择服务项目、参与人数，拼成一单自己想要的定制旅游"套餐"。

2.特色"菜"：高端定制主打"文化牌"

香格里拉其中一次被人注目，是因为一场特别定制的明星婚礼。相比于爱琴海边永恒的蓝和纯粹的白编织出的浪漫婚礼，在梅里雪山下的香格里拉结婚，丝毫没有被比下去。

在国内众多的定制旅游公司都将目的地一致瞄向海外市场的同时，日月林卡旅游策划公司独辟蹊径，专做以藏区文化为载体的香格里拉一地的定制旅游。如今，日月林卡已经拥有寻觅探险、密宗行修、探秘行摄、休闲养生4个特色定制方向，旅行方式包括峡谷登山探险、徒步普达措原始森林、露营高山牧场、行摄最美梅里雪山、体验梅里转山文化等。

"我们主要从事国内高端定制旅行，这在国内市场上可以说走在了前头。我们的定位也非常明确，立足于藏文化，将藏区作为旅游目的地进行深度开发，所以我们的线路带有非常浓厚的文化特色。"日月林卡的王总曾经是一位金融界人士，初次到香格里拉，她就爱上了这座天堂，并开始致力于香格里拉的对外推广。

"相对而言收客量比较小，但旅行质量很高。"王总如此概括本公司的定制旅游产品。在费用方面，她向记者坦言，定制旅游和现有的常规旅游产品的价格没有可比性，因为定制旅游涉及特殊资源的调度，价格常常偏高。但这也要看顾客的需求，如果不涉及偏常规文化体验，价格就不会高太多。

3.定制旅游：想说爱你不容易

"随着人们收入水平和需求层次的提高，拒绝平庸、追求个性体验的人越来越多，个性定制旅游由此诞生。"华远国旅旗下的佰程旅行网产品经理徐静说。

据不完全统计，我国做出境游私人定制的旅行社有优翔国际、群英博雅、太美、德迈国际等，它们主要提供国外以及我国港、澳、台等地的私人定制旅游服务；做国内游私人定制的旅行社有日月林卡、森海行等。此外，神舟国旅、中青旅、华远国旅、凯撒国旅、众信国旅等也有自己的私人定制旅游服务项目。

我国众多旅游机构和公司涌入定制旅游市场，旅游界对定制旅游的"钱景"皆有较好预期。日月林卡的王总认为，相比团队游、主题游等旅游形式，定制旅游的后劲和潜力更大，但市场尚不成熟。

有专家预计，随着中国经济的高速增长，人们对定制旅游会产生更多甚至是爆炸式的需求。然而，从目前的市场来看，定制旅游服务业绩平平。

定制旅游服务分为常规定制旅游服务与个性高端定制旅游服务。日月林卡的王总认为，在常规定制旅游服务中，旅行者的线路设计及接待服务的操作难度系数不高；在个性高端定制旅游服务中，旅行者的线路设计及接待服务的操作难度系数较高，旅行社的供应系统、采购系统、接待人员等必须达到非常高的水平，旅行者也花费不菲。归根结底，定制旅游本身的特点表明，定制存在很大的不确定性，这阻碍了大规模定制的实现。如何在降低投入成本的同时，规模化生产定制旅游产品，是定制旅游走向成熟的关键。

资料来源　鲁娜. 定制旅游：奢华不是"我"的代名词［N］. 中国文化报，2012-01-14（07）.

问题：

1.定制化旅游产品如何赢得游客青睐？

2.线上、线下旅游产品如何实现"定制化"？

学一学

一、定制化旅游产品的概念

定制化旅游产品是指按照游客的个性化需求而专门设计的旅游线路、旅行时间、参观游览及食宿服务等产品，即旅行策划机构根据客户的特定需求，从路线、方式和服务等方面着手，为客户量身打造的具有浓郁个人专属风格的旅行产品，提供的是一种个性化、专属化、"一对一"式的高品质服务。

动画：定制旅游

二、定制化旅游产品的分类

（一）高端定制旅游产品

高端定制旅游产品完全为旅游者量身定制，一人成团，专车专导。旅游者可以自由安排出行时间，入住自己喜爱的酒店，乘坐自己喜好的车辆，想去哪就去哪。旅游者的任何合理想法旅游企业都将竭尽全力满足，将旅游者的梦想变成现实是旅游企业永远追求的目标。

（二）定制主题旅游产品

定制主题旅游产品是指由专业的旅游服务团队针对某一特定人群，提炼某一主题概念，提供个性、专属、有针对性的服务的一种旅游产品。相比于传统旅游产品，定制主题旅游产品更具有专属性、私密性、趣味性和深度性。澳大利亚挥杆之旅、意大利文艺复兴之旅、海上游轮浪漫之旅等都是典型的定制主题旅游产品。

三、定制旅游产品的流程

（一）选择项目

定制旅游产品不提供景点、午餐和特色自选的单项服务，如果有需要，必须和导游一起预订；其他项目（如酒店、用车、导游）可以根据旅游者的需求任意选择单项或多项预订。

（二）提交行程

选择好项目后，旅游者就可在网上进行提交。如果有特殊情况，可以通过电话进行咨询或预订。

（三）协商确认

旅游者在网上提交订单后，工作人员会在1小时内与旅游者联系，共同商定出行的具体事宜。行程确认后，工作人员将发给旅游者有关行程的具体安排及费用明细。

（四）付款

行程确定后，旅游者需要付款。付款方式有以下几种：网上支付、电话支付、汇款。旅行途中如果临时增加或减少项目，最终费用会根据实际情况多退少补。

（五）出行通知

付款后，工作人员会将出行通知发送给旅游者。

（六）开心出游

旅游顾问将全程跟踪旅游服务。

（七）归来回访

旅行结束后，旅游企业工作人员会致电询问旅游者对此次旅行是否满意，欢迎旅游者提出宝贵意见和建议。

案例窗7-4　　　　　　　　**加拿大私人定制旅行服务**

　　加拿大不列颠哥伦比亚省的Kee一直从事海钓和狩猎的私人定制旅行服务，每年都要接待大约3 000名来自欧洲的游客。他的服务团队由狩猎及海钓临时牌照培训师（已获取在北美海钓和狩猎的临时许可证）、航海领航员、狩猎专家等专业人员组成，欧洲各大定制旅游销售商将其产品在欧洲销售。Kee负责与一些私人猎场签约，作为旅游线路的目的地，同时向政府申请野生动物狩猎配额，并将这些配额合理分配在线路产品中，一些动物标本的制作师也将为游客的猎物提供及时的标本制作，食品加工作坊会将游客的猎物快速加工制作成便于携带的形态。由于有政府的配额，因此所有猎物及标本均可以顺利出入口岸。Kee为游客提供如阿拉斯加钓鲑鱼、北美野牛围猎等高端定制旅游产品，从培训到获取资格，再到实战，直至最后的猎物加工，整个活动流程一气呵成，精美、完整。

　　资料来源　佚名．定制旅游［EB/OL］．［2018-07-01］．https://wenku.baidu.com/view/3a2f5a8a6137ee06eff91869.html.

　　案例分析：定制旅游是在精准的目标人群细分、兴趣细分、需求细分的基础上，整合能满足游客个性化需求的旅行供应商与跨行业资源的合作伙伴，遵循以客户体验价值为导向的产品设计原则，按需定制。在定制旅游服务流程中，从业人员的门槛会大幅度提高，跨界的专业组合是优质服务的基本保障。

四、定制化旅游产品的价格策略

在制定定制化旅游产品的价格时，也要讲究一定的策略。定制化旅游产品的价格策略主要有以下几种：

（一）价格隐性化策略

价格隐性化策略是指在开展定制化旅游产品体验营销时，突出价值而淡化价格的策略。在体验营销中，价格已经不再是旅游者是否购买旅游产品的可视性障碍。是否游有所值，是否能够彻底放松心情，才是最重要的。当游客对某种旅游产品一点也不感兴趣的时候，无论其价格多么低廉，旅游者也不会有购买的冲动。也就是说，定制化旅游产品体验营销注重的是对体验消费的引导，而不是单纯的价格吸引，以价值来代替价格，让价格隐性化，既可以突出旅游者所追求的体验价值，还可以消除旅游者在刚进入购买阶段时的紧张感，从而尽可能快地进入购买状态。

（二）递增式定价策略

递增式定价策略是指在定制化旅游产品体验的第一个阶段价格稍低，随着旅游者旅游体验的深入和对价格的淡化，将下一个体验阶段的价格定得稍高一点的策略。例如，游乐场所可以将门票价格定得很低甚至免票进入，然后将基础娱乐项目的价格定得较低，随着旅游者被各种娱乐项目激发出来的激情的增加，旅游者追求刺激的欲望也会越来越强。此时，旅游者几乎不会关注价格，价格稍高一点自然也没什么影响。

（三）溢价策略

溢价策略也称理解价值定价策略。在定制化旅游产品体验营销中，游客既是一个理性的经济人，也是一个感性的自然人，游客因理智和一时冲动而做出选择的概率是同等的。旅游者对价格的认定并不以成本为依据，他会根据自身对所接受旅游体验价值的理解程度来衡量，并且其理解的价格往往会超过产品的成本。

有专家做过一个实验：在一个既没有价格标签也没有收款员或收银台的茶座，顾客享受完之后，完全根据自身的感觉，将钱压在茶杯底下。顾客离开后，才由服务生收钱。结果发现，虽然也有极个别顾客不放钱或放很少钱的现象，但绝大部分顾客所理解的价格远比茶座自身定的价格高。这个例子也同样适用于体验性很强的旅游产品，并且证明：在定制化旅游产品的价格策略中，溢价策略通常是非常有效的。

（四）弹性价格策略

在定制化旅游产品体验营销过程中，一方面，旅游者的心情是一个很重要的因素，旅游者对价格的认定会随着心情的变化而不同；另一方面，体验时间、场景等不同，旅游者对价格的接受程度也不同。为了能使价格作用发挥到极致，保持定制化旅游产品价格的动态性，使定制化旅游产品的价格富有弹性也是一种有效的做法。

（五）转移价格策略

转移价格策略也称招徕定价策略，是指将一种旅游产品的价格定得较低，以吸引旅游者，然后通过产品之间的连带效应，使旅游者消费其他产品，以补偿前一种产品的损失的策略。旅游产品之间的连带性很强，产品消费往往具有先后顺序。定制化旅游产品经营者应该从整体的角度出发，认真研究客源和定价带来的收益，制定公平、高效的利益分配机制。

做一做

制定定制化旅游产品价格

背景资料：

四川北川的药王谷旅游度假区是国内将"定制旅游"的概念较好地诠释出来的景区。药王谷依托一片生长了五六百年的中药材原始森林，聘请了当地有名的老中医、老药师，将传统中医理疗手法引入其产品线中，为都市亚健康人群提供全套的中医体检，并根据每个人不同的体质特点制订了不同的调理方案。在这些调理方案中，有药茶、药枕、药浴、药酒、药膳，也有太极拳、五禽戏等，甚至禅修也在其产品组合中。度假区还合理地把产品服务延伸到客人返城后的日常生活中，将客人的调理处方制作成成品汤药，配送至客人指定的地址。一个疗程后，客人还可以通过互联网得到后续的养生调理建议。药王谷的定制旅游产品主要有以下几类：

食疗：景区根据"四季养生"的需要，分别推出50多种药膳、30多种药酒、20多种药茶。

气疗：景区建有30多亩我国第一个中药植物气疗场，引进了红豆杉等20多种具有治疗作用的芳香植物，让游客在其中接受中药植物气体治疗保健。

诊疗：景区与相关中医药大学联合成立"中华药福文化研究会"，定期请有关医疗专家到药王谷"国医堂"进行医疗问诊。

浴疗：景区开发了多种专业中医药个性洗浴产品，既有室内浴，也有室外生态浴，专业药浴比普通温泉洗浴更具个性化。

枕疗：景区在客房内引进了药物养生的保健产品，包括药材房屋、睡眠药枕、养生护肤品等。

动疗：景区建有五禽戏场、彭祖养生场等场地，用于辅导客人健身。

资料来源　佚名.定制旅游案例［EB/OL］.［2015-11-07］. http://www.8848cc.com/bk2/11/10838-2859-5-103.html.

实训内容：

以小组为单位，通过查找资料，研讨药王谷以什么样的价格策略可以在市场中获得较好的利润。

实训目标：

1.掌握定制化旅游产品的价格策略。

2.理解定制化旅游产品的营销创新之处。

实训组织：

1.以3～4人为一个小组，由组长确定小组分工，指定1位发言人在老师提问时向全班报告自己小组的结论。

2.小组成员分头查找网络或书籍资料，并在小组内分享、讨论，准备好阐述资料。

实训记录：

1.定制化旅游产品的特征：

_____

_____

2.药王谷采用什么样的价格策略可以在市场中获取较好的利润？

_____

_____

3.药王谷定制化旅游产品的营销创新之处：

_____

_____

效果评价

1.以小组为单位组织交流、研讨。

2.每个小组推荐1名成员做主题发言，从小组互评、教师评价两个方面进行评分，见表7-4。

表7-4　　　　　　　"制定定制化旅游产品价格"训练项目评价表

项目主题（分值）	评价指标（分值）	标　准	小组互评（20%）	教师评价（80%）	最后得分（100%）
制定定制化旅游产品价格（100分）	课堂研讨表现（40分）	小组研讨组织得当，全员参与，研讨知识、方法、技术运用正确			
	主题阐述（60分）	阐述的内容具有可行性，效果良好，观点新颖、独特，能结合药王谷的定制化旅游产品对价格策略进行专题阐述			

本章小结

音频：听我学7

价格是市场经济运行中最活跃的因素，直接影响着生产者、经营者、消费者的利益。对企业来说，当成本一定时，价格决定了其利润，价格高获利就多，价格低获利就少。旅游产品价格是指旅游者为了满足旅游活动的需要所购买的旅游产品的价格，是旅游产品价值的货币表现形式。旅游产品价格的影响因素分为可控因素和不可控因素两大类。

旅游产品价格制定可以按以下五个步骤进行：判断目标市场的消费能力；估算旅游产品成本；分析市场环境；选择定价策略；确定定价方法。旅游产品价格制定的方法主要有成本导向定价法、需求导向定价法及竞争导向定价法三种。制定旅游产品价格的策略主要有心理定价策略、促销定价策略及新产品定价策略等。旅游产品的价格调整策略包括折扣价格策略、价格变更策略。

定制化旅游产品是指按照游客的个性化需求而专门设计的旅游线路、旅行时间、参观游览及食宿服务等产品。

■ 挑战自我

旅游市场出现新产品　谁在消费"天价旅游"?

40万元人民币北极探险1个月，5万元人民币与国际超模一起乘豪华邮轮游加勒比海，有劳斯莱斯古董车接送的机场服务……近年来，广东旅游市场上一些"天价旅游"产品让人耳目一新，自主化选择、私家式服务、高档次享受……这些过去只有在电影中才会出现的情景，如今已渐渐进入广东百姓触手可及的旅游市场。

"天价旅游"啥模样?

40万元人民币北极探险1个月。2006年7月，由"中国人首次北极点环保探险行"组织委员会、广东省体育产业协会、广东省科学探险运动俱乐部联合主办的"中国人首次北极点环保探险行"即将启航，参与者与美国、俄罗斯、加拿大等国以及我国香港、澳门、台湾地区的环保科学家及探险人士一起，乘坐世界上马力最大的民用核动力破冰船（高达7.5万匹马力）出征，40万元人民币成为目前市场上出现的最高价格。

2006年，第四届Model Mania国际超模大赛中国区总决赛将在全球风光最美的美国迈阿密海滩举办。广东省中国旅行社称，作为此次活动唯一指定组团社，其将带领游客与超模一起远赴美国迈阿密市，乘坐皇家加勒比海国际邮轮公司14万吨的"海洋领航者号"，展开8天7晚的浪漫行程，价格从29 800元人民币起到45 000元人民币不等。据介绍，该邮轮耗资12.4亿美元，可以装载6 400名乘客和3 000多名船员，是世界上已下水的邮轮中最大的一艘。

除此以外，广州市场上的高端旅游产品如9 999元人民币的马来西亚6天之旅，6 500元人民币的越南西贡、芽庄休闲美食5天之旅，5 000元人民币起的新加坡4天完美假期之旅，18 000元人民币的瑞士温泉、古堡、香槟10天深度之旅，虽然还称不上天价，但都以超豪华的接待、休闲度假的享受为卖点。

资料来源　许静，汤绮婷，许洁煌. 旅游市场出现新产品 谁在消费"天价旅游"?［EB/OL］.［2006-05-22］. http://www.ce.cn/cysc/cysczh/200605/22/t20060522_7053472.shtml.

问题：

请结合案例情况，分析"天价旅游"产品的消费群体有哪些。

要求：课外时间独立完成，给出有针对性的答案。

■ 拓展空间

南非借力"世界杯"

南非的自然美景令人流连忘返，种类繁多的野生动植物让人惊叹，其世界自然遗产更是堪称"生物史上的奇迹"。因"无可匹敌的美景"和热情好客的人民，南非被国际权威旅游杂志评为全球第五大最受欢迎的旅游目的地。

借助"世界杯"的成功举办，南非启动了名为"20种新体验 南非10日游"的市场推广活动，包括"山水风光旅游""生态旅游""民俗旅游""考古旅游""高尔夫运动休闲游"等重点项目，活动的影响范围将覆盖全球14亿人口，可以大大提高南非旅游业在国际市场中的影响力。

南非旅游部的统计资料显示，"世界杯"期间入境南非的游客总数达102万人次，比2010年同期增长25%。

资料来源　佚名. 全球旅游营销九大经典案例［EB/OL］.［2011-05-24］. http：//www.globrand.com/2011/520411.shtml.

请思考：

1.南非是如何以游客需求为中心，进行"20种新体验　南非10日游"的市场推广活动的？

2.第二十二届世界杯足球赛将于2022年11月21日至12月18日在卡塔尔境内7座城市中的12座球场举行，请结合南非世界杯案例，谈谈如何进行卡塔尔世界杯旅游产品设计与营销。

项目八

旅游营销渠道策略

■ 项目概述

"一个篱笆三个桩，一个好汉三个帮。"找到好的批发商、代理商、零售商等，就相当于找到了旅游企业的"桩"和"帮"。旅游营销渠道的建立，就是为了更好地利用中间商，将旅游产品从旅游生产企业送到旅游者手中，为旅游者带来更大的便利，进而提高旅游企业与旅游者之间进行市场交换的反应速度。

■ 项目结构

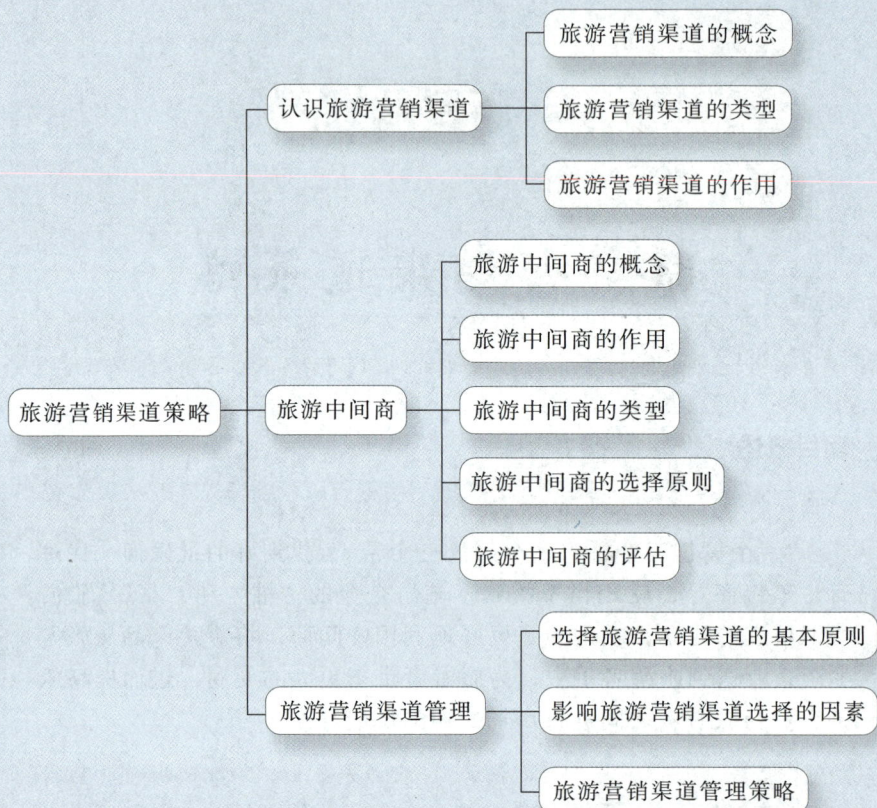

旅游营销渠道策略

认识旅游营销渠道
- 旅游营销渠道的概念
- 旅游营销渠道的类型
- 旅游营销渠道的作用

旅游中间商
- 旅游中间商的概念
- 旅游中间商的作用
- 旅游中间商的类型
- 旅游中间商的选择原则
- 旅游中间商的评估

旅游营销渠道管理
- 选择旅游营销渠道的基本原则
- 影响旅游营销渠道选择的因素
- 旅游营销渠道管理策略

任务1 认识旅游营销渠道

任务目标

知识目标：理解并掌握旅游营销渠道的概念、类型和作用。

能力目标：学会选择旅游营销渠道，培养建立旅游营销渠道的能力。

素养目标：培养渠道管理的执行力。

任务导入

贵州习水：红绿共舞，旅游发展迈出坚实步伐

农田阡陌，山泉清澈，枣树成荫，环境优美。在林荫道上，到处是成群结队重庆口音的游人。记者来到习水城乡采访，看到川渝游人流连忘返。

然而以前，习水一直走传统旅游老路，景区品质差、配套设施差、服务差，游客旅游日程短、消费少，习水旅游沦为周边地区的过路游、顺搭游，形成了经济无拉动、政府无税收、群众无收入、游客无兴趣的恶性循环。

近年来，习水县围绕"树立特色、打造品牌"的思路，以土城红色文化旅游创新区、鳛部生态文化旅游园区为开发重点，科学规划，打造出了多种类型的旅游景点和特色产业村，并与生态红色旅游产业相对接，充分展现了习水独特的气候优势和北部绿色生态屏障的自然优势，形成了"以红带绿、以红促绿、红绿共舞"的新型文化旅游格局，着力打造集避暑纳凉、休闲娱乐、赏景观光、红色旅游于一体的旅游目的地，成为四川市民近郊游的首选之地。

随着旅游业的迅速发展，昔日偏僻的小山村人气倍增，游客因景而来、因景而留，在习水投资兴业的外地人也越来越多，从而为习水的经济发展注入了活力。旅游产业的快速发展，不仅为习水广大群众增收拓宽了渠道，更成为拉动该县经济发展的新引擎。一个生机勃发、城美乡美、魅力彰显的产业新城已傲然崛起。

"游遍贵州，住在习水。"这不仅展示了习水优越的度假旅游生态环境，同时透射出了习水做强、做大、做优国家级度假旅游品牌的信心和决心。

天蓝水净、绿意满城，水在城中、人在景中……昔日的"煤城"习水，挥别"黑色印象"，拥抱"绿色主题"，让青山碧水浸染广袤大地，用绿色发展奏响赶超强音。

资料来源 黄杏. 贵州习水：红绿共舞 旅游发展迈出坚实步伐［N］. 贵州日报，2015-09-28.

问题：

通过学习上述案例，谈谈贵州习水是怎样设计营销渠道、开拓旅游市场的。理由是什么？

学一学

渠道是市场营销工作的一部分，是企业为了达到产品销售的目的而利用的一种手段。

即使是在互联网时代，要把产品送到消费者手中，也必须通过营销渠道来达到目的。因此，旅游产品必须通过一定的营销渠道，才能在适当的地点和时间，以适当的方式提供给旅游目标市场。

一、旅游营销渠道的概念

旅游营销渠道是指旅游产品从生产企业向旅游者转移的过程中，所经过的一切取得使用权或协助使用权转移的中介组织和个人，即旅游产品使用权所经过的各个环节连接起来而形成的途径或通道。旅游营销渠道见图8-1。

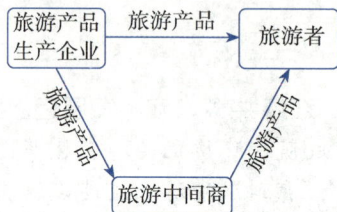

图8-1 旅游营销渠道

旅游营销渠道是一个完整的系统，它需要解决的问题是旅游产品生产企业通过什么样的渠道将旅游产品送到旅游者的手中。这一过程主要包含以下几点内容：

第一，旅游营销渠道是由从起点到终点的各个流通环节组成的系统。这表明旅游营销渠道的起点是旅游产品生产企业，终点是旅游者。

第二，旅游营销渠道是相关经营组织和个人的组合，除了起点和终点外，还包括各种类型的旅游中间商，如旅游批发商、旅游代理商、旅游零售商等。旅行社就是典型的旅游中间商。

第三，在旅游营销渠道中，旅游产品和服务被转移的是其一段时间的使用权，而非永久使用权，更不是所有权。

第四，旅游营销渠道包括旅游产品生产企业在生产地点向旅游者销售其产品和服务、旅游产品生产企业依靠自身的力量在生产地点以外的地方销售其产品和服务的直接销售方式，还包括旅游产品生产企业借助中间商向旅游者出售其产品和服务的间接销售方式。

二、旅游营销渠道的类型

旅游产品在转移的过程中，会受到旅游生产企业、旅游中间商、旅游同行业竞争对手、旅游者等众多因素的影响，因此旅游营销渠道也呈现出多种形式。

(一)直接营销渠道和间接营销渠道

根据旅游产品营销过程中是否有中间商的参与，旅游营销渠道可分为直接营销渠道和间接营销渠道两大类。

1.直接营销渠道

直接营销渠道又称零级销售渠道，是指旅游产品生产企业直接向旅游者销售其产品，而不通过任何中间环节的销售途径。这相当于菲利普·科特勒销售渠道分类中的零层次销售渠道，见图8-2。

旅游产品生产企业 ————→ 旅游者

图 8-2　直接营销渠道

旅游企业选择直接营销渠道，可以省去支付给中间商的费用，从而降低流通成本，使旅游企业有可能以较低的价格向旅游者销售其产品，在价格上赢得竞争优势。同时，采用直接营销渠道有利于旅游企业及时了解和掌握旅游者对其产品的态度和其他相关市场需求信息，从而及时改进产品和经营。

从旅游产品的销售实践来看，直接营销渠道一般有以下三种模式：

（1）旅游产品生产企业→旅游者（在旅游目的地）

在这一模式中，旅游产品生产企业向前来购买旅游产品的旅游者直接销售其产品，旅游产品生产企业在旅游产品的生产地扮演了旅游零售商的角色。例如，近几年热门的自助游，就是旅游者自己到旅游景点游玩、到饭店投宿、到餐馆吃饭等。这种营销渠道至今仍被很多旅游企业所采用。

（2）旅游产品生产企业→旅游者（在旅游客源地）

由于旅游产品的特殊性，旅游产品的消费必须在其生产现场进行，而旅游产品的销售只是一种买卖合同，旅游者可以在任何可接受预订的地方，通过电话等现代通信方式向旅游产品生产企业购买旅游产品，旅游产品生产企业扮演的仍然是旅游零售商的角色。随着现代信息技术的迅猛发展及在旅游业中的广泛应用，近年来，这种模式有了新的发展和突破，很多旅游企业开始借助网络预订系统直接向目标旅游者出售其产品，这为传统的直接营销渠道注入了新的活力。例如，旅游饭店通过大众点评网、美团网等向旅游者销售其产品。

（3）旅游产品生产企业→自营的销售网点→旅游者（在产品销售地点）

在这一模式中，旅游产品生产企业通过自己设立在产品生产地以外的销售网点，直接向旅游者销售其产品。由于这些销售网点是旅游企业在一定的市场区域拥有的自设的零售系统，因此这仍然属于直接营销渠道。一般来说，大中型旅游产品生产企业会采用这种模式作为销售本企业旅游产品的重要渠道之一。比如，航空公司在目标市场所在区域设立自己的分公司或售票处；旅游饭店在机场设立销售点，直接向游客销售其产品；铁路部门在许多地点设立售票处开展销售活动；大中型旅游公司通过自设的销售网点销售旅游产品等。

2.间接营销渠道

间接营销渠道是指旅游产品生产企业通过旅游中间商将其产品转移给旅游者的销售途径。旅游批发商和旅游零售商都是典型的旅游中间商。采用间接营销渠道，旅游企业可以充分借助中间商的专业性和其他优势，这在一定程度上有助于避免单纯采用直接营销渠道的局限性。

根据所经中间环节的多少，间接营销渠道可以划分为以下三种销售模式：

（1）旅游产品生产企业→旅游零售商→旅游者

这种模式也称单层次销售渠道，即旅游产品的销售只经过了一个中间商，由三个点组成两个销售环节：旅游产品生产企业和旅游零售商组成第一个环节，旅游零售商和旅游者组成第二个环节。在这一模式中，中间商主要是从事旅游零售业务的旅游代理商或其他代理机构，旅游产品生产企业需要向旅游零售商支付佣金或手续费。

（2）旅游产品生产企业→旅游批发商→旅游零售商→旅游者

这种模式也称为双层次销售渠道，是指旅游产品生产企业通过旅游批发商，再经由旅游零售商将其产品转移到旅游者手中的销售途径。这种模式由四个点组成三个销售环节。旅游批发商通常是指从事团体包价旅游批发业务的旅游公司或旅行社。在这种模式中，旅游产品生产企业只与旅游批发商发生直接业务关系，将其产品批量销售给旅游批发商，然后由旅游批发商委托旅游零售商或通过自行设立的销售网点将产品销售给旅游者。旅游批发商大批量购买航空公司、饭店、景点等单项旅游产品，并将其组合、编排成适应市场需求的包价旅游产品，但其并不直接面向旅游者出售其产品，而是通过旅游零售商进行销售，有时也通过自行设立的销售点进行销售。

（3）旅游产品生产企业→本国旅游批发商→外国旅游批发商→外国旅游零售商→外国旅游者

这种模式也称为多层次销售渠道，是指旅游产品生产企业需要通过三层或三层以上旅游中间商才能将其产品转移到旅游者手中的销售途径。这种模式基本上由五个点组成四个销售环节。当前我国旅游企业拓展国外市场主要采用这种模式，但随着网络技术和通信技术的高速发展以及旅游市场开放程度的提高，这种多层次销售渠道模式将逐渐被打破。

（二）长渠道和短渠道

根据旅游产品从生产企业到旅游者所经过的中间环节的多少，或者介入中间商层次的多少，旅游营销渠道可分为长渠道和短渠道两大类。所经过的中间环节越多，渠道就越长，此时，旅游营销工作主要由旅游批发商和旅游零售商来完成，旅游产品生产企业对旅游产品营销渠道的掌控相对较难；反之，所经过的中间环节越少，渠道就越短，此时，旅游产品生产企业需要承担较多的销售工作，能有效控制营销渠道。

（三）宽渠道和窄渠道

根据企业在一定时期内销售网点的多少、网点分配的合理程度以及销售数量的多少，旅游营销渠道可以分为宽渠道和窄渠道（见图8-3）。所谓宽渠道，是指使用的同类旅游中间商较多，旅游产品在市场上的销售面较广，其适合于一般化、大众化旅游产品的销售，如观光游产品、度假游产品等；反之就是窄渠道，其适合于专业性较强、费用较高的旅游产品的销售，如探险旅游产品、专项文化旅游产品等。

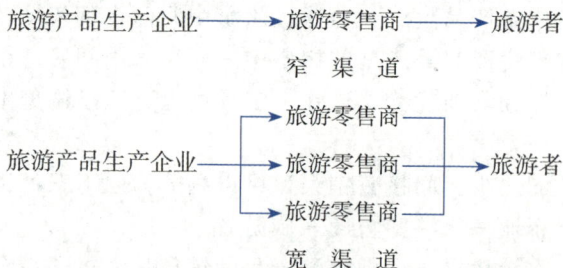

旅游产品生产企业 ——————→ 旅游零售商 ——————→ 旅游者

窄 渠 道

旅游产品生产企业 ┬→ 旅游零售商 ┐
　　　　　　　　├→ 旅游零售商 ┼→ 旅游者
　　　　　　　　└→ 旅游零售商 ┘

宽 渠 道

图8-3　宽渠道和窄渠道

案例窗8-1　　　　　滨州市形式多样做足乡村旅游营销文章

2015年9月22日至25日，为迎接"十一"黄金周，滨州市旅游局（现更名为滨州市旅游发展委员会）组织滨州市全部4A级旅游景区、部分3A级旅游景区、旅行社，赴青岛、烟台、潍坊三市进行了"山东人游滨州"系列推介活动，做足了滨州旅游营销文章。此次推出的滨州游系列产品线路，尤其是涉及沾化冬枣采摘、狮子刘黄河乡居的乡村旅游线路受到了三市旅行社的热捧，当地旅行社现场确定组团踩线，向市民推荐。

滨州市旅游局不断开展形式多样的旅游宣传推介活动，花大力气打造"孙子故里，生态滨州"旅游品牌，全面展示推介滨州旅游资源，扩大滨州的旅游吸引力，积极挖掘、吸引周边客源市场，推动滨州旅游产业快速发展，滨州旅游各项指标增幅位居全省前列。

2015年以来，滨州市旅游局还连续成功组织了省会城市群广深珠旅游推介、苏浙四市宣传促销，参加了2015年北京国际旅游博览会、2015年山东（济南）国际旅游交易会、2015年中国旅游产业博览会等活动。在做好对外宣传推介活动的同时，滨州市旅游局加大行业管理力度，力推"旅游厕所革命"，加强旅游人才培训，力求"好客滨州"品牌有"好客滨州"产品支撑。目前，新版滨州旅游风光片、滨州旅游画册、滨州旅游地图印制工作已经启动。对滨州旅游业来说，2015年将是一个丰收年。

资料来源 李伟伟，隋玉敬. 滨州市形式多样做足乡村旅游营销文章［N］. 滨州日报，2015-09-29.

案例分析：传统的旅游营销渠道属于典型的分销渠道，随着社会生产力的进步以及营销渠道的多样化，全面展示旅游目的地的产品结构、吸引与挖掘游客资源已成为发展旅游业的必然选择。

三、旅游营销渠道的作用

（一）旅游营销渠道是旅游企业进入旅游市场的必经之路

旅游产品生产企业只有建立营销渠道，才能将旅游产品推向旅游市场，实现旅游产品的价值，进而实现企业的战略目标。这也是旅游营销渠道最基本的作用。

（二）旅游营销渠道是旅游企业的重要资源

旅游营销渠道是旅游产品生产企业销售旅游产品的途径，对旅游产品的销售具有直接影响。如果旅游营销渠道数量多、容量大、信誉高，旅游产品生产企业便能以较高的价格大量销售自己的产品，及时获得较好的收益。显然，这样的销售渠道理所当然地成为旅游企业的重要资源。

（三）旅游营销渠道可以提高销售效率

这里的旅游营销渠道是指有旅游中间商介入的销售渠道，而非直接营销渠道。旅游产品是一种组合产品，在一般的旅游市场中，大多数旅游产品和服务并非由旅游产品生产企业直接销售给旅游者，而是通过旅游中间商销售出去的。旅游中间商作为一个专业化的经济实体，在转移旅游产品和服务的过程中，凭着自己丰富的营销经验、良好的公共关系和众多的信息来源，可以减少旅游产品的交易次数，从而提高销售效率。旅游产品生产企业直接销售旅游产品与通过旅游中间商间接销售旅游产品的对比见图8-4。

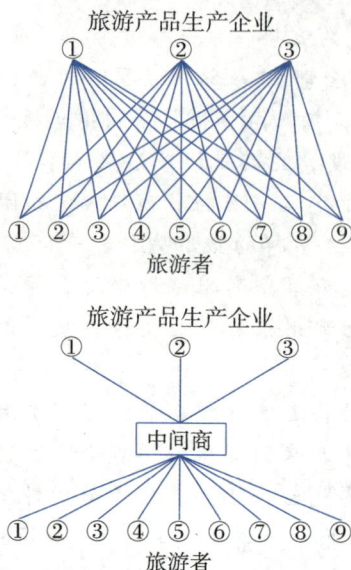

旅游产品生产企业

旅游者

旅游产品生产企业

旅游者

图8-4　旅游产品生产企业直接销售旅游产品与通过旅游中间商间接销售旅游产品的对比

图8-4显示，3家旅游产品生产企业和9位旅游者之间的交易，如果没有旅游中间商的介入，整个交易活动的完成需要27次，而在旅游中间商介入之后，完成全部交易活动只需要12次。

（四）旅游营销渠道为旅游者购买旅游产品提供了极大的便利

1.旅游营销渠道具有组合旅游产品的功能

旅游产品生产企业一般只生产或供应单项旅游产品，而旅游活动是一项综合性的活动，因此旅游者更乐于接受组合旅游产品。当单项旅游产品进入营销渠道后，旅游营销渠道就可以发挥其组合功能，将单项旅游产品组合成整体旅游产品，从而方便了旅游者购买。旅行社作为旅游营销渠道的重要成员，是这种功能的典型实践者。

2.旅游营销渠道能够在时间和地点上方便旅游者

建立旅游营销渠道的目的是及时、顺利地销售旅游产品，因此在时间和地点上方便旅游者购买旅游产品，便成为旅游营销渠道的基本属性。同时，随着现代通信技术的发展，时间和地点对旅游营销渠道的限制也将逐渐减弱，旅游零售商可以充分发挥旅游营销渠道"灵活而方便"的作用。

做一做

"互联网＋"时代O2O模式助力旅游渠道商

背景资料：

从2007年开始做渠道，一心想打造一个旅游业的国美、苏宁，当时想法很简单，目标也很明确，路也似乎基本上按照当初的规划一步一步在走。然而，市场变化永远超出了你的预想，技术的进步带动了消费行为的改变，传统做法开始失灵，渠道商面临着巨大的生存和发展压力。苏宁转型为云商，而转型不太成功的国美，日子似乎就没有这么好过了。

旅游业这几年，OTA（在线旅行社）快速发展，一度打得线下旅行社难以招架。各种论坛上充斥着OTA与线下企业的互掐，动不动就有谁要灭了谁的言论冒出来。但是到了2014年，市场格局发生了微妙的变化，其中一个标志性事件是一家传统线下旅行社——众信旅游上市了，线下企业也有了资本撑腰，于是线下旅行社都看到了翻身的希望。此后，论坛上线上与线下争斗的声音逐渐消失了，取而代之的是一个热词——O2O，线上与线下融合的观点更多地被提及。这种现象不光停留在论坛上，还出现在市场上。携程收购了华远，去哪儿入股了旅游百事通，众信旅游收购了悠哉，途牛、同程也纷纷开设线下门店。一时间，融合真真切切地发生了。

但是资本的融合好实现，业务的协同则困难许多。如何才能做好协同，特别是渠道商，如何才能实现O2O呢？

渠道商的本质是渠道，连接着买家和卖家。在互联网时代，信息高度透明，于是按照去中间化的理论，渠道就要消失了。然而，移动互联网时代的旅游渠道只要转型升级得当，就可以走出另外一条道路，这条道路就是全渠道，从而体现出企业自身的价值。

全渠道的关键在"全"字，这个"全"字主要包含以下要素：

一是通道全。不论是你找到客户的通道，还是客户找到你的通道，都是全的。渠道必须是立体的，是存在于实体和线上虚拟空间中的，也必须是无时间限制的，是存在于整体或碎片时间中的。一句话，客户可以随时随地找到你，你也可以随时随地找到客户。这当然要借助新技术，而传统方式是根本做不到的。

二是功能全。渠道的功能不仅仅是分销产品，还包括以下功能：第一，面对面服务。主要满足客户从咨询到出游不同阶段的需求，如出行前为客户提供顾问服务，出行中客户有问题时跟进解决，旅游活动结束后的售后服务。第二，品牌推广和客户管理。传统渠道商不太重视客户，而现在企业必须学会对客户数据的采集分析以及客户的分类管理，要充分利用好CRM（客户关系管理）系统等工具，挖掘好、管理好客户。第三，产品研发和资源掌控。传统渠道商几乎都是"拿来主义"，供应商有什么就销售什么。现在这种现象已经发生改变，因为渠道商第一时间接触客户，对客户的需求有深刻的了解，因此渠道商可以向供应商提出产品建议，甚至主动参与产品设计，与供应商一同掌控资源，形成渠道独有的优势产品。

三是生态全。渠道商不仅要连接好买家和卖家，还应该组织好众多参与者的信息流、资金流以及客人的"物流"（旅游中就是游客的流动）。传统渠道商的供应链单一、品类少，而未来的渠道商会成为集聚不同类型产品的供应商，如跟团游、自由行、目的地游、机票、酒店、签证、景区门票等。同时，渠道的另外一端还会出现门店、合作分销旅行社、在线商城、微网站、个人代理等形态。全渠道应该有一套完整的整合方案来实现这个生态系统。

按照这个逻辑，我们尝试去打造旅游百事通的全渠道体系。

1.建设立体通道。除了线下渠道继续扩张外，通过与去哪儿的合作，打通在线渠道。"掌旅通"微店为门店构建了一个利用移动社交媒体开展接通客户或者客户通过移动社交媒体找到门店的通道。在去哪儿网上设立"旅游百事通去哪联合旗舰店"，通过去哪儿的App和PC端为门店在线上导流。

2.改造渠道的功能。其手段主要有：

一是把销售功能往线上引，通过形式多样的促销活动，引导门店习惯使用在线销售工具，引导客户通过掌旅通、去哪儿App等在线方式咨询报名。

二是把线上客户往线下引，就是把需要地面服务的客户引导进门店。

三是准备开一批联合品牌门店，进一步强化线上销售和线下服务的互动。

四是充分利用好CRM、门店Wi-Fi数据采集等工具。

3.生态圈的打造。首先，把双方的产品库打通，把各种资源的提供者引进生态圈。其次，重新构建一套可以涵盖所有参与者的系统，并完善对各参与方的服务支撑。

因此，渠道商只有与在线企业深入融合，发挥出彼此的优势和协同效应，做好全渠道的转型升级，才能在新的时代迎来新的增长。

资料来源　张力."互联网+"时代O2O模式助力旅游渠道商［EB/OL］.［2015-06-11］. http://www.sohu.com/a/18489126_115035.

实训内容：

以小组为单位，通过查找资料，研讨在"互联网+"时代O2O模式是如何助力旅游渠道商的，以及旅游企业应该如何应对"互联网+"时代的营销变革。

实训目标：

1.掌握旅游营销渠道的特点、分类。

2.理解"互联网+"时代旅游营销渠道的转型。

实训组织：

1.以3~4人为一个小组，由组长确定小组分工，指定1位发言人在老师提问时向全班报告自己小组的结论。

2.小组成员分头查找网络或书籍资料，并在小组内分享、讨论，准备好阐述资料。

实训记录：

1.什么是"互联网+"？

_____

_____

2.在"互联网+"时代，O2O模式是如何助力旅游渠道商的？

_____

_____

3.旅游企业应该如何应对"互联网+"时代的营销变革？

_____

_____

效果评价

1. 以小组为单位组织交流、研讨。

2. 每个小组推荐1名成员做主题发言，从小组互评、教师评价两个方面进行评分，见表8-1。

表8-1　　　　"'互联网+'时代O2O模式助力旅游渠道商"训练项目评价表

项目主题 （分值）	评价指标 （分值）	标　准	小组互评 （20%）	教师评价 （80%）	最后得分 （100%）
"互联网+"时代O2O模式助力旅游渠道商（100分）	课堂研讨表现（40分）	小组研讨组织得当，全员参与，研讨知识、方法、技术运用正确			
	主题阐述（60分）	阐述的内容具有可行性，效果良好，观点新颖、独特，能依据案例资料对旅游营销渠道创新进行阐述			

任务2　旅游中间商

任务目标

知识目标：理解旅游中间商的概念、作用和类型，掌握旅游中间商的选择原则。

能力目标：能判断旅游中间商的类型，能有效评估旅游中间商。

素养目标：培养对旅游中间商的综合判断力。

任务导入

网络版主变身旅游中间商营利

网络版主通过发表招徕旅游的帖子，利用自身的号召力，组织网友出游，从中收取一定费用的一种旅游产品销售模式悄然出现。有些网络版主表示，目前类似招徕旅游的帖子在一些网络论坛中很有市场，点击量多则上万，跟帖数也有上百。有些网络版主年组织出游人数比一些旅行社一年组织的人数还要多。

旅行社组织游客出游，需要为游客交"双险"。一是旅游意外险，用于旅客人身伤害赔偿；二是旅游责任险，如对于安排不当导致误车等变故，旅行社由此承担赔偿责任。上述网络派生出的旅游方式，由于现有法律涵盖不到，因此很多网络版主游走在政策法规的灰色地带招徕游客。

一方面，出于节约开支的考虑，很少有版主会给网友购买保险，这会造成游客的利益得不到相应的保障；另一方面，网络组织方不是市场主体，无法办理责任险，出现事故时，赔偿也无从谈起。一些帖子在活动声明中甚至称"不承担任何法律和经济责任"。旅游途中一旦服务不到位，很难追究责任。

这种新型旅游中间商的出现，对旅行社业务产生了一定的冲击。一些旅行社蜂拥开辟网络根据地，各家旅行社对电子商务也愈来愈重视，以最大限度地拉近与网民的距离。

资料来源　陈志奎.网络版主变身旅游中间商营利［N］.镇江日报，2012-04-05（1）.

问题：

1.网络版主属于哪种类型的旅游中间商？

2.旅游产品生产企业在选择旅游中间商时应该遵守什么原则？

学一学

一、旅游中间商的概念

旅游中间商是指介于旅游生产者与旅游消费者之间，从事旅游产品转售或协助旅游产品转售，具有法人资格的经济组织或个体。

二、旅游中间商的作用

旅游中间商的存在使旅游产品生产者在旅游产品销售上花费的时间与精力相对减少，能够使旅游产品分销到更远的地域，从而解决了旅游产品生产和消费在空间上的矛盾。同时，旅游中间商的存在既有利于发挥生产企业在旅游产品生产方面的专长，也有利于发挥旅游中间商在经销方面的特长，还有利于旅游者购买，从而形成了旅游产品生产者、经营者和旅游产品消费者"共赢"的局面。

三、旅游中间商的类型

（一）旅游经销商

旅游经销商是指将旅游产品先买进来后卖出去的旅游中间商，其利润来源于旅游产品买进和卖出之间的价格差。旅游经销商与旅游产品生产企业共同承担市场风险。旅游经销商又可分为旅游批发商和旅游零售商两大类。

1.旅游批发商

旅游批发商是指从事批发旅游产品业务的旅游公司或旅行社，一般是一些实力比较雄厚的大型旅游公司或旅行社。旅游批发商和运输公司、饭店、旅游景点等旅游服务企业签订合同，购买一定数量的产品，将这些单项旅游产品组合成多种价格、多种时间和多种旅游目的地的包价旅游线路，并加入自己的服务内容，使之能够满足旅游者的综合需求，然后将其批发给旅游零售商，由旅游零售商最终出售给旅游消费者。旅游批发商是连接生产者与零售商或最终消费者的桥梁，大多拥有较强的人、财、物及采购优势，采用集团化经营，有些批发商也拥有自己的零售网络，抗风险能力很强。

旅游批发商的经营范围宽窄不一，经营业务的专业化程度也不一致。有的旅游批发商不仅在国内设立分公司，在国外也设立分公司或建立合资企业，从事大众化旅游产品转售业务；有的旅游批发商则在特定的目标市场经营特定的旅游产品，如商务游、婚庆游、探险游。

2.旅游零售商

旅游零售商是指从事旅游产品零售业务，直接向广大旅游消费者销售旅游产品的旅游中间商。旅游零售商要全面广泛地了解旅游消费者和旅游产品，了解和掌握旅游消费者的经济水平、旅游需求和消费方式等情况，从而帮助旅游消费者挑选能够满足其要求的旅游产品。同时，旅游零售商在市场营销活动中应具有较强的沟通能力和应变能力，要与旅游目的地的饭店、景区以及车船公司、航空公司等旅游企业保持良好的联系，能够根据旅游市场及旅游消费者需求的变化相应调整服务。

（二）旅游代理商

旅游代理商是指那些只接受旅游产品生产者的委托，在一定区域内代理销售其产品的旅游中间商。旅游代理商通过与买卖双方进行洽谈，促使旅游产品的买卖活动得以实现。在整个营销过程中，旅游代理商不取得产品的所有权，其只是协助转售旅游产品。其经营业务包括代办预订、代办旅行票据证件、向旅游产品生产企业反映旅游消费者的意见和要求等。

旅游代理商作为专业旅游产品的区域代理组织，在产品营销方面，具有一些旅游产品生产企业无法比拟的优势。旅游产品生产企业在自己无法推销到的地区，或者在无法找到合适销售对象的情况下，利用旅游代理商寻求营销机会，可以节省经营成本。

在实际工作中，由于旅游代理商直接面对广大旅游者，同时经营少量旅游产品的批发业务，因此旅游代理商往往又是旅游零售商，但其收入主要来自被代理企业支付的佣金。

案例窗 8-2　　　　　　　**旅游批发商无奈抢食零售市场**

旅游业内知名综合型批发商已于近期悄然上线零售业务，而在此之前，美嘉、春秋等业内大型综合批发商早就将触角伸向下游的零售端。以阳光假期国际旅行社、行天下国际旅行社等为代表的一批旅行社，其实都是旅游圈内知名的专线批发商，以前从事 B2B 的旅游批发业务，直到最近才开始在 B2C 市场发力。众多经营 B2B 的旅游批发商都在开拓 B2C 市场。OTA 的价格战以及传统模式暴露出的问题，迫使处于产业链中间环节的批发商通过蚕食下游零售商的生意维持生计，并且这一趋势正在加速。

一些企业负责人表示："批发商做零售一直都存在，批发、零售并存将是一种趋势，线上销售是一种探索和开拓。公司开展零售业务也是因为尝试零售业务的批发商越来越多，如果企业不参与，势必会在市场竞争中落后。"

有业内人士分析，依赖网络的 80 后游客已成为出境游消费的主体，他们更容易也更愿意花时间上网搜寻价格更为低廉的旅游产品。而在 OTA 平台上，透明的产品价格和不断升级的价格战，使旅游产品价格一降再降。这迫使旅游批发商不得不依靠 OTA 强大的分销途径与流量来销售自己的产品，旅游批发商的利润也因此越来越低。

资料来源　陈杰，曾威. 旅游批发商无奈抢食零售市场 [N]. 北京商报，2015-02-04.

案例分析：旅游批发商抢食零售市场，依靠各种分销途径销售旅游产品、扩大市场份额，与目前旅游业的利润下降有关。这无疑给下游的旅游零售商带来了很大的竞争压力。如今，批发商和零售商的界限日益模糊，批发商对下游的渗透正在加强。

四、旅游中间商的选择原则

许多旅游产品生产企业都会通过旅游中间商来销售自己的旅游产品。一些规模大、目标市场范围广的旅游产品生产企业，更愿意选择旅游中间商来销售自己的旅游产品；一些以接待散客和直接销售为主的旅游产品生产企业，也会借助旅游中间商来销售一部分旅游产品。对于旅游产品生产企业来讲，选择适合的旅游中间商也是一项重要的市场营销决策问题。旅游产品生产企业在选择旅游中间商时，要结合本企业的实际情况，明确本企业所建立的营销渠道要达成的目标，了解旅游市场需求、企业目标市场、市场竞争状况等因素，并进行认真调研，在了解旅游中间商的业务性质、业务能力、规模大小、信誉高低等因素的前提下，做出相应选择。旅游中间商的选择原则如下：

（一）经济性原则

经济性原则是选择旅游中间商最基本的原则。旅游产品生产企业选择旅游中间商的目的之一是降低销售成本，因此费用高低是旅游产品生产企业选择旅游中间商时需要考虑的重要因素之一。旅游产品生产企业会对多个旅游中间商进行一定的评估，从中选出费用最低的旅游中间商作为销售本企业产品的旅游中间商。

（二）控制性原则

风险与利益往往是共存的，旅游中间商是独立经营的企业，其有自己追求的经济目标。在销售产品时，旅游中间商完全有可能为了自身利益而损害旅游产品生产企业的利益。因此，旅游产品生产企业应该考虑自己对旅游中间商的控制能力，对旅游中间商的控制能力越强，越能够稳定旅游中间商。但旅游中间商是独立的经济实体，不可能被完全控制，所以采取一定的形式对旅游中间商进行适当的控制，才更有利于旅游产品生产企业。

（三）效益性原则

旅游产品生产企业属于营利性企业，追求经济效益最大化是营利性企业的宗旨。旅游产品生产企业选择旅游中间商，主要是想获得更多的客源和增加销售收入。所以在选择旅游中间商时，旅游产品生产企业应评估各个旅游中间商在相同的时间内、相似的条件下，谁能为本企业带来更多长期稳定的客源、更多的销售收入、更准确的市场信息。

（四）适应性原则

旅游中间商对市场的适应能力直接影响旅游产品生产企业对市场的适应能力。所以旅游产品生产企业在选择旅游中间商时，应充分考虑以下两个方面：一是旅游产品生产企业对旅游中间商的适应性；二是旅游中间商对目标市场的适应性。

五、旅游中间商的评估

旅游中间商对旅游产品生产企业的发展具有很重要的影响，合适的旅游中间商会推动企业产品的销售，反之则会阻碍企业的发展。所以旅游产品生产企业在选择旅游中间商时，必须对其进行准确的评估，充分了解旅游中间商。旅游产品生产企业对旅游中间商的评估主要包括以下内容：目标市场适应性评估、销售能力及意愿评估、信誉评估和费用评估等。

（一）目标市场适应性评估

目标市场适应性评估包括经营地点的适应性、目标市场旅游者购买习惯的适应性、中间商与旅游产品生产企业的适应性等方面。其中，经营地点的适应性是指经营地点与目标市场的接近程度；目标市场旅游者购买习惯的适应性是指所提供的服务与购买者希望得到的服务的适应程度；中间商与旅游产品生产企业的适应性是指中间商与旅游产品生产企业的合作程度。

（二）销售能力及意愿评估

旅游产品生产企业在选择旅游中间商时，一定要注意旅游中间商销售本企业产品的能力及意愿的强弱。规模大的旅游中间商对特定旅游企业的产品并不一定尽力推销，因而销售量可能并不大；反之，对中小规模的旅游中间商来说，每份利润都很重要，其会尽全力去推销旅游企业的产品，因而销售量可能会更大。所以，旅游产品生产企业应重视旅游中间商的销售能力及经营本企业产品的意愿。

（三）信誉评估

信誉包括旅游中间商在旅游市场上的知名度和美誉度。旅游产品生产企业可以通过调研，向旅游中间商的主要合作者、服务对象来了解其信誉。对于信誉高的旅游中间商，旅游产品生产企业应积极争取，使其成为本企业的分销渠道成员；对于缺乏诚信的旅游中间商，旅游产品生产企业应避免与之进行业务往来，以免遭受损失。

（四）费用评估

费用评估是指对开辟和维持一条渠道所需费用的评估。费用评估有利于旅游产品生产企业保留获利能力强的渠道，改进获利能力差的渠道，淘汰费用高的渠道。

做一做

实训项目：

某大型旅游企业中间商管理情况调研。

实训内容：

以小组为单位，选择一家大型旅游企业，对其进行调研。调研内容包括：被调查企业的类型及其经营服务范围；是否有相应的旅游中间商；其旅游中间商实力如何；企业是如何管理旅游中间商的。

实训目标：

1.掌握旅游中间商的概念及其评估内容。

2.理解旅游中间商对推动旅游营销的价值。

实训组织：

以3~4人为一个小组，由组长确定小组分工，开展专题调研，并准备好阐述调查成果的资料。

实训记录：

1.某大型旅游企业的名称及其基本情况：

2.该企业是哪种类型的旅游企业？企业经营服务范围有哪些？

_____

_____

3.该企业是否有相应的旅游中间商？其旅游中间商实力如何？其对旅游中间商的管理如何？

_____

_____

效果评价

1.以小组为单位组织调查、研讨。

2.每个小组推荐1名成员做主题发言，从小组互评、教师评价两个方面进行评分，见表8-2。

表8-2　　　　　"某大型旅游企业中间商管理情况调研"训练项目评价表

项目主题（分值）	评价指标（分值）	标　准	小组互评（30%）	教师评价（70%）	最后得分（100%）
某大型旅游企业中间商管理情况调研（100分）	课堂研讨表现（40分）	小组研讨组织得当，全员参与，研讨知识、方法、技术运用正确			
	主题阐述（60分）	阐述的内容具有可行性，效果良好，观点新颖、独特，能依据大型旅游企业中间商管理情况调研报告进行阐述			

任务3　旅游营销渠道管理

任务目标

知识目标：理解选择旅游营销渠道的基本原则及影响旅游营销渠道选择的因素。

能力目标：掌握旅游营销渠道管理策略。

素养目标：培养旅游营销渠道管理的创新思维。

任务导入

旅游目的地营销新走向

1.目的地趋向全渠道整合营销

以往目的地营销单位单一公关、单一媒体、单一市场的行动已不能满足目的地的全方位需求。作为行业观察者，我们看到越来越多 GSA（general sales agent）主导的目的地营销出现，既代理目的地旅游行政管理部门，又代理目的地航空公司和目的地主要景点等资源，宣传和销售产品实现全方位整合。

未来景区的营销如果单靠自身的力量会有很大的局限性，除非资源本身具有独一无二性和不可复制性。从目前OTA的"酒店+"和"景区+"产品整合后带来的销售业绩提升可以得出以下结论：跨界营销是非常有必要的营销模式。

2.营销方式创新不止：新媒体、网红、直播、VR

基于微信的新媒体已广泛地出现在目的地营销活动中，如今微信又推出了小程序，可以以更加丰富的新媒体技术与受众互动。网红经济的核心是注意力经济，目的地的网红也是旅游达人，网红们引领玩乐潮流，引领目的地选择导向。如何利用好网红促进目的地营销是未来营销的主要议题。直播是网红与粉丝的沟通途径，目的地也可以通过直播活动使目的地的信息为游客所关注。VR+旅游的技术应用则颠覆了旅游"预体验"，化身为营销新利器。游客通过VR，体验虚拟旅行，从而制定完美行程和计划。

3.社交媒体成为营销渠道，而不是策略

社交媒体本身不是一种营销，也不是一种可以自己执行的策略，它是作为一种平台而存在的。

社群营销深受各个行业营销者的青睐。营销者可以通过各类社交媒体获得自己的用户群体，然后定期发布热门事件获取用户关注，定期开展话题讨论解决用户的疑问，从而增加用户的黏性。

资料来源　佚名.旅游目的地营销七大走向［EB/OL］.［2018-08-04］.https：//www.sohu.com/a/162270492_739265.

问题：

1.旅游目的地应如何做好全渠道整合营销？

2.如何看待"社交媒体成为营销渠道，而不是策略"？

学一学

一、选择旅游营销渠道的基本原则

（一）旅游者需求导向原则

如今，旅游行业的竞争非常激烈，新的旅游企业不断涌现，旅游产品越来越趋于雷同，旅游者的可选择空间越来越大，旅游企业很容易失去竞争力。因此，旅游企业之间的竞争已不仅仅是价格的竞争。在其他条件都相似甚至相同的情况下，旅游企业应充分考虑旅游者的需求，使旅游者能够通过快捷便利的渠道购买到本企业的旅游产品，这样才能使旅游企业在竞争中获胜。

（二）经济效益导向原则

以经济效益为导向是企业生存发展的必由之路。旅游营销渠道的形成需要旅游企业进行调研、规划、设计、开拓和维持，而这个过程是需要一定费用的，这些费用应该从旅游营销渠道带来的经济效益中得到补偿。如果某一营销渠道只能带来一定的销售收入，且这些销售收入不足以支付开拓和维持这一营销渠道所需要的费用，那么这一营销渠道是不具备可行性的。经济效益导向原则是指旅游营销渠道投入使用后，不仅能带来销售收入，而且这些销售收入在扣除了开拓和维持这一营销渠道所需的费用后还能使本企业获利。如果企业不能获利，就谈不上生存，更加谈不上发展。

二、影响旅游营销渠道选择的因素

旅游营销渠道有宽、有窄、有长、有短，旅游中间商也多种多样，旅游营销渠道成员的关系也各不相同。因此，旅游企业在选择营销渠道时，必须考虑旅游产品、企业自身、旅游中间商、法律法规和旅游市场等因素的综合影响。

（一）旅游产品因素

旅游产品因素是影响旅游营销渠道选择的重要因素，在旅游产品的投入期、成长期、成熟期、衰退期等不同阶段，旅游产品生产企业选择的营销渠道应该有一定的差异。同时，对于大众化的旅游产品，由于消费对象广且多，因此应该采取间接渠道、较宽的渠道；对于非大众化的旅游产品，由于其具有特定的消费群体，因此宜选择直接渠道、较窄的渠道。

（二）企业自身因素

对于规模小的旅游产品生产企业而言，其供给能力较弱，一般以散客接待为主，因此应该选择短的营销渠道，在中间商的选择上处于被动地位；对于规模较大的旅游产品生产企业而言，其供给能力、经营管理能力、对渠道的控制力均较强，因此宜选择较长的营销渠道，在中间商的选择和控制方面处于主动地位。同时，如果旅游产品生产企业的销售能力强，直接销售经验丰富，宜选择直接营销渠道；如果旅游产品生产企业自身的销售能力差，则应该借助其他旅游中间商的力量来销售产品。

（三）旅游中间商因素

理想的旅游中间商是旅游产品生产企业在选择营销渠道时需要考虑的重要问题。理想的旅游中间商是指：与旅游产品生产企业有共同的目标，能与旅游产品生产企业保持良好的沟通，熟悉旅游产品生产企业提供的旅游产品，合作能力与销售能力强，在消费者心中的形象较佳，能够便捷地服务顾客。

（四）法律法规因素

旅游企业要认真研究目的地国（地区）和客源国（地区）的有关法律法规，要在法律法规允许的范围内选择适合的营销渠道。

（五）旅游市场因素

旅游市场因素包括目标市场的特点和竞争对手的情况，这些都会对旅游营销渠道的选择产生一定的影响。

1.目标市场的特点

目标市场的特点包括旅游者的购买习惯、数量和地理分布。当旅游者的地理分布较为分散的时候，旅游产品生产企业应该借助旅游中间商来进行销售；当旅游者的数量较多、购买量大，且地理分布较为集中时，旅游产品生产企业应该在客源地建立直接的营销点，选择直接营销渠道。

2.竞争对手的情况

当旅游企业生产的产品的竞争力不如竞争对手时，旅游企业应该避免选择与竞争对手相同的营销渠道；当竞争对手生产的旅游产品替代性不强甚至有一定互补性的时候，旅游企业可以选择与竞争对手一样的营销渠道；当旅游企业的竞争能力比竞争对手强的时候，旅游企业也可以选择与竞争对手一样的营销渠道。

三、旅游营销渠道管理策略

（一）加强对旅游中间商的评估与激励

1.加强对旅游中间商的检查和评估

旅游产品生产企业应该定期对旅游中间商的绩效进行检查和评估，以保证旅游中间商能及时有效地销售产品。通过绩效检查和评估，一方面可以在一定程度上给绩效好的旅游中间商一定的激励，促使其更好地与本企业合作；另一方面可以帮助绩效差的旅游中间商查明原因并及时采取措施，必要时还可以剔除绩效差的旅游中间商。同时，旅游产品生产企业应该与旅游中间商保持沟通顺畅，及时向旅游中间商提供有关本企业和本企业产品的全面资料和信息，这样不仅能更好、更全面地了解旅游中间商的不同需求，也能对旅游中间商进行更好的控制和管理。

2.加强对旅游中间商的激励

旅游中间商与旅游产品生产企业从根本上来说具有一致的经营目标和相互关联的经济利益，因此，为了充分调动旅游中间商的积极性，发挥其潜能，旅游产品生产企业应该及时发现旅游中间商的需求，并采取相应的激励措施。例如，在旅游中间商进行产品促销的时候，旅游产品生产企业可以提供一定的人力、技术支持，并适当分担一部分宣传费用；在产品定价的时候，根据旅游中间商的信用和销售情况，旅游产品生产企业可以给予一定的优惠和折扣；对于信用好的旅游中间商，旅游产品生产企业还可以提供一定的资金支持。

（二）对旅游营销渠道进行有效调整

为了应对市场的变化，旅游产品生产企业需要根据自身的要求和旅游中间商的绩效对营销渠道进行调整，以充分发挥营销渠道的作用，最大化实现营销目标。调整旅游营销渠道的方法主要有以下两种：

1.增减某一旅游营销渠道

当渠道过多，导致部分营销渠道不能发挥作用时，旅游产品生产企业就可以减少一部分作用较小的渠道；当渠道较少，导致产品不能有效进入目标市场而影响销售业绩时，旅游产品生产企业就可以增加新的营销渠道。增减某一旅游营销渠道是从投入和产出的角度来考虑的。

2.改变整个旅游营销渠道

这种调整是全面的、力度最大的调整，即放弃原有的旅游营销渠道，重新构建旅游营销渠道。当原有旅游营销渠道的功能产生混乱甚至丧失，或者旅游产品生产企业的战略目标和营销方向发生改变的时候，都有必要重新对营销渠道进行设计、规划和构建。这是战略层面的重大改变，需要经过全面调研、分析后才可以做出决策。

（三）加强对旅游营销渠道的冲突管理

旅游产品生产企业可能同时拥有多种营销渠道，由于不同营销渠道的利益关系不同，因此这些营销渠道之间发生冲突是不可避免的。渠道的冲突有两种：横向冲突和纵向冲突。横向冲突是指在同一营销渠道同一层次的渠道成员之间的冲突，主要表现为因争夺客源而引起的代理商与代理商之间的冲突。纵向冲突是指在同一营销渠道不同层次的渠道成员之间的冲突，主要表现为因利益分配问题引起的批发商与零售商之间的冲突、生产者与批发商之间的冲突。但是，无论哪个层次的冲突，都会影响旅游营销渠道的整体运行效率和质量。

为了保证整个营销系统的运行高效畅通，旅游产品生产企业要加强对旅游营销渠道的冲突管理。

1.共同目标

旅游产品生产企业要使渠道成员明确，只有在共同目标的指引下，双方才能共同实现企业利润最大化的目标。

2.良好沟通

旅游产品生产企业与渠道成员之间要保持良好的沟通，使各方在客源市场和利益分配方面达成共识，这样才能实现共赢。

3.明确权责

不明确的权责关系和不合理的利益分配是产生渠道冲突的主要原因，旅游产品生产企业可以通过制订合理的权责方案来协调甚至约束渠道成员的行为。

4.互惠互利

在整个营销渠道中，旅游产品生产企业和渠道成员会有不同的利益要求。因此，旅游产品生产企业在决策时要做到互惠互利，兼顾各方利益，以减少渠道成员之间、旅游产品生产企业与渠道成员之间的误会和矛盾。

案例窗8-3　　　　　　溢美金融现身2015旅游渠道商大会受热捧

2015年全国旅行社渠道运营商年会在北京举行，本次年会的主题为"旅行社全渠道营销与客户管理"。溢美金融CEO受邀出席大会，并做了题为《金融——旅游爆发的下一个拐点》的演讲。演讲犀利生动地描绘了金融与大旅游产业密不可分的关系，指出纵观全球旅游市场，旅游的本质还是金融。他还以美国运通公司为例进行了说明，美国运通公司是国际上最大的旅游服务及综合性财务、金融投资及信息处理的环球公司，在全球设有1 700多个旅游办事处，并用太极图比喻旅游与金融共生的紧密关系。

旅游渠道商在旅游产业链中处于游客与资源方的中间，其主要功能在于聚集广泛的上游资源，通过建立起来的庞大的销售终端，实现信息流、资金流以及顾客流的互动。也正是由于旅游渠道商所处的位置，其更容易建立起旅游+金融生态系统。也就是说，旅游渠道商可以充分利用自身在产业链中所具有的资金优势，与溢美金融这样的旅游金融大鳄合作，挖掘针对上下游的旅游金融业务，如针对供应商开展供应链金融，针对分销商开展授信业务，针对游客开展分期付款业务等。

然而，基于旅游产业的金融并购使得像万达、腾讯、阿里巴巴这样的产业大鳄依托母体资源进军旅游业，并进行产业整合，众多中小旅游企业因此陷入了发展困境，如何突破困境已经成为旅游渠道商的生存难题。

资料来源　佚名. 溢美金融现身2015旅游渠道商大会受热捧［EB/OL］.［2015-08-26］. http：//www.sohu.com/a/29397141_202027.

案例分析：随着旅游市场全球化进程的加速，以及供应商资金压力的增大，旅游金融服务应用场景将更加丰富。旅游金融的业态模式主要有以下三种：一是零售/批发商服务上下游提升产业影响力；二是大型代理商通过预付缓解供应商资金压力；三是下游消费者参与融资实现多方共赢。

做一做

实训项目：

旅游企业营销渠道管理状况调研。

实训内容：

以小组为单位，选择当地某家旅游企业，运用已学到的知识，通过查阅资料、调研等方式，分析其营销渠道管理方法，并提出具有针对性的建议，进而撰写该旅游企业营销渠道管理状况分析报告。

实训目标：

1.了解影响旅游营销渠道选择的因素。

2.掌握旅游营销渠道管理策略。

实训组织：

以3~4人为一个小组，由组长确定小组分工，开展专题调研，并撰写调研报告，由专人负责阐述。

实训记录：

1.旅游企业的名称及情况：

_____

_____

2.旅游企业的营销渠道管理方法：

_____

_____

3.向旅游企业提出具有针对性的营销渠道管理建议：

_____

_____

效果评价

1.以小组为单位组织交流、研讨。

2.每个小组推荐1名成员做主题发言，从小组互评、教师评价两个方面进行评分，见表8-3。

表8-3   "旅游企业营销渠道管理状况调研"训练项目评价表

项目主题（分值）	评价指标（分值）	标　准	小组互评（20%）	教师评价（80%）	最后得分（100%）
旅游企业营销渠道管理状况调研（100分）	课堂研讨表现（40分）	小组研讨组织得当，全员参与，研讨知识、方法、技术运用正确			
	主题阐述（60分）	阐述的内容具有可行性，效果良好，观点新颖、独特，能依据项目调查情况，对旅游企业营销渠道管理状况做专题阐述			

■ 本章小结

音频：听我学8

　　20世纪60年代以来，世界旅游业快速发展，旅游企业之间的竞争日益激烈，营销渠道已经成了旅游企业之间竞争的重要手段。旅游营销渠道是指旅游产品从生产企业向旅游者转移的过程中，所经过的一切取得使用权或协助使用权转移的中介组织和个人，即旅游产品使用权所经过的各个环节连接起来而形成的途径或通道。旅游产品在转移的过程中，会受到旅游生产企业、旅游产品、旅游中间商、旅游同行业竞争对手、旅游者等众多因素的影响，因此旅游营销渠道也呈现出多种形式，主要有直接营销渠道和间接营销渠道、长渠道和短渠道、宽渠道和窄渠道。

　　旅游中间商是指介于旅游生产者与旅游消费者之间，从事旅游产品转售或协助旅游产品转售，具有法人资格的经济组织或个体。旅游中间商对旅游产品生产企业的发展具有很重要的影响，合适的旅游中间商会推动企业产品的销售，反之则会阻碍企业的发展。所以，旅游产品生产企业在选择旅游中间商时，必须对其进行准确的评估，充分了解旅游中间商。

　　旅游企业选择营销渠道的基本原则包括旅游者需求导向原则和经济效益导向原则。旅游营销渠道管理策略包括：加强对旅游中间商的评估与激励；对旅游营销渠道进行有效调整；加强对旅游营销渠道的冲突管理。

■ 挑战自我

2015中国旅游O2O爆发——线下综合资源+线上平台

　　线下综合资源+线上平台的类型较为复杂，线下方虽不是景区、目的地等直接资源方，但多为大型集团或上市公司，旅游多为其多元化的业务单元，它们大多直接或间接掌控了大量资源，如海航的酒店、航空公司，万达的酒店、休闲度假区，探路者在户外领域的资源，景域集团代运营的大量景区等。这些企业拥有很强的经营能力，能够做到对线下旅游产品与服务的综合掌控，同时通过投资、并购等方式，又弥补了其线上部分的短板。若其自身体系中已有线上强势板块，则潜力更大。这时线上平台不仅仅是渠道的角色，还是线下资源的营销平台、用户体验入口平台，以及综合数据的记录运算和挖掘平台。

与线上、线下都是渠道的O2O模式不同的是，线下综合资源+线上平台模式在旅游服务体验上用了更多把控，其中部分O2O模式最接近成功。这样的案例包括上海景域集团+驴妈妈、探路者+易游天下、海航旅游+网易、万达集团+同程。

资料来源　刘照慧. 2015中国旅游O2O爆发　20案例大盘点［EB/OL］.［2017-08-12］. http：//dy.163.com/v2/article/detail/CRJT1IDI0511AH1G.html.

问题：

1.在竞争日益激烈的今天，旅游企业应该如何创新营销渠道，实现线上与线下旅游企业的融合和对接？

2.请搜索"上海景域集团+驴妈妈""探路者+易游天下""海航旅游+网易""万达集团+同程"的有关资料，发表一下你对其中一个案例的看法。

要求：课外时间独立完成，给出有针对性的答案。

■ 拓展空间

中国旅游给世界一个"黄金市场"
——中国国际旅游交易会

时至今日，中国旅游市场已经发展成为世界期待的"黄金市场"。

中国旅游市场庞大。2014年，中国出境旅游人数突破1亿人次，成为全球最大的出境旅游客源国。联合国世界旅游组织亚太部副主任黄海国判断，未来数年，中国旅游业仍然会保持高速增长态势。"中国旅游市场的发展将给世界其他国家和地区带来正面的外溢效应，中国将继续扮演驱动全球经济发展的重要角色。"

在此背景下，世界各国的旅行商越发重视中国旅游市场。作为沟通中国与国际旅游业界的重要平台，中国国际旅游交易会吸引了众多境内外参展商。

2017中国国际旅游交易会于11月17日至19日在云南昆明成功举办。交易会展览面积近70 000平方米，约设置3 700个标准展位，有来自俄罗斯、美国等国家及我国港、澳、台地区的527家旅行商参加，参展国家及地区达71个，是亚洲规模最大的旅游专业性展会。此外，旅游产业深度合作不断加强，参展范围从旅游产业扩展到农业、教育、装备制造业、文化创意、互联网、健康等领域，促进了乡村旅游、研学旅游、文化旅游、体育旅游等深度对接，推动了区域内全方位、深层次、多领域的交流与合作。

资料来源　吴俊，沈仲亮，徐万佳. 中国旅游给世界一个黄金市场［N］. 中国旅游报，2015-11-13（1）；田虎.2017中国国际旅交会17日开幕　71个国家及地区参展［EB/OL］.［2017-11-17］. http：//travel.people.com.cn/n1/2017/1117/c41570-29652568.html.

项目九

网络环境下的旅游营销

■ 项目概述

> 网络对于旅游营销来说既是挑战，也是机遇。在新时代，网络营销正在蓬勃发展，并开始走进大众生活，人们也越来越偏好在网络上搜索和获取自己需要的旅游资讯。

■ **项目结构**

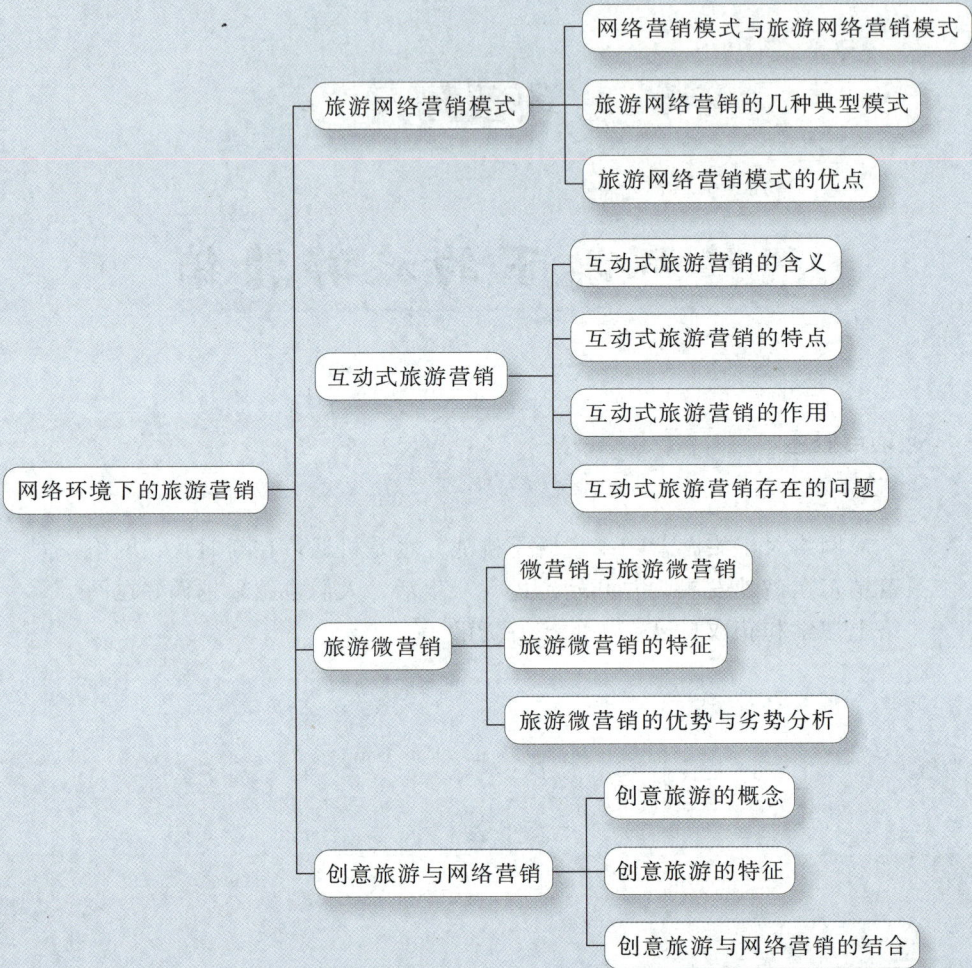

网络环境下的旅游营销

- 旅游网络营销模式
  - 网络营销模式与旅游网络营销模式
  - 旅游网络营销的几种典型模式
  - 旅游网络营销模式的优点
- 互动式旅游营销
  - 互动式旅游营销的含义
  - 互动式旅游营销的特点
  - 互动式旅游营销的作用
  - 互动式旅游营销存在的问题
- 旅游微营销
  - 微营销与旅游微营销
  - 旅游微营销的特征
  - 旅游微营销的优势与劣势分析
- 创意旅游与网络营销
  - 创意旅游的概念
  - 创意旅游的特征
  - 创意旅游与网络营销的结合

任务1　旅游网络营销模式

任务目标

知识目标：理解网络营销模式和旅游网络营销模式的含义，了解旅游网络营销的几种典型模式。

能力目标：能将旅游网络营销模式恰当地运用于旅游营销推广活动中。

素养目标：培养旅游市场营销的创新思维。

任务导入

"九寨沟小萝莉"营销事件

2010年金九银十期间，"九寨沟小萝莉"的小女孩图片被疯传于各大网络，网友们惊叹，"九寨沟小萝莉"实在太萌了。

"九寨沟小萝莉"的照片被发布到了网上，由网络推手进行炒作推广，不明真相的网友也加入了这次旅游网络推广中来，一场席卷整个互联网的推广开始了。从百度指数中我们可以清楚地看到"九寨沟小萝莉"事件发生的全部过程。10月11日，吕先生发布帖子，之后网站推手便开始进行宣传推广接力，通过发帖转载等手段，终于在18日如愿取得网友对"九寨沟小萝莉"的关注，使"九寨沟小萝莉"变成了人见人爱的网络红人。"十一"黄金周之后，网友对九寨沟的搜索应该呈下降趋势，但在"九寨沟小萝莉"这一网络红人效应的带动下，对九寨沟的网络搜索又呈上升趋势，并在10月18日达到搜索高峰。而在此时，事件策划者也如愿实现了他们期望达到的效果。

自从"九寨沟小萝莉"在网络爆红以后，九寨沟地区的旅游业继"十一"黄金周后再次进入旺季，这无疑是"九寨沟小萝莉"营销事件的功劳。全国知名旅游线路预订网站悠哉旅游网给出的统计数据显示，自从"九寨沟小萝莉"的照片被曝光后，该地区旅游线路的订单量和电话量都有了明显上升，由此可见"九寨沟小萝莉"的非凡魅力。

资料来源　佚名."九寨沟小萝莉"营销事件［EB/OL］.［2014-04-21］. http://www.wm23.com/wiki/1809.htm.

问题：

1.九寨沟为什么能在"十一"黄金周之后再转旺季？

2.其他旅行社或企业想要复制这种网络营销模式的话，应该具备哪几个要素？

学一学

一、网络营销模式与旅游网络营销模式

（一）网络营销模式的含义

网络营销模式是指企业借助互联网进行各项营销活动，从而实现企业营销目标的营销模式。

在互联网发展的不同阶段，网络营销的手段、方法和工具也有所不同，网络营销模式也从单纯的网站建设模式向多元化模式转变。根据经营性质和营销目标选择有效的网络营销模式，对企业经营的成功至关重要。

（二）旅游网络营销模式的界定

旅游网络营销模式是指旅游企业以电子信息技术为基础，以计算机网络为媒介和手段，进行各种营销活动的一种营销模式，它是目标营销、直接营销、分散营销、顾客导向营销、双向互动营销、远程或全球营销、虚拟营销、无纸化交易、顾客式营销的综合。

二、旅游网络营销的几种典型模式

旅游网络营销的模式主要有会员制营销、许可 Email 营销、主题营销、互惠营销、搜索引擎营销、联盟营销、SNS（社会性网络服务）营销等。

（一）会员制营销

会员制营销即旅游企业以某项服务或某种高附加值的产品为主题，将目前已有的高价值客户组成一个俱乐部形式的群体，针对该群体进行宣传、销售、促销等营销活动，提供差别化的产品和服务，从而提高既有高价值客户的忠诚度，增加企业长期利润的网络营销模式。

（二）许可 Email 营销

许可 Email 营销是指旅游企业在客户许可的情况下，通过电子邮件，将自身的产品信息送达客户的网络营销模式。旅游企业采用这种网络营销模式，不仅可以避免过多的无效营销对客户造成干扰，还可以增强与客户之间的联系，通过传达符合客户需求的信息来提高客户的品牌忠诚度。

（三）主题营销

网络营销随着微博、微信等网络社交平台的高效传播而变得越来越具有创新性。主题营销是指通过网络传播渠道，有意识地发掘、利用，甚至创造某种特定的主题来实现旅游企业营销目标的网络营销模式。

（四）互惠营销

互惠营销是指旅游企业通过举行大规模的优惠和短时促销活动，促发既有客户通过自身的良好体验，与旅游企业一起影响其他消费者消费同一产品的网络营销模式。

（五）搜索引擎营销

搜索引擎营销是指利用人们对搜索引擎的依赖和使用习惯，在人们检索信息的时候将信息传递给目标客户的网络营销模式。在我国，流量最多的网站一般都是搜索引擎。为了最大限度地扩展未知的潜在市场，旅游企业凭借搜索引擎网站开展网络营销尤为必要。

（六）联盟营销

旅游企业单靠自身的营销资源开展网络营销，往往受限于自身的实力和单一的营销途径，因此旅游企业可以考虑与其他相关度较高的企业结盟，通过联盟的方式共享各自的营销资源，并通过一体化网络营销在推广自身产品和服务的同时推销对方的产品和服务，从而形成合力，实现双赢。通过联盟营销，旅游企业的网络营销途径将会得到极大的扩展。

（七）SNS营销

旅游企业可以在SNS平台上创建属于自己的营销小站，通过定期更新活动信息，向目标群体发送自身的产品和服务信息，并通过主动的实时营销来保证SNS营销的有效性。此外，旅游企业还可以通过对SNS平台上具有旅游消费倾向的人群的观察和调研来获取最新的旅游需求，从而有针对性地设计符合这些人需求的产品和服务，进而提高潜在旅游者对企业SNS营销途径的关注程度，强化网络营销效果。

案例窗9-1　　　　　　　　提升旅游网络营销"软实力"

近年来，安徽省黄山市黄山区积极搭建网络推广平台，创新旅游产品形式，提高信息化服务水平，提升旅游网络营销"软实力"。

首先，积极搭建网络推广平台。近年来，黄山区不断强化与户外和网络媒体的合作，进一步推广"健行渐美"黄山区整体形象。同时，重点建设好旅游政务网、资讯网、手机wap网，实现网上预订、在线电子商务功能，加快旅游微平台建设，并于2011年、2014年率先在全市开通官方微博和官方微信，及时发布黄山区食、住、行、游、购、娱等旅游要素的权威资讯。

其次，创新旅游产品形式。黄山区改变传统的单一产品销售模式，整合景区、酒店、旅行社等资源，开发符合市场需求的"住宿+景区门票"等"旅游套餐"，全面拓展旅行社网络市场和自助游市场；引进国际领先O2O模式网络平台商途家网，与黄山第一上海中心、绿地、中信、翡翠谷、太平湖等企业合作开发新业态旅游产品，以满足游客的多样化需求。

安徽省五星级农家乐——翡翠人家与途家网合作以来，不仅提高了预订率，而且拓宽了销售渠道；举办"四季摄影·微博·微信·游记大赛"主题活动，配套"亲水""晒秋""年俗"等旅游产品和优惠政策，通过线上和线下互动的方式，吸引了大量网络达人和游客通过微游记、微行动等方式宣传黄山区旅游产品。

最后，提升信息化服务水平。黄山区与移动公司合作，通过对来黄山游客手机数据的统计分析，得到了游客的客源地、停留天数等详细信息，为细分市场、精准营销提供了基础支撑；加强线上服务的投入引导，已有13家景区、景点和300多家酒店进驻携程网，并通过携程网开展门票销售、酒店预订等电子商务服务。

资料来源　江忠宝，朱星犁. 黄山市黄山区：提升旅游网络营销"软实力"［N］. 中国旅游报，2015-02-11（16）.

案例分析：网络营销就是以互联网为手段开展营销活动。网络营销是一种互动性很强的新型营销方式，它具有其他营销方式不可比拟的优势。旅游景区作为目的地城市旅游业的核心产品，是目的地旅游形象的重要体现。黄山区通过网络营销做好宣传、销售工作，对整个城市旅游业的发展具有重要的推动作用，也为同类型景区及旅游城市的网络建设、景区影响力的传播提供了有效的借鉴。

三、旅游网络营销模式的优点

旅游网络营销模式的出现打破了传统旅游营销模式的局限，具有很大的发展潜力。

（一）提升了旅游行业的整体营销水平

在全球经济大萧条的环境下，旅游成为拉动国家及地区经济增长的主要动力之一。传统旅游营销模式一般由政府部门、景区、景点及航空公司等作为营销主体，它们分别与旅行社和传媒建立合作，通过粗放式的营销手段，将旅游信息推送给消费者。传统旅游营销模式缺乏精准度，存在盲目性，无法满足现代消费者的需求，因此旅游营销模式的创新是旅游行业发展过程中亟待解决的问题。旅游网络营销模式基于互联网技术，将"营"与"销"相结合，提升了旅游行业的整体营销水平。

（二）实现了从4P到4C的飞跃

旅游网络营销模式将旅游销售从"产品力"时代带入了"消费者需求"时代，实现了从4P到4C的飞跃。

动画：智慧旅游

（三）降低了营销投入，优化了营销效果

旅游网络营销模式注重消费者的体验，强调精准的市场定位，从而降低了旅游营销投入，并在一定程度上优化了旅游营销效果，为今后旅游营销工作的改进和提升创造了空间。

做一做

热门旅游背后的网络营销推手

背景资料：

威海鸡鸣岛的名气很小，就连很多威海人都不知道有这个去处，但是《爸爸去哪儿》播出后，鸡鸣岛一下子被全国人民都知道了，并且迅速成为热门景点。鸡鸣岛命运的逆转缘于《爸爸去哪儿》的热播，但很少有人知道，其成名最大的推手是山东庞大的旅游目的地网络营销系统。

实训内容：

以小组为单位，运用旅游网络营销模式的相关知识，结合最新的网络资讯，分析威海鸡鸣岛网络营销成功的奥妙。同时，以学校所在城市的某个景区为例，设计一个具有创新性的网络营销方案，并阐述设计原理。

实训目标：

1.理解和掌握旅游网络营销模式。

2.培养学生分析解决问题的能力和创新能力。

实训组织：

1.以3~4人为一个小组，指定1位发言人在老师提问时向全班报告自己小组的观点与设计方案。

2.小组成员分头查找网络或书籍资料，并在小组内分享，挑选一个景区设计网络营销方案，并准备好阐述资料或PPT。

实训记录：

1.威海鸡鸣岛网络营销成功的奥妙：

_____

_____

2.设计一个具有创新性的网络营销方案：

_____

_____

3.阐述设计原理：

_____

_____

效果评价

1.以小组为单位发表观点，并提交营销方案。

2.每个小组推荐1名成员做主题发言，说明方案形成的过程，并进行小组自评。

3.每个小组在阐述过程中，其他小组及主讲教师对其进行专题评价，见表9-1。

表9-1　　　　　　　　　“热门旅游背后的网络营销推手”训练项目评价表

项目主题 （分值）	评价指标 （分值）	标　准	小组自评 （20%）	小组互评 （30%）	教师评价 （50%）	最后得分 （100%）
热门旅游 背后的网络 营销推手 （100分）	知识运用 （20分）	理解旅游网络营销模式的含义，掌握旅游网络营销模式的优点				
	技能掌握 （30分）	能对旅游网络营销模式进行恰当的分类，能在实践中运用旅游网络营销模式				
	职业核心 能力表现 （20分）	培养旅游网络营销的创新思维				
	职业道德 修养 （10分）	乐于奉献的精神、团队精神				
	成果展示 （20分）	阐述观点直观明确、效果良好，创意新颖、独特				

4.教师与学生依据最后得分情况，确定最优陈述方案。

任务2　互动式旅游营销

任务目标

知识目标：理解互动式旅游营销的含义、特点，掌握互动式旅游营销的作用，了解互动式旅游营销存在的问题。

能力目标： 能将互动式旅游营销运用于旅游营销策划活动。

素养目标： 培养互动式旅游营销的创新思维。

任务导入

河南加大旅游推广：开发东北市场引入互动式营销

河南省旅游局组织河南重要旅游目的地城市郑州、开封、洛阳、焦作市旅游部门的领导，以及主要旅行社负责人、主要景区负责人、媒体，在辽宁大连和沈阳、吉林长春、黑龙江哈尔滨，通过推介、体验、互动、座谈等模式，举办"流动的河南"旅游推广活动。

此次推广活动不仅通过辽宁、吉林、黑龙江的主流媒体全面展示了河南的厚重人文、锦绣山水，而且引入了智慧旅游理念，现场嘉宾及场外游客同步分享、精彩互动。

面对日益年轻化的旅游市场，河南省旅游局一直在探索更符合时代潮流的宣传推广模式。从风靡网络的十二星座微电影，到在全国名列前茅的河南省旅游局官方微博，河南省旅游局的智慧旅游营销吸引着越来越多的年轻人。

资料来源　佚名. 河南加大旅游推广：开发东北市场引入互动式营销［EB/OL］.［2013-08-20］. http://www.henanci.com/Pages/2013/08/20/20130820092914.shtml.

问题：

1.为什么互动式旅游营销更能获得游客的青睐？

2.如何利用现代网络技术创新"一对一"式旅游营销？

学一学

一、互动式旅游营销的含义

信息是沟通旅游供给和旅游需求的重要平台，在网络经济时代，旅游者的需求日益趋向个性化，旅游者对旅游信息的获取方式和传播途径也有了新的认识，网络营销为实现旅游一对一营销提供了极为有利的条件。

互动式旅游营销是指在通信网络的基础上，旅游企业在营销过程中充分听取游客的意见和建议，使旅游信息在企业与游客之间得以快速流通，并用于旅游产品的规划和设计，完成交互式交易活动，从而提高旅游市场占有率及旅游者对旅游产品的忠诚度的一种营销方式。互动式旅游营销的实质就是旅游企业跨越时空的限制，充分考虑旅游者的实际需求，与旅游者建立一种长期良好的关系。

互动式旅游营销包括以下内容：

第一，信息互动。一方面，旅游企业要把营销活动的相关信息及时、准确地传递给旅游者；另一方面，旅游者也要把对营销活动的评价、意见和建议等信息反馈给旅游企业，以促进相互了解。

第二，情感互动。旅游企业要加强与旅游者之间的情感交流，使互动由信息层次深入到情感层次，从而与旅游者建立一条特殊的情感纽带，促进相互信任。

第三，行为互动。旅游企业与旅游者之间由情感互动深化为行为互动，双方都根据反馈的信息，调整各自的行为，促进相互支持。

二、互动式旅游营销的特点

互动式旅游营销的特点是：以旅游者的需求为中心，旅游企业与旅游者之间产生互动关系，每一个互动链条上都传递着旅游企业与旅游者对互动有效性进行评价的新的价值取向。其中，以旅游者的需求为中心不单单是指以旅游者的现实需求为导向，还包括关注旅游者的潜在需求，并对这一需求进行引导。

三、互动式旅游营销的作用

互动式旅游营销作为一种重要的网络营销方式，在旅游业中得到广泛应用。精准的互动式旅游营销具有以下作用：

（一）有利于提高旅游者的参与性和积极性

采用互动式旅游营销，旅游企业可以在网络上适时发布产品或服务信息，旅游者则可以根据旅游产品目录等信息在任何地方进行咨询或购买，还可以通过聊天室、电子广告牌等向旅游企业提出自己的问题，更可以与其他旅游者交流旅游体验和经历，从而使得供给双方的直接沟通得以实现，使旅游营销活动更有效果。

（二）有利于提高旅游者的满意度

采用互动式旅游营销，旅游企业通过换位思考会产生全新的观察问题的视角，从而充分考虑旅游者的意愿和动机，使旅游者在自发的心理驱动下接收信息，而不是强制灌输信息，这样不仅旅游企业的营销决策有的放矢，而且提高了旅游者的满意度。

（三）有利于提高市场覆盖率和竞争力

采用互动式旅游营销，旅游企业能够用较低的成本获得更大范围、更有效的品牌传播，还能够做到广告效果可度量，提高旅游企业信息反馈和更新的及时性，从而使旅游企业在激烈的市场竞争中发现机遇，提高竞争力。

案例窗9-2　　　　　　　**荷兰"海平面下的艺术之光"**

荷兰旅游局为了更好地推广荷兰深度游产品，继成功推广"探访世界上最美丽的春天"及"海平面下的骑行"大型主题活动后，结合凯撒国际旅行社"缤纷荷兰6日体验之旅"产品，与荷兰5家著名旅游机构合作推出了"海平面下的艺术之光"网络游戏，将荷兰特色展示给参与游戏的消费者。游戏简单、有趣、轻松，内容活泼、丰富，所有参与者都有机会获得丰厚的奖品。

资料来源　佚名. 全球旅游营销九大经典案例［EB/OL］.［2015-11-12］. http://www.doc88.com/p-117691040398.html.

案例分析：营销专家认为，网络营销应趣味化，而游戏的趣味化程度最大。网络游戏推广活动这种顺应潮流的互动旅游营销方式，能够吸引更多旅游者特别是庞大的年轻人群体的参与，巩固并提高旅游目的地与旅游企业的知名度，从而创造可观的旅游收入。

四、互动式旅游营销存在的问题

目前，虽然旅游企业对互联网和网络营销有一定程度的了解，但对于如何根据企业自身的特点及实际情况构建合理有效的互动旅游营销模式等问题还缺乏深入的研究，实践经验也很不足。同时，虽然旅游网站种类繁多，但大多数网站科技含量较低，存在网络广告杂乱、景点介绍过于简单等问题，有些网站的信息更新速度较慢，不能实时、准确地为顾客提供信息咨询服务，互动服务能力较差，从而导致旅游者流失。

此外，随着旅游企业线上平台以及其他网络媒体的应用，旅游网络营销的产品日渐丰富化、多样化，但这种互动式旅游营销缺乏完备的电子商务法律法规的保障，一些不良商贩和不法分子投机取巧，从而出现了诚信度不高、交易不安全、产品质量不能保证等问题，在一定程度上影响和阻碍了旅游者与旅游企业的互动行为。

总体来说，在缺少完善的法律制约及技术上存在漏洞的前提下，互动式旅游营销尚处于起步阶段，发展空间还很大，发展潜力仍有待挖掘。

做一做

《绿丝带》旅游环保电影的互动式营销

背景资料：

《绿丝带》是由河源市旅游局、河源市旅行社协会共同打造的广东省首部旅游环保公益电影，于2014年8月11日开始拍摄，片长共25分钟，由中国最美客家妹、客家文化形象大使钟彩媚主演。《绿丝带》的创作源于"善待河源，请把杂物交给我"活动，并以万绿湖美丽风光为背景，讲述了一名环保志愿者长期在景区内以实际行动倡导环保理念，最后为环保活动献身的故事。作为河源首部旅游微电影，《绿丝带》同时融入了青春、成长、梦想等时代元素，目的在于深入人们对绿色环保的认识，塑造河源旅游的形象，同时展现河源这座充满爱的城市。

实训内容：

以小组为单位，通过查找资料，以《绿丝带》等旅游环保电影为例，研讨互动式旅游营销的积极意义，并举一个实例进行说明。

实训目标：

1.掌握互动式旅游营销的概念。

2.理解互动式旅游营销的创新之处。

实训组织：

1.以3～4人为一个小组，由组长确定小组分工，指定1位发言人在老师提问时向全班报告自己小组的结论。

2.小组成员分头查找网络或书籍资料，并在小组内分享、讨论，准备好阐述资料。

实训记录：

1.互动式旅游营销的概念：

2.以《绿丝带》等旅游环保电影为例，研讨互动式旅游营销的积极意义：

_____

_____

3.举实例进行说明：

_____

_____

效果评价

1.以小组为单位组织交流、研讨。

2.每个小组推荐1名成员做主题发言，从小组互评、教师评价两个进行给予评分，见表9-2。

表9-2　　　　"《绿丝带》旅游环保电影的互动式营销"训练项目评价表

项目主题（分值）	评价指标（分值）	标　准	小组互评（40%）	教师评价（60%）	最后得分（100%）
《绿丝带》旅游环保电影的互动式营销（100分）	课堂研讨表现（40分）	小组研讨组织得当，全员参与，研讨知识、方法、技术运用正确			
	主题阐述（60分）	阐述的内容具有可行性，效果良好，观点新颖、独特，能依据互动式营销进行旅游营销创新阐述			

任务3　旅游微营销

任务目标

知识目标：理解旅游微营销的含义和特征，掌握旅游微营销的优势与劣势。

能力目标：能够正确运用旅游微营销于营销活动中。

素养目标：创新网络营销，树立互联网思维。

任务导入

微营销搅热大旅游

2015年9月16日，中青旅市场推广部戴经理在微信朋友圈发布了一条"中青旅百变自由行2015'十一'产品精选"的链接。临近中秋、国庆双节，这条旅游资讯一经发布，便迅速获得了众多朋友的点赞和咨询。对戴经理来说，在自己的微信朋友圈上发布公司资讯已成为常态，并且"传播效果还挺好的"。

同样的情况也发生在陕西省宝鸡市凤县的机关干部身上。自2013年起，在县委宣传部的大力倡导和全力推动下，一个"单位'织围脖'，人人开微博，个个发微文，全民微营销"的热潮在全县掀起。机关干部、企业员工、普通百姓通过发布微博、微信，让越来越多的人了解凤县的文化旅游资源，进而喜爱上这座中国最美小县。"旅游是互动体验的过程，要让游客爱上凤县，首先要让本地的百姓爱上这片热土。"凤县宣传部部长袁宏斌说。

自2009年8月新浪提供微博服务以来，网络信息传播便进入了"微时代"，人们生活的方方面面都悄然发生着改变。旅游作为衡量人民生活水平的一个重要指标，更是风生水起。

1. 朋友圈的"蝴蝶效应"

2015年5月，国内首条音乐玻璃栈道在湖南平江石牛寨竣工迎客。一组名为《行走在悬崖峭壁上的栈道工》的图文通过微博、微信广泛传播，激起了更多人前往石牛寨一探究竟的好奇心。

2. 公众号打出"组合拳"

如今，许多旅游企业已经将旅游产品预览、线路销售、门票预订等功能纳入微信公众号平台，携程、同程、艺龙等专业旅游网站也通过开通公共平台、公共账号等向公众提供旅游产品的团购和预订服务。

资料来源　佚名. 微营销搅热大旅游［EB/OL］.［2015-09-19］. http：//news.163.com/15/0919/04/B3RN8AN200014AED.html.

问题：

1. 在你的生活中，有类似的旅游营销方式吗？请举例说明。

2. 在互联网时代，旅游企业应如何熟练利用好微博、微信等网络社交平台？

学一学

一、微营销与旅游微营销

（一）微营销的概念

微营销是一种定制化或顾客化的营销，是一种集个体化、精准化、快速化和情景化于一体的营销方式。微营销能够以个体为对象，有差异、持续性地管理客户关系，构建动态顾客个体标签库和全景视图，及时、准确地把握顾客的需求变化，通过灵活、柔性地整合多元营销方式的优势来创造和传递顾客价值，进而快速、精准地满足顾客的个性化需求。

网络技术的快速发展使社交媒体不断演变，从早期的BBS（网络论坛）到豆瓣网、开心网、人人网等社交网站，再到如今炙手可热的微博、微信，结合智能手机、平板电脑等移动终端的更新升级，社交媒体已经进入人们生活的每一个角落，其作为营销传播载体的优势受到了人们的普遍重视，微营销也因此诞生。从狭义上说，微营销是指通过微博、微信、微电影等一系列特定的携带"微"字的社交媒体所开展的营销活动。从广义上说，只要是符合"利用Web的平台，由用户主导生成内容的互联网产品模式"的社交媒体营销，都可以称为微营销。

（二）旅游微营销的含义

旅游微营销是一种低成本、高性价比的营销模式。与旅游行业的传统营销方式相比，旅游微营销通过"虚拟"和"现实"之间的互动，更加快捷、高效地实现了旅游产品信息传播与咨询、品牌树立、渠道促销、客户关系维护等功能。截至2018年3月，微信月活跃用户数已超过10亿；截至2018年6月，新浪微博月活跃用户数增至4.31亿。这些数据充分说明，旅游微营销必然会在旅游业的发展过程中发挥巨大的威力。

二、旅游微营销的特征

当前，移动互联网技术快速发展，社会化媒体同样处于高速发展的过程中，它们为旅游微营销提供了强大的技术保证，能够有效整合用户碎片化的信息、时间和资源，有助于加快实现大规模旅游微营销。

旅游微营销的特征主要体现在以下几个方面：

1. "微"无处不在

旅游微营销的核心特征是"微"，在传播的内容、体验、渠道甚至是对象上，都体现出了"微"。传播的内容是"微内容"（一句话、一个表情符号、一张图片等）；传播的体验是"微动作"（通过简单的按键操作、鼠标点击就能完成选择、评价、投票等功能）；传播的渠道是"微介质"（手机等）；传播的对象是"微受众"。在资讯日益碎片化的时代，如何让客户更容易、更便捷地获得旅游资讯日益重要，而这正是"微"的好处。

2. 社交媒体是传播平台

社交媒体亦称社会化媒体，是指基于Web2.0技术，为用户提供撰写、发布、评论和分享等社交功能的工具和平台，如国外的Facebook，国内的微博、微信、米聊、抖音等。社交媒体的出现终结了社会经济地位较高的个人或组织依托传统媒体独享发声权的历史，因此，赋予普通人话语权被认为是社交媒体的最大贡献。旅游微营销就是以社交媒体为传播平台，实现定时发布旅游产品信息、推送旅游新闻等功能的。

3. 传播范围广，受众多

中国互联网络信息中心（CNNIC）发布的第42次《中国互联网络发展状况统计报告》显示，截至2018年6月，我国网民规模达8.02亿，互联网普及率达57.7%；我国手机网民规模达7.88亿；网络直播用户规模达4.25亿。由此可以看出，中国移动互联网用户增长速度之快，而每一个移动互联网用户都是一个潜在的消费者，为了争取更多的客源，企业纷纷进军移动互联网市场，旅游企业也不例外。因此，旅游微营销的传播范围很广，并且拥有庞大的受众群体。

案例窗9-3　　济南市旅发委官方微博获全国市级旅游局官方微博第一名

在"2017年度全国十大旅游局微博"榜单上，济南市旅游发展委员会官方微博排在第五位。

济南市旅游发展委员会官方微博成立6年来，坚持发布和宣传济南美食、济南美图、旅游攻略、民俗风情等旅游信息，开展丰富多样的线上线下活动，积极与网友互动交流，向全国微博网友推介济南旅游资源，赢得了广大微博网友的认同和喜爱。

2017年以来，济南市旅游发展委员会官方微博已组织各类宣传活动20余次，包括协助各大景区做好2017年迎春赠票活动、为响应"不放烟花爆竹　共享碧水蓝天"倡议而举办的微博晒承诺活动、由济南旅游自媒体联盟和济南市导游协会举办的"学习雷锋精神　倡导文明旅游"活动、九顶塔植树踏青赏民俗活动、全国摄影达人济南行活动、共享单车游济南活动等。

在全国摄影达人济南行活动中，邀请了11名全国知名摄影达人来济南采风，并以图文并茂的方式将济南景区资源在新浪网、乐途网、头条号、企鹅号、百家号、博客中国、新浪微博、搜狐自媒体、携程、马蜂窝、中华网、艺龙旅行网等20余个平台传播，不仅打通了线上、线下宣传渠道，更提高了济南旅游的知名度和影响力。

在共享单车游济南活动中，济南市旅游发展委员会已提前设计好老城区骑行路线，同时邀请了5家自媒体平台和10余名粉丝代表共同参与，既为市民游客提供了别样的游泉方式，又践行了低碳出行理念。

资料来源　佚名. 济南市旅发委官方微博获全国市级旅游局官方微博第一名［EB/OL］.［2017-08-02］. https://baijiahao.baidu.com/s?id=1574620125397477&wfr=spider&for=pc.

案例分析：在旅游微营销的作用下，济南的城市旅游吸引了越来越多的外地游客，而济南市旅游发展委员会官方微博发挥了不可替代的作用。济南市旅游发展委员会官方微博通过举办各类主题营销互动活动，提高了宣传力度，扩大了宣传范围，很好地宣传了济南旅游。

三、旅游微营销的优势与劣势分析

（一）优势分析

1. 及时、便捷

在信息爆炸的时代，精练、简短的内容符合人们对于信息传播快捷性的要求。旅游企业应注重对信息的浓缩与提炼，有效利用社交媒体平台，实现信息的快速、有效传播。

2. 高覆盖、低成本

微博、微信等社交媒体平台通过免费开放API（数据接口），允许第三方以接入的方式植入互联网，从而获取了大量用户，实现了旅游微营销的规模效应。同时，旅游企业利用社交媒体平台进行微营销的门槛并不高，并且操作方便。旅游微营销使旅游企业与客户间的沟通方式更加多样化、低成本和高效率，实现了双方间的良好互动。

3. 精准度高

旅游微营销是专注于更小细分市场的差异化营销，是一种"定制化"的精准营销，其目标之一是精准地满足顾客的需求。例如，微博作为咨询平台，能够让用户自己去搜索信息，用户也乐于自己去搜索信息，从而取代了被动的信息接收方式；微信也是如此，用户会主动关注自己感兴趣的公众号，被推送消息的用户大多是对本企业或机构感兴趣的目标用户。

（二）劣势分析

1. 信息冗杂

部分采用微营销的旅游企业，每天都会推送文章或者图片，但是推送的文章或图片的质量参差不齐、信息冗杂、同质化倾向严重，难以吸引用户。另外，有些内容易产生不良影响，或者属于侵权盗版行为，必须严厉打击。所以，旅游企业在采用微营销方式宣传旅游产品时，如何更好地展示重点、吸引用户，是其面临的一个新的难题。

2.受众局限

基于"新浪微博"平台的调查数据表明，目前在我国大学校园，微博用户的平均年龄为20.84岁，青年学生群体是使用新媒体的主力军。因此，对于旅游企业来说，旅游微营销的受众多为青年人，对其他年龄层客户的宣传力度不够大，市场推广难以做到全覆盖。

做一做

广西抢占微信营销先机

背景资料：

2015年7月29日，一条"世界是嘈杂的，广西是宁静的"旅游推送广告出现在微信朋友圈，各种评论和转发呈裂变式传播，成为朋友圈一天热议的话题。

为什么想到在微信朋友圈投放广告？据广西壮族自治区旅游发展委员会市场推广处处长程大兴介绍，他们近年来一直在关注微信朋友圈这一新兴的传播方式，认为这是当下主流消费人群使用率最高、互动性最好、覆盖面最广的社交媒体平台。但朋友圈也有自身的局限性，如个人朋友圈的传播受众范围较小等，要想起到广泛传播的效果，还得通过广告公司进行运作，进行大范围的有针对性的投放。于是，广西壮族自治区旅游发展委员会与运作方世纪大象群文化传播（北京）有限公司经过与腾讯公司协调，成功拿下了第一条旅游形象推送广告，选择对1 000万北上广深核心顾客进行投放。广告投放后，引起了网友广泛一致的好评，转发量不计其数。很多网友在转发时，又衍生出了不同的版本。比如，想静静的人会说，"广西是静静的，去广西找静静"；堵在路上的人会说，"世界是拥堵的，广西是畅通的"；备受酷暑煎熬的人会说，"世界是滚烫的，广西是清凉的"。有媒体人士认为，这种"产生好感+情感释放+内容再创"的病毒式传播再次扩大了广西旅游形象广告的传播范围，凸显和强化了广告的主题。

除了在时间上抢占先机之外，此次广西旅游微信广告在内容上也让人产生了共鸣。程大兴说，微信朋友圈是一个自主的平台，推送广告要取得好感、提高传播量，在内容制作上还必须下功夫，必须有能抓住人的东西。因此，他们在大量调研的基础上，抓住了都市人迫切想走出去亲近大自然、寻求一份宁静的共同诉求，设计了一套简洁但"走心"的文案，同时专门制作了清新的视频、舒缓的配乐、宁静怡然的图片，一条微信看下来不禁让人心生向往。更有"心机"的是，微信下方打上了广西壮族自治区旅游发展委员会的二维码，如果点击进去，出来的是一篇题为《一颗旅行的心，永远年轻》的文章，文章中以"世界是嘈杂的，广西是宁静的"为主题，精选了10幅具有代表性的广西风景图片，同时配以精准的文字，更具煽情效果。这则官方微信在朋友圈的转发量与推送广告的转发量不相上下，二级传播效果良好。内容上做足、做精、做美，是这次微信广告得以广泛传播的根本原因。

资料来源 孟萍．广西抢占微信营销先机［EB/OL］．［2015-07-31］．http：∥www.gxta.gov.cn/home/detail/4386．

实训内容：

以小组为单位，研讨广西旅游微信营销案例体现了旅游微营销的什么特征，以及如何利用好微营销的优势宣传旅游产品。

实训目标：

1.掌握旅游微营销的特征。

2.准确分析旅游微营销的利与弊。

实训组织：

1.以3~4人为一个小组，由组长确定小组分工，指定1位发言人在老师提问时向全班报告自己小组的结论。

2.小组成员分头查找网络或书籍资料，并在小组分享、讨论，准备好阐述资料。

实训记录：

1.旅游微营销的特征：

_____

_____

2.广西旅游微信营销案例体现了旅游微营销的什么特征？

_____

_____

3.如何利用好旅游微营销的优势宣传旅游产品？

_____

_____

效果评价

1.以小组为单位组织交流、研讨，

2.每个小组推荐1名成员做主题发言，从小组互评、教师评价两个方面进行评分，见表9-3。

表9-3   "广西抢占微信营销先机"训练项目评价表

项目主题 （分值）	评价指标 （分值）	标 准	小组互评 （40%）	教师评价 （60%）	最后得分 （100%）
广西抢占微信 营销先机 （100分）	课堂研讨 表现 （40分）	小组研讨组织得当，全员参与，研讨 知识、方法、技术运用正确			
	主题阐述 （60分）	阐述的内容具有可行性，效果良好， 观点新颖、独特，能依据微信营销推 介的特点进行旅游营销创新阐述			

任务4　创意旅游与网络营销

任务目标

知识目标：理解创意旅游的概念和特征。

能力目标：能对创意旅游市场进行分析，选择对应的网络营销方式。

素养目标：培养与时俱进的旅游意识，培养网络营销的创新思维。

任务导入

西湖免费模式：让游客、居民、城市三赢

杭州西湖景区采用免费模式，实现了游客、居民、城市三赢，免费"头啖汤"让杭州尝到了甜头。杭州在国内景区门票涨声一片中逆市而行，各地媒体的竞相报道也为杭州做足了城市广告，地方的知名度、美誉度有了很大提高。

专家介绍说，西湖风景区从2002年国庆节开始逐步免费，截至2013年，已有52处景点免费对游人和市民开放，占杭州全部景点的73%，游客人数和旅游收入均呈现明显增加。但是，仍有几处景点没有免费，也不敢免费，如灵隐寺等。因为对于全国重点文物保护单位，游客太多了不仅会产生保护压力，而且游客的体验也会比较差。

为了疏导游客，杭州也采取了一些其他措施。例如，在城市入口处设置大型免费停车场，让自驾车的游客把车停在城外，并用免费的车把游客送到主要城区景点游览，以减少城市拥堵。在西湖景区的主要干线上，在旅游旺季采取单双号限行和单行道措施。西湖景区内的停车场采取平时和节假日不一样的收费政策，利用经济杠杆来缓解压力。

同时，杭州也提出节假日杭州百姓让湖于外地游客的办法，鼓励杭州人到周边近效乡村旅游。这样既可以让游客获得更好的旅游体验，也可以兼顾市民的需求。

资料来源　谭敏. 西湖免费模式，为何难以复制？［N］. 广州日报，2013-04-15（B4）.

问题：

1.西湖免费模式让游客、居民、城市三赢的关键因素是什么？

2.在"门票经济"流行的今天，西湖免费模式为何难以在其他景区复制？

学一学

一、创意旅游的概念

2000年，新西兰学者格雷·理查德和克里斯宾·雷蒙德首次提出了"创意旅游"（creative tourism）这一概念。他们认为，"创意旅游是指在游览过程中，旅游者通过积极参与目的地国家或社区的文化或技巧学习，激发自身创意潜能，以体验目的地文化氛围的旅游形式。"这一概念对创意旅游的目的、形式以及目标进行了具体叙述，强调了互动性对创意旅游的重要性，指出游客的创意旅游行为是积极的而不是被动的，是学习式的而不是观光式的，既是自我发展也是经济发展，同时潜在地依赖于地方技能、技术、传统以及

地方的独特性。

此后,创意旅游这种特殊的旅游形式逐渐引起了联合国教科文组织、世界旅游组织和欧洲旅游委员会等国际组织的关注,世界各国亦开始关注创意旅游的发展。英国、美国、法国、西班牙、澳大利亚、新加坡、韩国、日本等国也相继制定了创意旅游发展战略并付诸实践。

2003年,新西兰旅游局对"创意旅游"进行了界定,指出"创意旅游是一种更为可持续的旅游形式,通过非正式的、亲自动手的参与和创意体验为旅游者提供了解地方文化的真实感"。这一概念主要从体验的角度出发,注重游客对旅游目的地文化的创意体验。

2006年,联合国教科文组织"全球创意城市网络"项目在一份报告中也对"创意旅游"进行了界定,指出"创意旅游是一种具有原真性的、可直接参与体验的旅游活动,其主要表现形式为学习当地的艺术、传统以及具有当地特色的象征性文化,并与当地居民相互交流,在生活中体验文化"。

我国学者对"创意旅游"的理解和界定也各有不同。"中国创意产业之父"厉无畏提出,创意旅游是利用创意产业的思维和发展模式整合旅游资源,创新旅游产品,锻造旅游产业链,以适应现代旅游经济转型发展的全新模式。他主要从产业的高度来界定创意旅游,强调对各类资源的多维化整合,对旅游者消费潮流的引导,对产业链的锻造和延伸。

周钧和冯学刚认为,创意旅游是指旅游者与旅游目的地之间以创意互动为核心要素的一项旅游产品。旅游者通过此过程实现知识和技术的输入,开发个人创意潜能,形成个性化的旅游体验与旅游经历。他们认为,创意旅游作为一种新的旅游形式,具备三点核心要素:第一,文化是创意旅游的前提和基础,文化资源是创意旅游的素材,对文化的消费和体验是创意旅游者的原动力。第二,互动式学习与体验是创意旅游实现的路径和形式,创意旅游更加强调参与的重要性,与大多数文化旅游者相比,创意旅游者更加偏好交互式的体验过程,能够积极主动地参与到动态的创造过程中,与目的地的人与物产生互动,形成具有独特个性的旅游体验。第三,实现自我发展和目的地的社会经济发展是创意旅游的目标所在。创意旅游应该实现两个目标:一个是通过激发旅游者的创意潜能,促进个体的自我发展和个性塑造;另一个是实现目的地的经济发展和文化保护。

目前,学术界尚未对"创意旅游"的概念达成共识,国内外学者比较认同的概念是:创意旅游是指在文化创意产业和旅游产业相融合的大背景下,由文化创意产业吸引物和旅游六要素(食、住、行、游、购、娱)结合而形成的新型旅游业态。在资源紧张、传统产业缺乏核心竞争力的前提下,大力发展创意旅游,促进产业结构调整,有助于旅游业的转型升级。

二、创意旅游的特征

(一)鲜明的文化性

创意旅游是由创意产业与旅游业相融合而形成的。创意产业是经济发展到一定阶段、人们对精神层面的需求上升到一定高度后才出现的新兴产业，创意产业提供的产品和服务旨在满足人们的精神需求，因此创意产业必须具有文化品位和文化底蕴。创意产业与旅游业相融合而形成的创意旅游也必须以文化资源为生产要素，以文化内涵为主要内容，挖掘并满足旅游者多元化的文化体验需求。

创意旅游的文化性既体现在它所包含的为旅游者所追求的文化要素上，也体现在旅游这一社会文化活动所包含的文化内容上。让旅游者感受到鲜明的、可识别的文化符号和文化内涵，是创意旅游的主要特征。

（二）独特的创新性

古往今来，人们的消费需求、审美标准总是随着时代的变化而改变，所以任何一种商业形态的可持续发展都必须以创新为根本驱动力，否则很难形成旺盛的生命力。尽管创新可以有多种解读，但通过对其概念发展过程的了解，我们可以认为创新是一种独特的思考和处理问题的方法，或者是将综合知识应用于新的问题领域的实践活动。创新不但给人一种充满活力和不断变化与革新的印象，在很大程度上也符合社会发展的一般规律。创意旅游不仅要靠旅游目的地来创造，更要靠旅游者自己创造。在创意旅游中，旅游者具有双重身份，他们既是创意消费者，又是创意生产者。为了进一步推动创意旅游的发展，旅游目的地有义务激发旅游者的创新意识，提供各项创意旅游资源，为旅游者展示各项创意活动构建具有极高的适应性和动态性的创意空间，帮助旅游者发掘自己的创新潜能，积极引导旅游者进行创意产品消费。

（三）新奇的体验性

体验经济的来临让游客不再只满足于观察文化背景，而是积极寻求参与。与传统的参与度较低的观光旅游和休闲旅游不同，创意旅游更重视旅游者的主动参与，强调旅游者的主观体验，力求使旅游者获得新奇的个性化体验。

与一般的旅游体验不同，创意旅游中的旅游体验主要由旅游者自己创造。游客只有具备了一定的文化水平，才能与环境产生共鸣，从而理解旅游的内涵，获得深度旅游体验；反之，如果游客缺乏必要的知识储备和文化底蕴，将很难与环境产生共鸣，也难以真正获得创意度高、个性化强的深度文化体验。

（四）强大的融合性

作为一种新兴的旅游业态，创意旅游是文化、经济、技术等相互融合的产物，因此创意旅游具有高度的融合性、较强的渗透性和辐射力，能够带动相关产业的发展，进而推动区域经济的发展。此外，创意旅游有助于整合历史文化资源、商业文化资源、产业文化资源、社会文化资源等各类特色文化资源，形成能够为人们所接受的新文化，也有利于文化的传承与创新。

（五）发展的可持续性

文化资源始终处于发展过程中，同时，人的创意能力也一直处于不断提高的状态，而创意旅游能够对可开发利用的文化、历史、品牌、设计、技艺甚至符号等无形资源，以及旅游内容和方式进行无限的更新和发展，因此创意旅游在理论上具有发展的无限性，是一种可持续性很强的旅游业态。

案例窗 9-4　　　　　电子商务平台运作"创意旅游"市场吸金

天津假期国际旅行社有限公司（以下简称"天津假期国旅"）是以旅游为先导，集旅游、票务预订等多元化项目于一体的综合性旅游企业。天津假期国旅最大的营销特色是以最先进的B2C平台运作模式为本市市民带来安全、快捷、科学的全新旅游享受，同时设立官网、博客、旅游门户网站等，让游客足不出门即可报名咨询。天津假期国旅在天津市设有31个门店，拒绝雷同、极富创意的各类旅游产品市场吸金力十足。

1.密集宣传　打造最具价值旅游品牌

天津假期国旅本着"在乎您感受"的服务宗旨，"团结稳定，提高发展，求真务实，尽职敬业，游客至上，服务优质"的企业精神，热情为国内外游客提供旅游、探亲、商务考察等配套服务。总经理伊彬表示，天津假期国旅的最终目标是创造天津市最具价值的旅游品牌，在天津市打造最庞大的旅游销售网点，为天津市民提供最优质、最优惠、最全面的旅游线路，为各营业网点提供最优惠、优质、无忧的操作平台及全新理念的运作模式。

"公司自成立以来，拥有一批经验丰富的外联、计调、渠道销售人员，以及一支训练有素的翻译导游队伍。通过长期的诚信经营，公司目前已同国内外数百家酒店及旅行社建立了长期业务关系，与航空公司、旅游车队、铁路等相关部门建立并签订了长期合作协议，可代订全国和世界各地机、车、船票，承办各种商务考察、旅游项目。"

天津假期国旅一直采取密集宣传模式推广品牌形象，庞大专业的后援支持、简便高效的操作系统、丰富新颖的产品设计等都为其带来了良好的经济效益、社会效益和品牌效益。

2.全新模式　提供最便捷一站式服务

伊彬表示："天津假期国旅采用的B2C平台运作模式与目前最流行的网络购物如出一辙。"B2C是business-to-consumer（商家对客户）的缩写，是电子商务的一种模式，也就是通常所说的商业零售，即直接面向消费者销售产品和服务。这种形式的电子商务一般以网络零售为主，主要借助于互联网开展在线销售活动。这种模式节省了旅行社与游客双方的时间和精力，大大提高了交易效率。

资料来源　李邵鹏. 电子商务平台运作"创意旅游"市场吸金［N］. 渤海早报，2011-12-14（55）.

案例分析：B2C电子商务平台具有节省企业成本、销售范围广、能够实现一站式购买等优势。天津假期国旅正是运用了B2C电子商务平台的优势，通过一连串的完善服务，实现了良好的经济效益、社会效益和品牌效益。

三、创意旅游与网络营销的结合

从传统媒体到智媒体3.0时代，各种自媒体、社会化媒体都受到了旅游者尤其是青年自助游群体的青睐，成为其获取旅游信息、编制旅游行程、发表旅游感受的重要渠道。通过网络，旅游者可以获取创意旅游的信息，而创意旅游的发展需要将旅游的功能向产业上游的研发和下游的品牌销售渠道延伸，用旅游消费需求引导产品的设计和功能的优化，用旅游消费偏好进行品牌定位，培育忠实消费群体，建立有效的销售网络。因此，创意旅游离不开有效的网络营销。

做一做

实训项目：

创意旅游线路设计及相应网络营销方案的制订。

实训内容：

某旅行社的总经理邀请你们小组为当地某著名景区设计一条具有创意的旅游线路，并制订出相应的网络营销方案。

实训目标：

1.培养学生的组织、策划能力。

2.培养学生的创新能力。

3.掌握创意旅游的特征与网络营销方法的运用。

4.培养学生的团体协作意识。

实训组织：

1.以 3～4 人为一个小组，由组长确定小组分工，指定 1 位发言人以 PPT 的形式汇报自己小组设计的旅游线路及网络营销方案。

2.组长要分配好每个组员的任务并督促组员按时完成作业。

3.学生要进行适当的实地考察并了解旅游目的地的情况，以提高方案的可行性。

实训记录：

1.组织活动过程概述：

_____

_____

2.创意旅游线路的设计情况：

_____

_____

3.创意旅游线路的网络营销方案：

_____

_____

效果评价

1.以小组为单位发表观点，并上交设计方案。

2.每个小组推荐 1 名成员做主题发言，说明方案的形成过程，阐述小组完成情况，并给本组打分。

3.每个小组在阐述过程中，其他小组及主讲教师对其进行专题评价，见表9-4。

表9-4　　　"创意旅游线路设计及相应网络营销方案的制订"训练项目评价表

项目主题 （分值）	评价指标 （分值）	标　准	小组自评 （20%）	小组互评 （30%）	教师评价 （50%）	最后得分 （100%）
创意旅游线路设计及相应网络营销方案的制订 （100分）	知识运用 （20分）	理解创意旅游的基本概念、特征				
	技能掌握 （30分）	能对创意旅游市场进行分析，并选取相应的网络营销方式				
	职业核心能力表现 （20分）	培养旅游网络营销的创新思维				
	职业道德修养 （10分）	乐于奉献的精神、团队精神、责任良知				
	成果展示 （20分）	策划方案具有可操作性，效果良好，创意新颖、独特				

4.教师与学生依据最后得分情况，确定最佳创意方案。

■ 本章小结

音频：听我学9

　　伴随着互联网技术的迅猛发展，网络营销成为旅游企业开拓市场的重要方式。旅游网络营销的模式主要有：会员制营销、许可Email营销、主题营销、互惠营销、搜索引擎营销、联盟营销、SNS（社会性网络服务）营销等。

　　互动式旅游营销是指在通信网络的基础上，旅游企业在营销过程中充分听取游客的意见和建议，使旅游信息在企业与游客之间得以快速流通，并用于旅游产品的规划和设计，完成交互式交易活动，从而提高旅游市场占有率及旅游者对旅游产品的忠诚度的一种营销方式。

　　旅游微营销是一种低成本、高性价比的营销模式。与旅游行业的传统营销方式相比，旅游微营销通过"虚拟"和"现实"之间的互动，更加快捷、高效地实现了旅游产品信息传播与咨询、品牌树立、渠道促销、客户关系维护等功能。

　　创意旅游是指在文化创意产业和旅游产业相融合的大背景下，由文化创意产业吸引物和旅游六要素（食、住、行、游、购、娱）结合而形成的新型旅游业态。在资源紧张、传统产业缺乏核心竞争力的前提下，大力发展创意旅游，促进产业结构调整，有助于旅游业的转型升级。

■ 挑战自我

"营销狂魔"张家界是这样玩转新媒体的

　　张家界位于湖南省西北部，旅游资源丰富，有张家界国家森林公园、天门山、黄龙洞、金鞭溪、宝峰湖等景点，每个景点都散发着无限的魅力。张家界的旅游资源让游客眼花缭乱，张家界的旅游营销方式也花样百出。

1.微信营销

提到张家界的微信营销，不得不提到张家界在2014年的大动作，即邀请十万微友免费游活动。其中的一个环节令游客感到十分惊喜，抽奖者竟是当地的猕猴，猕猴随机选择一个号码，这样看似就没有黑幕了，不得不说这样的方式很新颖。

2.热点营销

在《江南style》火遍全球的时候，张家界顺势推出了改编的《张家界style》。据统计，《张家界style》视频百度搜索相关网页超过了3 000万页，点击量达到了1 500万次。经过这次大炒作，张家界的知名度、影响力显著提升。

图片：张家界
天门山风光

3.网红直播

张家界将网红与直播结合起来，推出了"首届国际网红直播旅游节"，邀请当下最时尚的网红来直播。这个创举也成为旅游直播营销的先河。

资料来源 佚名."营销狂魔"张家界是这样玩转新媒体的［EB/OL］.［2017-09-07］. http：//www.sohu.com/a/190330874_443684.

问题：

1.阅读上述案例，分析张家界网络营销的成功之处。

2.查找国内外典型旅游网络营销案例，谈谈自己的看法。

要求：课外时间独立完成，给出有针对性的答案。

■ 拓展空间

旅游企业如何搭上新晋流量王抖音的营销快车？

随着越来越多的用户没有阅读长文的耐心，短小精悍、包罗万象的小视频成了吸引大众的利器。从2018年春节开始，抖音App在App Store总榜的排名已经飞速上升到了第一名，超过了微信。极光大数据的统计结果显示，截至2018年2月底，抖音短视频的市场渗透率达到了14.34%。这意味着市面上每100台活跃终端中，就有超过14台终端安装了抖音短视频应用。

"两微一抖"已经成为当下的营销标配渠道，成为商家必争之平台。

抖音上的小视频多以颇具创意性、趣味性且并不低俗的内容出现，15秒的内容展示往往充满了新奇和反转。据说抖音团队在初期曾把100多款短视频产品全部安装在手机上去体验，发现很多短视频产品有一个共同的缺点，就是不够美好。因此，抖音将这个认知作为自己的旗帜，以"记录美好生活"为品牌形象，这也为品牌营销做出了指导方向：奇特、实用、惊喜。

抖音上一个经典的营销案例是海底捞的"抖音吃法"。新年后，突然有很多人在海底捞尝试一种神秘的新吃法：生鸡蛋+虾滑倒入油面筋，丢进火锅煮熟。这一招被抖音的网友们玩得不亦乐乎，甚至有网友为了拍抖音而专门去吃海底捞。

　　在流量高地的吸引下，携程、猫途鹰等旅游企业和景区也在抖音上玩起了短视频营销，但营销手法相对单一，多以直接展示产品、展示品牌App操作方法为主，缺少创意和惊喜。

　　从围观到参与是抖音的一大特点。做新媒体营销，有用户的地方就有机会。与其抱怨和焦虑，不如尝试在抖音这个新平台上找到最适合自己的玩法。

　　资料来源　Gia. 旅游企业如何搭上新晋流量王抖音的营销快车？［EB/OL］．［2018-04-10］．http：//www.lvyoukan.com/292169.html.

主要参考文献

[1] 李学芝，宋素红．旅游市场营销与策划［M］．3版．大连：东北财经大学出版社，2018．

[2] 刘长英．旅游市场营销［M］．北京：北京大学出版社，2015．

[3] 周广海，谢佩清．旅游市场营销［M］．南京：南京大学出版社，2015．

[4] 马勇．旅游市场营销［M］．5版．大连：东北财经大学出版社，2015．

[5] 刘宁，刘志．市场营销［M］．北京：高等教育出版社，2014．

[6] 吴金林．旅游市场营销［M］．3版．北京：高等教育出版社，2014．

[7] 刘微．30分钟玩转视频营销［M］．北京：电子工业出版社，2014．

[8] 李光瑶，石斌．旅游市场营销［M］．北京：清华大学出版社，2013．

[9] 郑琦．创意旅游——产业创新与规划研究［M］．上海：上海社会科学院出版社，2012．

[10] 黄荣鹏．旅游销售实务宝典［M］．北京：化学工业出版社，2011．

[11] 邓安娜，秦鹏．旅游市场营销［M］．北京：机械工业出版社，2011．

[12] 张学梅，廖涛．旅游市场营销［M］．北京：北京大学出版社，2011．

[13] 赵西萍，等．旅游市场营销学［M］．2版．北京：高等教育出版社，2011．

[14] 吴金林，李丹．旅游市场营销［M］．北京：高等教育出版社，2010．

[15] 朱智．旅行社运营管理实务［M］．北京：国防工业出版社，2010．

[16] 舒伯阳．旅游市场营销［M］．北京：清华大学出版社，2009．

[17] 于成国．旅游市场营销［M］．北京：中国科学技术出版社，2009．

[18] 袁声莉，雷莉．网络营销［M］．武汉：武汉大学出版社，2009．

[19] 黄继元，吴金林，林丽．旅游市场营销［M］．重庆：重庆大学出版社，2009．

[20] 刘芳．旅游市场营销［M］．重庆：西南师范大学出版社，2008．

[21] 舒晶．旅游市场营销［M］．上海：上海交通大学出版社，2007．

[22] 科特勒，等．旅游市场营销［M］．谢彦君，译．5版．大连：东北财经大学出版社，2006．

[23] 韩勇，丛庆．旅游市场营销学［M］．北京：北京大学出版社，2006．

[24] 李肇荣，陈学清，张显春．旅游市场营销［M］．武汉：武汉大学出版

社，2006.

[25] 冯卫红，邵秀英．旅游产品设计与开发 [M]．北京：中国科学技术出版社，2006.

[26] 袁平．旅游市场营销 [M]．郑州：郑州大学出版社，2006.

[27] 任昕竺．旅游市场营销与管理 [M]．北京：人民邮电出版社，2006.

[28] 程萩，朱生东．旅游市场营销 [M]．合肥：合肥工业大学出版社，2005.

[29] 魏敏．旅游市场营销 [M]．长沙：中南大学出版社，2005.

[30] 唐代剑．旅游市场营销学 [M]．杭州：浙江大学出版社，2005.

[31] 杨振之．旅游原创策划 [M]．成都：四川大学出版社，2005.

[32] 布恩．当代市场营销学 [M]．赵银德，等，译．北京：机械工业出版社，2003.

[33] 马勇，毕斗斗．旅游市场营销 [M]．汕头：汕头大学出版社，2003.

[34] 王霆，等．心理营销 [M]．北京：中国纺织出版社，2003.

[35] 杜靖川．旅游市场营销 [M]．昆明：云南大学出版社，2002.

[36] 苟自钧．旅游市场营销学 [M]．郑州：郑州大学出版社，2002.

[37] 黄荣鹏．旅游销售技巧 [M]．广州：南方日报出版社，2002.

[38] 瑟厄波德．全球旅游新论 [M]．张广瑞，等，译．北京：中国旅游出版社，2001.

[39] 密德尔敦．旅游营销学 [M]．向萍，等，译．北京：中国旅游出版社，2001.

[40] 祝娟．事件新闻的微营销模式锻造——以旅游事件为例 [J]．新闻知识，2015（1）.

[41] 宋阳，黄亚勤．微信营销模式的优势、劣势及发展分析 [J]．经济研究导刊，2015（19）.

[42] 朱明洋．论微营销的概念化与其发展的新阶段 [J]．集美大学学报：哲学社会科学版，2015（1）.

[43] 王尚坤，赵洁，马爱萍．基于网络的旅游营销新方式 [C]．中国旅游科学年会论文集，2014-04-19.

[44] 刘志坚，张辉．微营销内涵、特征及发展——以微博、微信为例 [J]．对外经贸，2014（11）.

[45] 孙莹．微时代旅游营销的新模式——旅游微博营销 [J]．新闻知识，2013（1）.

[46] 徐梅．山东省网络营销模式初见成效 [N]．中国旅游报，2013-12-13（17）.

[47] 周惠．旅游电子商务企业在旅游营销上的模式创新 [D]．上海：上海外国语大学，2013.

[48] 王丽婷．旅游电子商务市场与网络营销模式的创新研究 [J]．中国市场，2013（45）.

[49] 赵飞．电话销售技巧二三计 [N]．中国保险报，2012-06-27（5）.

[50] 刘姣兰．旅游电子商务市场现状及网络营销模式设计 [J]．商业时代，

2012（18）.

　　［51］夏小莉. 旅游营销的创意策略［J］. 边疆经济与文化，2009（11）.

　　［52］刘姣兰. 旅游网络营销模式研究——以九江为例［J］. 企业经济，2009（12）.

　　［53］刘浩. 基于网络营销模式下的旅游一对一营销［J］. 经济研究导刊，2009（19）.

　　［54］易兵，陈国生. 我国旅游网络营销发展的现状与对策研究［J］. 商场现代化，2007（2）.

　　［55］王浪，张河清. 旅游产品体验营销中的价格影响因素及定价策略［J］. 北京第二外国语学院学报：旅游版，2006（7）.

　　［56］王红. 这边风景独好——高校学生旅游市场网络营销的新观点［J］. 网络时代，2001（9）.